서민 교수의 의학 세계사

서민 교수의
의학 세계사

주술사부터 AI 의사까지,
세계사의 지형을 바꾼 의학의 결정적 장면들!

· 서민 지음 ·

생각
정원

의학, 세계사의 지형을 바꾸다

어느 분이 묻습니다.

"왜 역사를 배워야 하죠?"

여기엔 이런 답변이 달렸습니다.

"과거를 알아야 현재를 이해할 수 있기 때문입니다. 이걸 알아야만 미래를 만들기 위해 어떻게 준비해야 되는지 알 수 있지요."

이를 잘 함축해주는 것이 처칠 영국 총리가 한 말입니다.

"역사를 잊은 민족에게 미래는 없다."

질문을 이렇게 바꿔볼게요.

"의학의 역사를 왜 알아야 하죠?"

여기엔 다음과 같은 답변이 달릴 수 있습니다.

"의학의 역사를 알아야 현재의 의학을 이해할 수 있고, 더 나아가 의학의 미래를 만들 수 있기 때문이지요."

처칠에게 물었다면 아마 이렇게 말했을 겁니다.

"의학의 역사를 모르는 민족에게 건강은 없다."

그리고 한마디 더 붙였을 것입니다. '의학의 발전만큼 세계사의 변화를 잘 보여주는 학문도 없다'라고요. 서로 다른 문명이 만나거나 사회가 요동칠 때, 의학은 작든 크든 세계사의 흐름에 많은 영향을 주었습니다. 어떤 것들이 있을까요?

세상을 바꾼 병과 약

100년 전만 해도 인간의 평균수명은 40세를 넘지 못했습니다. 그뿐이 아닙니다. 태어난 지 얼마 안 돼 죽는 아이들도 굉장히 많았답니다. 예를 들면 1900년 미국에서 태어난 아이 중 돌이 되기 전에 사망하는 비율이 4분의 1을 넘었습니다. 그랬던 인간이 이제 100세 시대를 언급할 수 있게 된 데는 '약'의 힘이 큰 역할을 했습니다.

1930년대 알렉산더 플레밍이 페니실린을 발견하기 전까지, 인간은 장미 가시에 찔리기만 해도 일가친척을 불러 유언을 전해야 했습니다. 사소한 상처로 인해 감염이 발생하면 사망으로 이어졌던 것이죠. 페니실린으로 시작해 각종 항생제들이 만들어지지 않았다면 아마 근교 지역에서 흔히 열리는 장미축제에 가기가 쉽지 않았을 겁니다. 유명한 시인 라이너 마리아 릴케의 사인이 바로 장미 가시에 찔려서 발생한 감염이었으니까요.

페니실린의 대량 생산은 전쟁의 판도까지 바꿉니다. 2차 세계대전은 군수 산업만으로 국가 기간산업을 운영했던 독일이 파산의 위기를 해결하기 위해 시작됐지요. 참혹했던 전쟁이 끝난 이유를 물으면 많은 사람들이 미국과 소련의 기술 때문에 승리했다고 답하죠.

그러나 진짜 승리자는 폐렴 등 감염질환에서 병사들을 구해낸 페니실린이라고 할 수 있습니다. 대포나 기관총·소총·칼 등에 의한 부상이 흔한 전쟁터에서 병사들은 심하지 않은 부상을 입더라도 상처가 덧나면서 상태가 악화돼 전사하는 상황이었지요. 2차 세계대전을 다룬 포스터 중에는 페니실린에 감사하는 포스터도 있습니다. '페니실린 덕분에 집에 갈 수 있을 것'이라고 적혀 있지요. 이 정도면 세계사를 바꾼 페니실린이라고 해도 되지 않을까요?

'병'이 한 시대를 무너뜨렸다는 이야기는 들어보셨나요? 중세시대의 지식인은 가톨릭 사제들이었습니다. 사제들은 약초(허브) 등을 이용해 내과 치료를 했지요. 의사보다 사제가 더 환자들의 신임을 받았지만 유럽 인구를 죽음으로 휩쓰는 흑사병 앞에서는 제아무리 사제라도 무력했습니다. 아무리 신에게 빌고, 사제의 조언을 따라도 흑사병은 남녀노소를 가리지 않고 '학살'합니다. 신에 대한 믿음으로 천 년을 지배했던 교회가 흑사병에 어떤 대처도 못하는 것을 보며 사람들은 교회와 신에 대한 믿음을 거둡니다.

흑사병이 돌 때 사제들은 사람들을 구하기 위해 노력했습니다. 그 당시 일반인의 사망률이 30퍼센트인데 사제의 사망률은 42~45퍼센트에 달했다는 기록이 있을 정도지요. 어쩌겠습니까. 환자를 치료하려던 이들이 치료는커녕 병에 걸려 죽었으니, 그들을 어떻게 더 신뢰할 수 있겠어요? 흑사병은 신 중심의 세계를 철저하게 무너뜨립니다. 병이 세상을 바꾼 것이죠. 이후 철학자들은 신에게서 인간으로 세상의 중심을 옮겨갑니다.

고대 사람들은 병에 대해 어떻게 생각했을까요? 호메로스가 쓴 《일리아스》의 한 대목을 볼까요?

"수많은 용사를 지하세계를 다스리는 하데스에게 보냈고, 수많은 영웅을 개와 독수리의 먹이로 만든 사태는 아트레우스의 아들 아가멤논 대왕과 아킬레우스가 언쟁을 시작한 날로부터 비롯되었다. 대체 어느 신께서 이들에게 이러한 불행을 가져다주었단 말인가? 그것은 아폴론 신이니, 아가멤논이 자신의 사제 크리세스를 불경하게 대한 데에 분노한 아폴론이 아가멤논에게 경고하는 뜻으로 역병을 보냈던 것이다."

호메로스는 그의 작품 속에서 그리스군의 수장인 아가멤논이 아폴론을 모시는 사제의 딸을 납치했기 때문에 그리스 병사들이 전염병에 걸렸다고 합니다. 《일리아스》는 픽션이니까 그렇다고 생각하겠지만, 그 인식은 현실이었습니다. 그 당시의 의학이 신에게 잘못했다고 비는 수준이었다니 받아들이기 어려울 수도 있습니다.

고대 그리스에서 가장 유명한 진료소가 어디였을까요? 히포크라테스나 갈레노스도 있으니 '병원'이 아닐까 생각하셨다면 땡! 고대 그리스에서 가장 유명한 치료소는 그리스 신화에도 등장하는 의술의 신이자 아폴론의 아들인 아스클레피오스의 신전이었답니다. 신이 병이라는 벌을 내렸으니, 신전에 가서 잘못을 고하고 사죄하는 일이 치료였던 것이지요.

무엇보다 중요한 사람!

히포크라테스는 "의학은 학문이고 기술이다"라고 말하며 사람들에게 병을 치료하기 위해서는 기도를 할 것이 아니라 의사를 만나야 한다는 인식을 만들었죠. 많은 사람들이 그를 임상의학의 창시자라 말하지만, 그보다 히포크라테스가 숱하게 진료를 보면서 알게 된 지식을 전부 기록했다는 사실도 중요합니다. 당시 중국이나 인도만 해도 의학이 발달했다지만 기록을 남기지 않아 후대에 의학 지식을 쌓기가 매우 힘들었습니다. 히포크라테스의 기록을 시작으로 의사들은 이후에도 환자를 만날 때마다 문헌을 남기고 알게 된 지식은 논문이나 책으로 남깁니다. 이 지식들이 고대 그리스에서 아랍으로, 이후에는 유럽으로 넘어옵니다. 그간 쌓여온 천 년 이상의 기록이 서양 의학을 발전시키는 데 큰 공을 세웁니다. 이 정도면 히포크라테스는 서양의학사의 매뉴얼을 만든 사람이라고 할 수 있지 않을까요?

의학에는 의사만 있지 않습니다. 사람을 치료하려는 의학의 목적을 더욱 분명하게 만드는 사람도 필요합니다. 1957년 10월부터 판매된 탈리도마이드 때문에 팔다리가 없는 기형아가 탄생하자 약에 대해 논쟁이 일어납니다. 그런데 독일뿐 아니라 전 세계 48개국에서 1만 2천여 명의 기형아가 태어날 때 그 피해를 최소화시킨 나라가 미국입니다(미국에서는 17건의 부작용 보고). 미국 식품의약품안전청(FDA)의 프랜시스 켈시(Frances Kelsey) 박사는 제약회사가 제출한 자료가 태아에게 미치는 영향을 확인할 수 없다며 판매 승인을 거부합니다. 그녀의 용기 있는 결정은 병만 치료되면 부작용 정도는 괜찮다고 생각하던 전 세계의 의약품 허가 제도를 완전히 바꿔놓습니다. 그녀가 사망한 2015년 《뉴욕타임스》는 "켈시 박사는 기형아 출산을 막았을 뿐만 아니라 현대적인 의약품 규제 법률의 길을 열어줬다"고 평가했지요.

치료를 위해 세계가 합심하다

20세기가 전쟁으로 시작되면서 각국은 인간의 몸에 관한 정보가 간절해집니다. 페니실린처럼 사람을 더 많이 살릴 방법을 고민하는 경우가 있는 반면, 나치독일이 운용한 가스실처럼 어떻게 하면 사람을 더 빨리 많이 죽일 수 있을까를 고민하던 나라도 있지요. 2차 세계대전 이후, 인체실험을 했던 의사나 과학자들에 대해 비판하고 반성하면서 과학자의 연구윤리 기준, 뉘른베르크 강령이 만들어집니다.

강령 이후에는 인체실험에 대한 반성을 넘어 의학을 연구하는 기준인 헬싱키 선언까지 만들어지죠. 치료에 골몰하던 의학이 드디어 '사람'을 생각하게 됩니다.

19세기만 하더라도 전염병 정보도 공유되지 않았고, 나라별로 의학의 수준도 천차만별이었습니다. 특히 크림전쟁은 간호위생 시스템이 없는 나라가 얼마나 많은 사망자를 발생시키는지 잘 보여줍니다. 전쟁 중 사망자는 병력투입 수준에 비례하는 편이라 전반적으로 비슷했으나 전염병에 의한 사망자 수는 확연히 달랐습니다. 실제 전투로 인한 사망보다 전쟁 중 전염병이 돌아 사망한 사람들이 훨씬 많았지요. 그래서 환자를 돌보는 간호위생 시스템을 갖춘 영국이 1만 6천 명 정도였던 반면 프랑스는 최대 6만 명이나 사망했습니다.

1946년에 의학 지식과 정보를 공유하고 전 세계에서 발생하는 전염병을 감시하는 세계보건기구(WHO)가 설립됩니다. 아직도 콜레라나 소아마비, 에볼라 같은 풍토병도 여전하고, 과거에는 없었지만 생명까지 위협하는 질병, 예를 들면 사스(SARS)나 메르스(MERS) 같은 전염병이 돌 때도 있습니다. 이럴 때 세계보건기구는 국가 간의 정보를 공유하고 음식과 생물, 약에 관한 국제적인 기준을 설립해서 제시합니다.

20세기의 전쟁은 21세기의 풍경도 바꿔놓았습니다. 윤리에 대한 인식뿐만 아니라 전염병처럼 모두의 안전을 위협하는 위험한 병이 발생하면 공동으로 대응하는 것이지요. 건강한 삶에 필요한 정보라면 어느 한 국가만 독점하는 것이 아니라 서로 공유하도록 달라졌습니다.

문명이 만날 때, 의학도 발전한다!

의학이라는 말을 들으면 다들 과학의 최첨단에 있다고 생각합니다. 그러나 의학은 예상보다 훨씬 느리게 발전했습니다. 의학은 실험실 속에서 천재적인 과학자들이 이끌어간 것 같지만, 오히려 서로 다른 문명이 만나거나 사회가 변동할 때 더 많이 발전했습니다.

고대에서 가장 발달한 문명을 가진 이집트에 수많은 학자들이 모이면서 의학은 문신을 치료법으로 여기는 수준에서 벗어나 체계를 잡아갔습니다. 고대 그리스가 히포크라테스와 갈레노스를 배출하고 향후 약 1000년간 서양의학사를 지배할 수 있었던 이유는 펠로폰네소스 전쟁을 비롯해 끊임없는 갈등과 충돌로 사람과 사회, 지식까지 교차할 수 있었기 때문입니다.

신항로 개척시대를 맞아 서유럽의 국가들이 식민지를 획득하면서 은과 향료뿐만 아니라 콜레라 같은 풍토병도 같이 들여왔습니다. 중세시대를 몰락으로 이끈 흑사병 등, 다양한 질병을 치료하기 위해 노력하면서 의학은 진보했습니다. 의학이란 그 사회와 떼려야 뗄 수 없는 관계를 맺고 있기에, 의학의 역사를 아는 것은 곧 인간의 역사를 아는 방법이 될 수 있습니다. 이렇게 본다면 '의학의 역사를 모르는 민족에게 미래는 없다'라고 해도 과장은 아닐 것 같네요. 그런데 궁금하지 않습니까? 질병이 신의 저주이던 시절부터 시작한 의학이 지금과 같은 과학이 된 것이 말입니다.

여기에 대한 책이 여러 권 있습니다만, 크게 사랑받은 책은 없었습니다. 이는 사람들이 의학의 역사에 관심이 없었다기보다, 재미있게 서술하는 데 실패했기 때문이라고 생각합니다. 이 책에서 저는 신석기시대 인간 외치를 주인공으로 삼아 의학의 역사를 살펴보려 합니다. 외치가 타임머신을 타고 의학 발전의 주인공들을 만난다니, 생각만 해도 재미있지 않습니까? 여러분도 외치와 함께 의학 타임머신에 탑승해보시기 바랍니다. 더 나은 의학의 미래를 위해서요.

2018년 12월 새벽
창밖으로 논이 보이는 집구석 방 안에서

차례

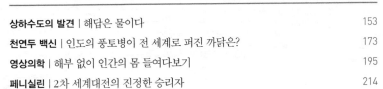
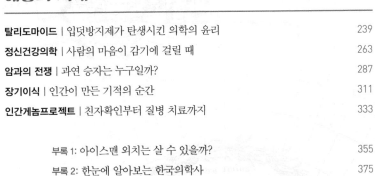

외치계곡
(기원전 3400년)
1

그리스
(기원전 400년)
3

2
이집트
(기원전 1000년)

RUSSIA

KAZAKHSTAN

MONGOLIA

UZBEKISTAN

KYRGYZSTAN

TURKMENISTAN

TAJIKISTAN

중국
(207년)
④

CHINA

AFGHANISTAN

PAKISTAN

NEPAL

BHUTAN

BANGLADESH

INDIA

OMAN

MYANMAR

LAOS

THAILAND

고대 기원전 3400년 ~ 207년

1부 # 신의 시대: 형벌과 마법사

문신
신석기시대의
마지막 치료법

신석기시대 사람들이 병에 걸리면?

"뭣 때문에 왔어?"

노파를 처음 봤을 때, 외치(Ötzi)는 이곳에 오길 잘했다고 생각했다. 노파는 외모에서부터 영적인 기운을 내뿜고 있었다. 게다가 초면에 내뱉는 반말은 자신 있는 사람들의 특징 아니던가. 외치가 노파를 찾아온 이유는 숨 쉬기가 힘들어서였다. 원래 그는 걷고 뛰는 일만큼은 능했다. 돌도끼배 마라톤대회에서 우승했을 만큼 탁월한 주력 덕분에 외치는 부족에서 가장 뛰어난 사냥꾼으로 꼽혔다.

'말하는 멧돼지 사건'이 전설처럼 내려온다. 외치와 격투를 벌이던 멧돼지가 외치를 피해 한 시간쯤 달렸을까? 이젠 적을 따돌렸을 거라 생각한 멧돼지는 바닥에 엎드려 쉬고 있었다. 그때 외치가 창을 들고 나타났다. 확 짜증이 난 멧돼지는 "이런 징한 놈. 마음대로 해라"며 누워버렸단다. 외치가 지어낸 얘기라고 생각하는 사람도 있었지만, 대부분은 외치의 말을 믿었다. 그만큼 외치는 끈질긴 사냥꾼이었기 때문이다.

하지만 외치는 예전처럼 뛰지 못한다. 뛰는 것은 고사하고 걷는 것조차 어렵게 됐다. 일단 허리 왼쪽이 쑤셨고, 왼쪽 정강이와 오른쪽 무릎, 양쪽 발목 등 도대체 성한 곳이 없었다. 하지만 더 큰 문제는 좀 빨리 걷기라도 하려면 숨이 차는 증상이었다.

'그동안 너무 무리했어.'

외치는 무척 험한 일을 해왔다. 동물을 사냥해 부족 사람들에게 가져다주는 일이 그의 임무였다. 그 과정에서 수도 없이 부상을 당했다. 멧돼지를 사냥하다 받히기도 했고, 높은 곳에서 떨어진 적도 한두 번이 아니었다. 외치는 제대로 된 치료도 없이 그 고통을 이겨냈지만, 이번에는 달랐다. 시간이 지나도 증상은 전혀 나아지지 않았기 때문이다.

그러던 어느 날 외치는 놀라운 말을 들었다. 서쪽으로 반나절만 걸어가면 영험한 산이 나오는데, 그 산기슭에 있는 노파가 아픈 곳을 낫게 하는 신통력을 지니고 있다는 이야기였다. 처음에는 무시했지만, 날이 갈수록 증상이 심해지자 생각을 고쳐먹는다. 사람이란 대안이 없으면 포기하고 살지만, 고칠 방법이 있다고 생각하면 당장의 고통을 참기가 어려워지는 존재가 아니던가. 결국 두 번이나 허탕을 친 끝에 외치는 영험하다는 그 노파를 만날 수 있었다.

"조금만 걸어도 숨이 가빠요. 가까운 거리도 쉬었다 가야 해요. 아 참, 무릎이랑 발목도 쑤시고요."

외치는 말하면서 가슴을 가리켰다. 노파는 고개를 끄덕이더니 검은 숯으로 외치의 심장 부위에 표시를 했다.

"나을 수 있습니까?"

노파는 대답 대신 뒤쪽으로 돌아 상자를 열어 숯가루를 꺼냈다. 그러더니 밖에 나가 물 한 바가지를 떠온 뒤 숯가루에 뿌리고, 열심히 휘젓기 시작했다. 잠시 뒤 노파는 외치에게 눈을 감으라고 했다.

"아야!" 갑자기 찌르는 듯한 통증이 느껴져 뒤를 돌아보니, 노파가 뾰족한 물체로 그를 찌르고 있었다. 무슨 짓이냐고 묻고 싶었지만, 노파의 표정이 너무 진지했기에 외치는 다시 눈을 질끈 감았다. 희한하게도 아팠던 부위가 한결 시원하게 느껴졌다. 노파에게 영험한 기술이 있다는 말은 맞는 듯했다.

"내려와." 노파의 말에 외치는 정신을 차렸다. 자신이 잠깐 졸았던 모양이다. '어떻게 아프게 찌르는 와중에 잘 수가 있지?' 외치는 멋쩍게 웃으며 내려와서 옷을 걸쳤다.

"좀 어때?" 숨찬 증상은 한결 나아졌지만, 무릎은 여전히 쑤셨다. 그 말을 하자 노파는 외치의 무릎을 만져보더니 고개를 갸웃거렸다. 새로운 치료법이 있을까 싶었지만, 노파는 숯가루를 다시 가져왔다. 이전보다 더 큰 고통에 외치는 외마디 비명소리를 냈다.

"가만히 있어. 낫고 싶으면." 외치의 허리와 다리에는 13센티미터 가량의 연속된 세 줄이, 무릎에는 십자 모양의 문신이 새겨졌다. 좀 어떠냐고 노파가 다시금 물었다. 외치는 훨씬 나아졌다고 대답했다. 말뿐이 아니라 실제로도 그런 것 같았다.

아이스맨 외치

1991년 알프스산을 오르던 독일인 부부가 얼음 속에서 엎드려 있던 시체를 발견하고 경찰에 신고했다. 냉동된 덕분에 시체는 잘 보존되어 있었다. 처음에 경찰은 이 사람이 혹시 실종됐다던 학교 선생이 아닌가 의심했지만, 이상한 점이 많았다. 시체에 도끼며 화살 같은 것들이 매달려 있었기 때문이다.

결국 학자들은 그가 기원전 3400년경에 죽은 신석기시대 사람이라는 사실을 알아냈다. 발견된 곳이 외치계곡이어서 이름을 '외치'라고 했다. 얼음에 갇혀 있었는지라 '아이스맨'이라고 불리기도 한다. 현재를 기준으로 하면 5000년 전 인간이 원형 그대로 보존됐다니, 한바탕 난리가 났다. 그가 지닌 모든 것들이 연구 소재가 됐다. '외치에게도 심장이 있더라!' '외치도 적혈구를 통해 산소를 공급받고 있다!' 등등. 인간이라면 너무도 당연한 것들이 좋은 학술지에 실렸으니 5000년이라는 세월의 힘은 생각보다 지대하다.

현재 외치는 이탈리아 볼차노라는 도시에 전시돼 있는데, 그 지역의 가장 큰 수입원이 바로 '외치'라고 한다.

상상력을 동원해 외치가 노파에게 찾아가 치료받는 과정을 그리긴 했지만, 엑스레이와 CT 등으로 외치를 들여다본 결과 그는 살아생전 많은 통증으로 고통받았던 모양이다.

첫째, 어금니 4개가 모두 빠져 있었다. 게다가 치아의 끝부분이 마모된 상태였다. 치약이나 칫솔이 없었으니, 당연한 결과다.

둘째, 목뼈에 퇴행성관절염의 징후가 관찰됐다.

셋째, 왼쪽 아홉 번째 갈비뼈가 부러졌다가 자연적으로 붙었다.

넷째, 오른쪽 고관절에 퇴행성관절염의 소견이 있었다. 이로 인해 외치는 걸을 때마다 고관절이 쑤셨을 것이다.

다섯째, 오른쪽 정강이에 해리스선(Harris line)이 관찰됐다. 이는 자랄 때 해당 부위에 큰 충격을 받아 잠시 성장이 멈췄다는 얘기인데, 이로 인해 아팠을 것 같지는 않다.

여섯째, 오른쪽 엄지발가락의 퇴행성관절염 때문에 뼈가 웃자란 소견이 나타났다. 왼쪽 엄지발가락에는 동상의 후유증 소견이 있었다.

여기에 더해 외치의 심장은 그 수명을 다했던 것이다. 바로 확장성 심근병증이란 것으로, 이는 심장이 확 퍼져버려 더 이상 기능하지 못하는 상태를 의미한다. 심장이 제 기능을 못하니 숨 쉬기가 곤란하고 몸 여기저기가 붓는다. 안 그래도 무릎과 발목이 좋지 않았는데, 물까지 차니 통증이 더 심해질 수밖에 없었다.

문신을 새긴 외치

안타깝게도 그 당시의 의학으로는 외치의 심장은 물론이고 무릎과 발목의 퇴행성관절염도 고칠 수 없었다. 그렇다고 진통제도 없던 시절이라 외치는 대부분의 시간 동안 아픔을 참으며 살아야 했을 것이다. 외치가 유일하게 할 수 있는 일은 용한 문신 기술자를 찾아가는 것이었다. 그리고 그 기술자는, 앞에서 설명한 대로 외치에게 문신을 잔뜩 새겼다. 문신의 위치가 엑스레이에서 관찰된 손상부위와 정확히 일치하는 것은 아니지만, 문신이 치료를 위한 것임을 어렵지 않게 짐작할 수 있다(그림1).

그림1 〉 아이스맨 외치의 문신이 있었던 부위

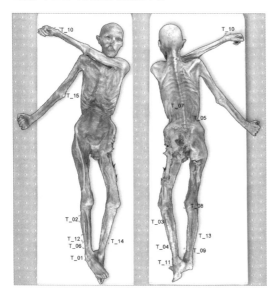

문신이 반드시 치료를 위한 용도로만 쓰이지는 않았다. 시베리아에서 발견된 2500년 전 25세 여성의 몸에 새겨진 문신은 사후세계에서 통하는 표식이었고, 500여 년 전 그린란드에서 발견된 이누이트족 미라의 얼굴에 새겨진 줄 모양의 문신은 결혼했다는 표지였다. 하지만 치료를 위해 문신을 새기는 문화권도 꽤 존재한다. 다음을 보자.

"시베리아의 여러 민족들은 보통 문신을 치료기술의 일부로 사용한다. 예컨대 한티인들이 문신을 하는 이유는 내장에 깃든 병이 문신에 새겨진 동물이나 새 등으로 옮겨가게 하기 위해서이다. 이렇게 몸에 신비한 힘을 지닌 기호를 새겨 병을 고친다는 문신의 의미는 파지리크인들 사이에도 있었을 것이다. 실제로 파지리크 2호 고분에서 출토된 미라의 허리 부분에는 척추뼈를 따라 양쪽으로 1열씩 동그라미 모양으로 문신을 한 흔적이 있다. 아마도 아픈 허리 부위에 치료 목적으로 문신을 한 것 같다."

파지리크인은 2500년 전으로 추정되는, 시베리아에서 활동했던 사람들이다. 이들이 척추뼈에 새긴 동그라미 모양의 문신은 외치의 척추뼈 옆에 새겨진, 세 줄짜리 문신을 연상케 한다(그림2).

그런데 이런 문신이 통증 완화에 조금이라도 도움이 됐을까? 이건 순전히 추측이지만, 두 가지 이유에서 효과가 있었다고 생각한다. 첫 번째로 플라세보 효과(Placebo effect)다. 의사가 날 낫게 해줄 것이라고 믿으면 실제로 통증이 완화되는 현상이다. 2차 세계대전 당시 마취제가 떨어졌을 때 식염수를 마취제라고 속여 수술을 한 경우가 대표적이다. 신기하게도 그 병사는 통증을 전혀 느끼지 못했다니, 플라

그림2 〉 파지리크인의 몸에 새겨진 문신

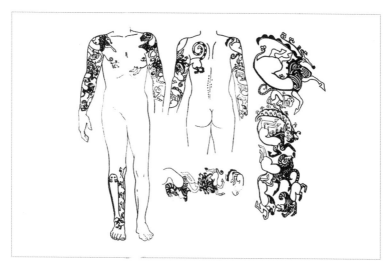

세보 효과는 생각보다 대단하다. 두 번째는 좀 궁색하지만, 통증 완화에 전혀 도움이 안 됐다면 문신 기술자의 명맥이 그렇게 오랫동안 이어지지 못했을 것이기 때문이다.

두 번째 의사

"흠, 여기가 아프다고?"

두 번째로 찾아간 의사는 외치의 가슴을 눌러봤다. 얼마 전 새긴 문신 때문인지 누를 때마다 가슴이 아팠다.

"네. 저 건너편에 사는 의사한테 가봤는데, 효과가 전혀 없어요."

의사는 피식 웃었다. "그 사람, 명성만 조금 있지. 아무것도 몰라. 이제라도 내게 왔으니 다행이오."

의사는 천막의 커튼을 내리더니 선반에서 가면을 꺼내 썼다. 가면에는 사자 얼굴이 새겨져 있었다.

"지금 뭐 하시는 겁니까?"

외치가 놀라서 묻자 의사는 눈을 부릅떴다.

"가만히 있어. 자네가 아픈 건 악귀가 깃들었기 때문이야. 이제 내가 의식을 행해 당신을 고쳐주지. 이름이 외치라고 했지?"

그는 외치의 주위를 돌면서 주문을 외기 시작했다.

"아구아멘티 알로호모라 아파레시움 아쿠아에룩 아라니아 액서마이 아리스토 모멘텀 아바다 케다브라…."

30분가량 주문을 외던 의사는 가면을 벗었다.

"아, 힘들다. 나도 몸이 옛날 같지 않아서 말이야. 예전엔 10분이면 환자가 벌떡 일어나곤 했는데."

그 말을 들으니 뭐라도 해야 할 것 같아 외치는 엉거주춤 몸을 일으켰다. 그런 그를 의사가 째려봤다.

"저놈한텐 악귀가 세게 들어갔나 봐. 이제야 겨우 일어나네. 어때?"

차도가 느껴지지 않았지만, 외치는 좋아졌다고 둘러댔다. 허리에 차고 있던 멧돼지 육포로 진료비를 낸 뒤 외치는 도망치듯 천막을 빠져나갔다.

세 번째 의사

외치는 요즘 의사들은 못 믿겠다고 생각하면서도 지푸라기라도 잡는 심정으로 세 번째 의사를 찾아갔다. 그 의사는 외치의 증상을 듣더니 뭔가를 끓였다.

"선생님, 문신이라면 됐습니다. 이미 해봤어요."

외치의 말에 의사가 무서운 표정을 지었다.

"문신? 저쪽에 사는 의사한테 갔구먼? 난 그런 돌팔이랑 다르니까 마음 푹 놓고 있어."

잠시 뒤 의사는 검은빛이 나는 액체를 담은 그릇을 가져왔다.

"이게 뭡니까?"

"뭐긴 뭐야. 내가 만든 치료약이지. 이거 한 그릇만 먹으면 숨찬 거 다 나을 거야."

"뭘로 만든 겁니까?"

"당신 날 못 믿는 거야? 먹기 싫으면 도로 내놔."

의사가 그릇을 빼앗으려는 시늉을 하자 외치는 알았다고 하면서 그 액체를 단번에 들이켰다. 다 먹고 나니 진짜로 몸이 나아지는 기분이었다. 그런데 천막 구석에 놓인 개구리 시체가 보였다.

"선생님, 혹시 이거 개구리로 만들었나요?"

의사는 빙긋이 웃으며 고개를 끄덕였다. 외치는 천막 밖으로 나가 먹은 것을 다 토해냈다. 외치는 생각했다. 이제 더는 의사를 찾아가지 말아야겠다고.

외치의 죽음

걷고 뛰기가 힘들어지면서 외치의 입지는 급격히 줄어들었다. 더이상 사냥을 하지 못하는 사냥꾼은 부족에서 필요 없기 때문이었다. 남들이 가져온 음식을 먹는 일도 슬슬 눈치가 보였다. 그렇다고 외치가 여자들처럼 풀을 뜯고 바닷가에서 조개를 주울 수도 없는 노릇이었다. 힘든 나날을 보내던 외치는 스스로 생을 마감하기로 결심했다.

"내 나이 벌써 마흔다섯 살, 이 정도면 평균수명보다 더 살았어. 부족에 짐이 될 수는 없어."

외치는 알프스산으로 향했다. 매일 사냥을 했던 곳이 바로 알프스산이니, 그곳만큼 자신의 최후와 어울리는 장소는 없었다. 특히 손으로 멧돼지를 때려잡던, 그래서 '외치계곡'이란 이름이 붙은 곳이라면 최적이 아닌가. 몇 번을 쉬어가며 외치계곡에 도착한 그는 목을 맬 준비를 했다. 그때였다. 어디선가 날아온 화살이 외치의 오른쪽 가슴에 명중했다.

"으윽."

화살은 외치의 쇄골동맥을 찢어놓았다. 수많은 피가 일시에 빠져나갔다. 외치는 화살 쏜 사람을 보려고 했지만, 눈이 전혀 보이지 않았다. 희미해지는 의식 속에서 외치는 허리에 찬 육포를 누군가가 가져가는 것을 느꼈다. 죽어가는 와중에 외치는 낮게 중얼거렸다.

"아, 그 녀석, 달라고 했으면 줄 텐데, 화살은 왜 쏴가지고."

　　　역사를 배운 분이라면 신석기혁명이란 말을 들어봤을 것이다. 구석기시대와 비교해서 별반 차이가 없을 것 같은 신석기시대에 왜 혁명을.붙이는지 의문을 표할 수도 있다. 모두 돌(석기)을 주로 사용한 시기라고 말이다.

　하지만 구석기시대와 신석기시대는 삶이 달랐다. 무엇보다 의식주에서 큰 차이가 났다. 먼저 음식이다. 구석기시대 사람들은 자연에서 먹을 것을 찾아야 했다. 먹을 게 떨어지면 굶어야 했다. 반면 신석기시대 사람들은 농사를 지었다. 씨를 뿌리고 수확에 이르기까지 결코 쉽지 않았을 테지만, 그 시대 사람들은 결국 농사짓는 법을 알아냈다. 먹거리를 운에 맡기는 대신 안정적으로 얻을 수 있게 됐다는 얘기다.

　다음으로 집을 보자. 수렵채집에서 벗어나 목축과 농사의 비중이 커지면서 살 집의 필요성이 대두됐다. 구석기시대에는 막집으로 충분했지만, 신석기시대 사람들에게 집은 단순히 비바람을 피하는 것 이상의 의미를 갖게 됐다. 그래서 그들은 정성스럽게 집을 지었다. 그게 움집이다. 대부분의 활동이 농사다 보니 그들은 큰 강이나 하구 주변에 움집을 지었다. 신석기시대의 대표적인 유물인 빗살무늬토기가 끝이 뾰족한 것도 모래에서 그릇이 쓰러지지 않게 하려는 나름의 아이디어였다.

　막연하게 추측만 하던 신석기인들의 삶은 알프스산 빙하에서 발견된 외치로 인해 구체적으로 드러났다. 이탈리아와 오스트리아의 국경인 외츠탈러 계곡에서 발견돼 '외치'라는 이름을 얻게 된 그는 약 기원전 3400년 전에 살았던 신석기인이다. 외치는 어깨에 화살을 맞고 사망했다. 외치는 죽은 뒤 얼음 속에서 얼어버린 상태로 건조됨으로써 미라로 남아 사인(死 因)뿐만 아니라 신석기시대를 우리에게 보여준다.

고고학자들은 외치의 복장과 장비로 미루어볼 때 그가 족장이나 구리 세공인 같은, 그 당시 상류층에 속했을 것으로 추측한다. 외치가 부싯돌 로 된 단검 이외에 금속으로 만든 도끼를 몸에 지니고 있었기 때문이다. 특히 길이 60센티미터, 자루 끝에 9.5센티미터 크기의 구리 날이 달려 있 는 그 도끼는 벌목뿐 아니라 당시로선 강력한 무기 역할도 했을 것으로 추정된다. 추후 실험에 의하면 30분간 나무를 베도 날이 무뎌지지 않을 만큼 단단했단다.

구석기시대 사람들이 직립보행을 했고 도구를 만들어 썼던 것을 제외 하면 동물의 삶과 크게 다르지 않았다. 하지만 신석기인들은 농사를 짓고 멋진 옷을 만들어 입었으며, 따뜻한 집에서 살았다. 이쯤 되면 신석기시 대를 혁명이라 칭해도 이상할 게 없지 않을까?

파피루스

당뇨병까지 기록된 고대 최고의 의학 문서

고도로 발달한 이집트 의학

알프스산에서 외치가 죽어갈 때, 갑자기 하늘에서 처음 보는 우주선이 나타났다.

"자네를 쭉 지켜보고 있었네."

문어 모양의 외계인이 외치의 어깨에 문어발 하나를 얹었다.

"자네 이름이 외치 맞지?"

"그렇다."

외치는 그 말과 함께 정신을 잃었다. 얼마나 지났을까. 눈을 뜬 외치는 깜짝 놀랐다. 꿈인 줄 알았는데, 문어 외계인이 여전히 그를 바라보고 있었기 때문이다. 몸을 일으키려는데, 외계인이 문어발로 외치를 만류했다.

"움직이지 마. 화살 맞은 곳을 꿰매서 하루 정도는 누워 있어야 해."

외치가 아래를 보니 상처 부위에 붕대가 감겨 있었고, 그래서인지 통증도 거의 없었다. 하루만 지나면 집으로 돌아갈 수 있다는 생각에 외치는 즐거워졌다.

"하지만 문제는 화살이 아니야. 자네, 예전과 달리 조금만 걸어도 숨이 차지? 그게 다 심장 때문이라고."

외치는 깜짝 놀랐다. 체력이 약해졌다고 생각했을 뿐, 몸이 안 좋다는 생각은 해보지 않아서였다.

"물론 발목과 무릎에 통증도 있지. 고통스럽긴 해도, 생명을 위협하진 않아. 하지만 심장이라면 이야기가 다르지."

외계인의 지식에 압도된 나머지 외치는 한마디도 할 수 없었다.

"심장은 자네 시대에는 치료가 불가능한 영역이야. 자네가 화살에 맞지 않았다 해도 그리 오래 살지 못했을 거야."

외치가 처음으로 입을 열었다.

"그래서 어쩌란 말입니까? 어차피 죽을 거라면 왜 치료했죠?"

외계인이 문어발을 외치의 어깨에 올렸다.

"이 시대에 안 된다고 했지. 앞으로도 안 되란 법은 없네. 내가 자네를 미래로 보내주겠네. 의학은 발전하기 마련이니, 미래로 가다 보면 심장을 고칠 날도 올 거야. 그다음 이 세계로 돌아오면 되지 않을까?"

외치는 원래 모험심이 강한 남자였다. 남들이 엄두도 못 내는 험난한 산도, 귀신이 나온다고 소문난 곳도 가리지 않고 다녔다. 그래서 무릎과 발목에 관절염이 생겼겠지만, 그렇다고 모험심이 줄어들진 않았다. 게다가 외계인이 말해준 '미래'는 외치의 호기심을 자극했다.

"대략 어느 시대쯤 가면 제 심장을 고칠 수 있을까요?"

외치가 묻자 외계인은 그건 자기도 모른다고 했다.

"미래로 가면 일단 용한 의사를 찾아보게. 그리고 자네 심장을 고칠 수 있는지 알아보게나."

"아니다 싶을 땐요? 당신과 연락하려면 어떻게 해야 하나요?"

"내가 계속 자네를 지켜볼 거야. 여긴 아니다 싶으면 이 버튼을 누르고."

외계인은 외치의 손등에 작은 스위치 하나를 달아줬다. 외치가 시험 삼아 눌러보자 우주선에 불이 들어오면서 엄청난 소리가 났다.

"알겠습니다. 가장 먼저 갈 곳은 어디죠?"

"이집트."

의사에도 급이 있다

정신을 차리니 외치는 길거리 한복판에 앉아 있었다. 손등에는 '기원전 1000년, 이집트'라는 글자가 쓰여 있다. 우주선에서 외치는 시간에 대해 배웠다. 자신의 시대가 기원전 3400년경이라는 것도. 그렇다면 이곳은 무려 2400년이나 지난 시대다.

"와, 이렇게 먼 미래로 왔다면 내 심장도 고칠 수 있겠네? 서비스로 무릎도 고쳐달라고 해야지."

외계인이 친절하게 그 시대의 화폐까지 챙겨준 덕에 외치가 먹고 자는 데는 아무런 문제가 없었다. 외치는 좀 있어 보이는 사람을 찾기 위해 사람이 많은 장소를 돌아다니다가 옆집에 사는 만수르와 안면을 텄다.

만수르에게 용하다는 의사가 있는지 물었다. 그는 바쁘다며 난감한 표정을 지었다. 외치는 이해가 가지 않았다. 괜찮은 의사가 있는 곳만 말해주면 되는데 그렇게 어려운 일인가? 다시 한 번 독촉하자 만수르 는 사흘의 말미를 달라며 얼핏 봐도 당장 죽을 정도는 아닌 것 같으니 그 정도는 기다릴 수 있지 않느냐고 외치를 설득했다.

정확히 사흘 후 만수르가 외치를 찾아왔다. 그의 옆에는 나이 든 사람이 있었는데, 만수르는 그의 이름은 알 필요가 없고 그냥 현자라고 부르라고 했다.

가벼운 인사가 오간 뒤 현자가 말을 이었다.

"당신이 아파서 이곳에 온 것이라면, 그 선택은 100퍼센트 옳은 거라고 감히 말씀드리오. 여기 의사에게 진료를 받기 위해 저 먼 나라에서 산 넘고 물 건너오는 사람들도 꽤 있어요. 제가 외국 여행을 많이 다녀봐서 아는데, 다른 나라의 의료는 '의료'라고 부르기도 민망한 수준이오. 이집트 의료에 대해 말하려면 최소한 반나절은 잡아야 합니다."

반나절이라는 말에 외치는 놀랐다. 의료가 그토록 복잡하다니. 사흘 전 만수르가 답을 피한 연유도 이해가 갔다.

"이집트에선 의사를 swnw라고 부릅니다."

그게 무슨 뜻이냐고 물었더니 현자는 자기도 모른다며, 지금 그게 중요하냐고 따져 묻기에 외치는 더 이상 묻지 않기로 했다.

"그냥 발음이 '수누'라는 것만 알면 됩니다."

그러면서 현자는 품속에서 종이 비슷한 조각을 꺼내 외치에게 보여줬다.

"이건 파피루스라고 합니다. 식물로 만든 종이 비슷한 건데, 하여튼 여기 화살과 남자 한 명이 보이지요? 이게 바로 병사로부터 화살을 빼내는 사람, 즉 의사의 상징이오(그림1)."

외치가 참지 못하고 말했다.

"그렇다면 그 수누라는 사람을 소개해주시오. 심장이 많이 아프단 말이오."

만수르가 자리에서 일어서며 호통을 쳤다.

"당신, 이분이 누군지 알고 무례하게 구는 것이오?"

현자는 흥분한 만수르를 말렸다.

그림1 〉 파피루스에 나온 고대 이집트 의사

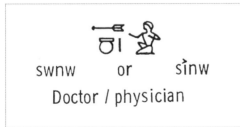

"하하, 원래 환자는 예민한 법이니 이해하시오."

현자는 차를 한 잔 마셨다.

"이게 의사만 소개한다고 끝나는 일이 아닙니다. 우리 의료체계는 굉장히 복잡합니다."

현자의 설명에 따르면 이집트에는 보건국이라는 곳이 따로 있었다. 이를 관리하는 장관 밑에 파라오를 담당하는 '어의'를 두었다. 또한 귀족과 일반인을 고치는 의사들도 따로 있었다.

"의사의 대부분은 그냥 swnw(수누)죠. 하지만 의사의 급에 따라 타이틀이 붙습니다."

- wer swnw: 그냥 의사
- swnw per or swnw neswt: 어의
- swnw nper hemet neswt: 귀족부인, 여왕을 담당하는 의사
- saw: 마법사(많은 의사들이 마법사 타이틀을 같이 가지고 있었다고 한다.)

외치는 자신은 누구에게 가야 하는지 생각하는데, 현자가 다시 입을 열었다.

"또 의사는 과에 따라서도 나뉩니다. 치과의사(ibeh), 눈(swnw irty), 배와 소화기(swnw khet), 생식기(nerw pehwt), 방광을 보는 의사(aaa mew m-khenw netetet) 등으로 나뉩니다. 그 밖에 의사로 분류되진 않지만 포경수술을 담당하는 사람(hem-ka)처럼 수술하는 사람이 따로 있지요."

과별로 나뉜다는 말에 외치의 입이 저절로 벌어졌다. 기껏해야 문신이나 새기는 신석기시대의 의사에 비해 이곳 이집트는 대체 얼마나 발전한 곳인가? 이곳이라면 외치의 심장도 고쳐줄 수 있을 터였다.

이집트의 전설적인 의사들

"대체 가장 뛰어난 의사는 누구입니까?"

외치가 또 참지 못하고 끼어들었다. 만수르가 눈치를 줬지만 외치는 마음이 급했다. 현자는 그를 매서운 눈으로 바라보다 입을 열었다.

"안 그래도 이집트를 대표하는 의사들에 대해 이야기하려던 참이었어요. 우선 헤시라(Hesy-ra)라는 의사가 있어요. 기원전 2650년, 조세르(Djoser) 왕의 총애를 받았던 인물로, 기록에 나온 세계 최초의 의사입니다. 훗날 그의 무덤이 발견됐는데, 마스터바(mastaba)라는 공들여 만든 사다리꼴 석실묘에 안장돼 있더라고요. 그가 살아생전 어떤 대접을 받았는지 알 수 있지요. 그런데 그의 전공이 뭔지 아십니까? 치과였어요."

치과라는 말에 외치가 의아한 표정을 지었다. 치아야 아프면 참고, 못 참겠으면 빼면 되는데, '치아'를 다루는 과가 있다니!

현자가 설명했다.

"당신은 이 아픈 게 대수냐 하겠지요. 하지만 의학이 발전한 이집트에서는 다릅니다."

당시에는 곡식을 정제하는 기술이 발달하지 않아 모래나 돌 같은 것을 제대로 골라내지 못했다. 그래서 치아가 쉽게 상했다. 설탕이 부족한 시대였기에 충치는 잘 안 생겼지만, 당분 섭취가 가능했던 왕과 귀족들은 그 와중에도 충치에 걸렸다. 이렇듯 계층을 가리지 않고 치아 상태가 안 좋았기에 치과가 발달할 수밖에 없었다.

안타깝게도 이집트의 치과 치료는 효과가 없었다. 환자는 감염된 치아가 빠르게 없어지기를 바랄 뿐이었다. 치열이 남아 있는 일부 이집트인들의 경우 강제로 치아를 제거한 흔적이 있다. 교체 치아가 발견되었지만 사후 부장품인지 여부는 분명하지 않다. 고고학자들은 곡물 연삭 기술이 발달하면서 기원전 4000년부터 꾸준히 치아가 마모되는 비율이 줄어들었다고 말한다.

외치는 심장이 아프니 치과의사는 필요 없다고 생각하고 있는데, 현자가 다시 말을 이었다.

"페세셰트(Peseshet)라는 의사가 있습니다. 산부인과 의사인데, 여성이었지요."

여자 의사가 있다는 말에 외치는 소스라치게 놀랐다.

"아이러나흐티(Ir-en-akhty)도 명의였죠. 겉으로 보기만 해도 방광에 어떤 문제가 있는지 알았다고 하죠. 늘 방광만 봐서 오해를 사기도 했습니다. 하하하."

현자가 잠시 말을 중단한 틈에 외치가 잽싸게 끼어들었다.

"저는 누구한테 가야 합니까? 설마 페세셰트는 아니겠지요? 제가 여자 의사를 만나자니 부끄러워서요."

외치의 말에 현자가 놀라는 표정을 지었다.

"무슨 소리요? 그분들은 최소한 1000년 전에 활약했던 이들이오. 다들 왕의 주치의였던 분들이라, 당신 같은 사람은 만날 수도 없소."

외치는 부아가 치밀었다.

"죽은 사람 이야기를 왜 합니까? 당장 의사를 찾아가야 하는데."

당황한 현자가 만수르를 쳐다보자, 그는 난감하다는 투로 말했다.

"전 이분이 이집트 의학에 대해 알고 싶다기에…."

현자의 얼굴이 붉어졌다.

"내가 괜한 걸음을 한 것 같구려. 만수르, 자네 잠깐 나 좀 보세."

현자가 만수르에게 역정을 내자 외치는 뒷문으로 빠져나갔다.

파피루스를 보는 의사

카이로 거리를 걸을 때마다 외치는 격세지감을 느꼈다. 하루 종일 걸어도 사람 한 명 만나지 못하는 일이 다반사였던 5000년 전과 달리 이곳에는 사람들로 인해 활력이 넘쳤다. 이 활력이 문명의 발달이구나 생각하다가 외치는 나이가 지긋한 상인에게 가까운 곳에 의사가 있느냐고 물었다.

"의원이요? 여기서 세 블록만 더 가면 있어요."

이렇게 가까운 곳에 의사가 있었는데, 괜히 만수르에게 물어 시간만 낭비한 것 같았다. 하얀색 건물에 사람들이 줄을 서 있었다. 외치는 바닥에 앉아 자기 차례를 기다렸다. 생각보다 환자를 보는 시간이 오래 걸리는 모양이었다. 한 시간 정도 기다려야 환자 한 사람의 진료가 끝났다. 몇 시간이 지나 외치의 차례가 됐다.

"심장이 아파서 왔습니다."

외치의 말에 의사는 책상 위에 종이 뭉치를 펼쳤다. 그러고는 돋보기로 거기 적힌 글을 읽기 시작했다. 30분이 지나자 외치는 인내심의 한계를 느꼈다.

"저 선생님, 아니 수누 님, 지금 뭐 하시는 겁니까? 왜 환자를 안 보고 종이만 들여다보십니까?"

의사가 깜짝 놀란 표정으로 외치를 바라보며 호통을 쳤다.

"이런 무엄한 놈! 감히 내 의술을 모욕하다니! 당장 여기서 나가!"

터벅터벅 걸어서 숙소로 간 외치. 그래도 말을 걸 사람은 만수르뿐이어서, 낮에 있었던 일을 사과한 뒤 파피루스 뭉치에 대해 물었다. 사람 좋은 만수르는 파피루스가 의학 지식을 문서로 집대성한 것이며, 의사가 그 파피루스를 볼 때는 절대 소리를 내지 않는 게 불문율이라고 했다. 외치는 부아가 났다.

"진작 좀 가르쳐주지 그랬소!"

의학 파피루스

이집트에는 카야츠리그사과(科)에 속하는 식물의 줄기를 잘라 말린

다음 종이처럼 쓰는 문화가 발달했다. 그 식물의 학명이 '시페루스 파피루스(Cyperus Papyrus)'인지라 이 종이를 파피루스라 불렀다. 이집트시대의 회계, 의학, 문학, 건축 등을 기록하는 용도로 쓰였지만, 현존하는 것은 종교문서가 대부분이다. 이외에 몇 종류의 의학 문서가 남아 있는데, 에버스 파피루스, 에드윈 스미스 파피루스, 카훈 파피루스 세 종류가 대표적인 의학 파피루스다.

에버스 파피루스(Ebers Papyrus): 비운의 왕 오이디푸스는 스핑크스라는 괴물을 물리친 덕분에 테베의 왕이 된다. 알다시피 그는 자신이 친아버지를 죽이고 어머니와 결혼했다는 사실을 알게 되는데, 바로 그 테베에서 3000년도 더 된 오래된 무덤이 발견된다. 무덤에는 의복에 싸인 미라가 있었고, 미라의 두 다리 사이에서 기다란 문서가 나왔다. 의학과 관련 내용인 것으로 보아 무덤 주인은 의사였을 것으로 추정됐다. 이 문서는 에드윈 스미스(Edwin Smith)의 소유였다가 다시 독일의 학자인 게오르크 에버스(Georg Ebers)에게 소유권이 넘어간다. 에버스는 이 귀한 문서를 독일의 도서관에 기증했다. 총 108쪽의 이 문서는 현존하는 가장 오래된 의학 문서이며, 맨 마지막에 적힌 시대로 미루어 기원전 1536년부터 기원전 1552년 사이에 작성된 것이지만, 필경 그전에 전해지던 문서를 필사한 것으로 추정된다.

위와 심장, 배변, 천식, 암, 편두통 등 각종 내과질환뿐 아니라 피부질환, 항문질환, 소변 이상, 외상, 화상, 치과질환, 눈·귀·코의 질환, 출산 등 실로 광범위한 의학 지식들을 다루고 있다. 시대가 시대인지라 미신적인 주술로 치료하는 방법도 담겨 있다. 이 문서는 사람의 발을 뚫고 나오는 엽기적인 기생충, 메디나충에 대해서도 다루고 있는데, 문서에 적힌 치료법을 지금도 쓰고 있다는 것이 신기하다.

또한 에버스 파피루스는 당뇨병을 기술한 최초의 문서이기도 하다. "너무 많은 양의 소변을 본다"라는 문구가 바로 그것이다. 참고로 에버스 파피루스에 나온, 어린이 요실금에 대한 내용을 잠시만 살펴보자. 꽤 자세한 처방에 감동할 것이다(그림 2).

"점토를 끓이면 작은 알갱이가 되는데, 요실금을 호소하는 아이에게 이걸 줘라. 나이 많은 아이는 그냥 삼키게 하라."

에드윈 스미스 파피루스(Edwin Smith Papyrus): 에버스 파피루스와 마

그림 2 〉 에버스 파피루스

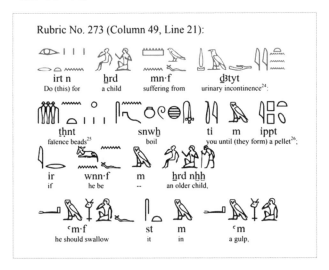

찬가지로 테베의 무덤에서 발견됐는데, 미국의 이집트 학자인 에드윈 스미스가 소유하고 있었다. 에버스가 문서의 중요성을 깨닫고 도서관에 기증해 해독할 수 있게 한 반면, 스미스는 죽을 때까지 이 문서를 공개하지 않았다. 그가 죽은 뒤 스미스의 훌륭한 딸이 뉴욕역사박물관에 문서를 기증함으로써 세계인의 유산이 될 수 있었다.

내과를 주로 다룬 에버스 파피루스와 달리 에드윈 스미스 파피루스는 외상과 골절 등 주로 외과에 관한 내용이 적혀 있다. 외상뿐 아니라 유방암도 기술돼 있다는 게 특별하다. 총 48개의 증례를 수록하고 있으며, 각각의 진단은 다음의 셋 중 하나로 귀결된다. 즉 고칠 수 있는 외상, 열심히 치료하면 고칠 수도 있는 외상, 못 고치는 외상. 요즘과 별 차이가 없다. 그중 하나만 옮겨본다.

"(증례 33) 바닥에 머리부터 떨어져서 척추뼈가 박살난 환자입니다."
이 환자는 아마도 '못 고치는 외상'으로 분류됐을 것이다.

카훈 파피루스(Kahun Medical Papyrus): 이집트에서 피라미드를 지을 때 최소한 10만 명의 노동자들이 동원되었다고 한다. 공사가 진행되는 동안 그들이 묵을 곳도 필요했을 것이다. 그렇게 만들어진 임시 도시가 바로 카훈(Kahun)으로, 피라미드에서 동쪽으로 2킬로미터쯤 떨어진 곳에서 발견됐다.

바로 그곳에서 카훈 파피루스가 나왔는데, 이는 이집트 중왕국시대(기원전 1850~기원전 1700) 말에 쓰인 것으로 추정된다. 카훈은 집단거

주지를 발견한 영국의 고고학자 플린더스 피트리(Findlers Petrie)가 붙인 이름이다. 카훈 파피루스는 산부인과 질환을 다뤘으며, 각 증례는 증상과 진단, 치료법으로 구성돼 있다. 예를 들면 이렇다.

[증상] 한 여성이 눈이 아프다가 결국 실명했다.
[진단] 자궁의 분비물이 눈에 들어간 것이다.
[치료법] 향이 나는 신선한 기름으로 몸과 자궁을 증기소독하고, 거위 다리의 지방을 이용해 눈을 증기소독하라. 그리고 그 여성에게 당나귀 간을 먹이라.

이걸 보면 눈의 병이 전혀 나을 것 같진 않다. 옛날 남성들은 여성이 병에 걸리는 원인을 자궁 탓으로 돌리는 일이 많았는데, 이집트가 원조인 모양이다. 이 세 가지 외에도 파피루스가 더 존재한다. 비록 주술적인 면도 있고, 지금 기준으로 보면 황당한 부분도 있다. 하지만 지금부터 4000년 전에 이런 식의 의료행위가 행해졌고, 또 그것을 문서로 남겼다는 것은 당시 이집트가 상당한 의료 선진국이었음을 말해준다. 그 덕분에 기원전 1000년에 이미 왕과 귀족은 물론 일반인을 대상으로 하는 의사들이 성업할 수 있었던 것이다.

외치의 여행은 계속된다

다행히 의사는 외치를 알아보지 못했다. 심장이 아프다고 했더니 지난번과 똑같이 파피루스를 들여다보았다. 외치는 숨을 죽인 채 한 없이 기다렸다. 한 시간이 지나자 의사가 식물 잎사귀를 띄운 차 한 잔을 내밀었다. 외치는 잘 보이려는 마음에 단번에 들이켰다. 의사가 말했다. "미안하네."

외치는 자신이 잘못 들은 줄 알았다. "네? 뭐라고요?"

의사는 다시금 말했다. "미안하다고."

외치는 그 말을 자신의 병을 진단하지 못했다는 뜻으로 알아들었다. 괜찮다고 하려는데 갑자기 의식이 혼미해졌다. 그가 쓰러지고 난 뒤 한 무리의 사람들이 들어왔다. 그중에는 만수르가 데려왔던 현자도 있었다. "의사 선생, 수고했소. 이 사람은 이집트 의학 전체를 매도 했으니 죽어 마땅하오. 암, 당연하지."

고대 이집트 하면 먼저 피라미드와 스핑크스를 떠올리겠지만, 실제로 그 시기의 이집트는 의학으로 탁월한 명성을 얻었다. 다른 제국의 통치자들이 "내 애인이 아프다"며 이집트 파라오에게 최고의 의사를 보내달라고 요청할 정도였다.

이집트에서는 미라를 만들었으니 인체에 대한 지식이 많았을 것으로 생각되지만 해부학은 크게 발달하지 못했다. 미라는 종교적인 이유로 만들었기 때문에 사체(死體)를 필요 이상으로 자르지 않았다. 무엇보다 의사가 직접 미라를 만드는 일은 없었다.

그렇지만 미라를 만드는 과정은 현대의학에도 영향을 준다. 미라를 만들 때 이집트인들은 긴 후크로 된 끌개를 콧구멍에 삽입함으로써 두개골에서 뇌를 제거했는데, 이 기술이 얼마나 정교한지 지금도 신경외과 의사들은 이 방식을 모방해 뇌하수체 종양 수술을 할 정도라고 한다.

고대 이집트인들은 건강관리와 예방의학의 관점에서 매우 높은 수준을 보여준다. 그래서 건강한 사람도 정기적으로 신체를 깨끗이 하라고 권장했다. 또한 고대 이집트는 물뿐만 아니라 음식물을 관리하는 규정이 있었다. 심지어 가옥을 청결히 하는 법까지 실시되었다고 전해진다.

신석기시대와는 비교도 안 될 만큼 발달한 모습이지만, 이집트인들의 지식은 당시 시대적 한계를 완전히 극복하지 못했다. 미라의 경우도 내장 등의 장기는 따로 보관하면서 정작 심장은 몸 안에 그대로 뒀는데, 이는 사후세계에서 심판을 받기 위해 심장이 중요한 역할을 한다고 믿어서였다. 죽은 자의 심장을 양팔저울에 올린 뒤 깃털과 무게가 같아야 그가 인생을 잘 살았다고 생각했단다. 여러 안타까움에도 불구하고 당시 이집트의 의학은 동시대 다른 지역과 차원을 달리한 발전된 의학이었고, 파피루스에 의학적 지식이 꼼꼼하게 기록되어 그리스와 로마는 물론 아랍의 의학에까지 커다란 영향을 미친다.

히포크라테스와 갈레노스
아무도 두 천재를 넘어설 수 없다

그리스에 간 외치

"으, 세상에 믿을 놈 없네. 돈 몇 푼 때문에 사람을 죽이려 들다니."
정신을 차린 외치는 자신이 새로운 시대에 와 있는 것을 알았다. 손등에는 '기원전 400년, 아테네'라는 글자가 새겨져 있다. 이집트 의학에서 600년 더 미래로 왔으니, 이 시대라면 걸핏하면 숨이 차는 증상을 고칠 수 있을 것 같았다. 아테네에서의 삶에 어느 정도 적응한 외치는 '아테네 투어' 가이드를 자처한 옆집 사람 사마라스와 함께 길거리로 나왔다. 그런데 이상한 사람들이 눈에 띄었다. 외치가 물었다.

"저 사람들은 왜 저렇게 목에 힘을 주고 다니는 거죠?"

"아, 저분들은 소피스트입니다. 쉽게 말해 그리스의 대표적인 지식인이죠. 정치, 수학, 음악, 의학 등 모든 분야에 능통하고, 말로는 도저히 이길 수가 없습니다."

외치는 '의학'이란 말에 눈이 번쩍였다. '그렇다면 내 병에 대해서도 알아봐줄 수 있겠구나!' 외치는 사마라스의 만류를 뿌리치고 그중 한 명에게 접근했다.

"선생님. 제가 가슴이 답답한데, 이걸 고치기 위해 전 세계의 의사를 찾아다니고 있거든요. 선생님은 그 원인을 알 수 있을까요?"

자신을 '고르기아스'라고 소개한 소피스트는 잠시 외치를 바라보더니, 이렇게 말했다.

"가슴이 답답하다고? 가슴을 답답하게 만드는 것을 '알파'라고 해보세. 그 알파는 말이야, 존재하지 않는 것일세. 만약 그 알파가 존재한다고 해도 진짜 존재하는지 알 수 없네. 행여나 알파가 존재하고, 알파의 존재를 안다 해도, 내가 당신에게 알파가 무엇인지 전할 수 없다네."

말을 마치자마자 고르기아스는 황급히 자리를 떴다.

"도대체 무슨 말입니까? 알파 때문에 가슴이 답답한 겁니까?"

외치가 묻자 사마라스가 웃었다.

"저들은 말만 그럴싸할 뿐, 실생활에는 도움이 안 됩니다. 가슴이 답답하면 의사를 만나야죠. 이곳엔 의학의 아버지가 살고 있거든요."

모든 질병에는 원인이 있다

"나는 환자의 건강을 가장 우선적으로 배려하겠다.

나의 환자에 관한 모든 비밀을 절대로 지키겠다.

나는 동료를 형제처럼 여기겠다…."

모든 의과대학에 걸린 이 경구는 1948년 세계의학협회가 채택한 '제네바 선언'이다. 이 선언이 '히포크라테스 선서'로 불리는 이유는 제네바 선언이 히포크라테스가 쓴 선서에 기초했기 때문이다. 예컨대 환자의 비밀을 지키는 항목에 대해서 '선서'에는 이렇게 돼 있다.

"나의 직무 수행과 관련된 일이든 전혀 관련이 없는 일이든 관계없이, 내가 보거나 듣는 바로서 그 사실이 절대로 세상에 알려져서는 안 되는 경우에, 나는 일체의 비밀을 결코 누설하지 않겠다."

환자의 비밀을 지키자는 항목을 이미 2000년 전에 생각했다니, 환자를 배려하는 히포크라테스에게 존경심이 든다(그림1).

그를 '의학의 아버지'라 부르는 이유가 선서 때문만은 아니다. 히포크라테스 이전의 의학은 주술적인 차원을 벗어나지 못했다. '질병=신이 내린 징벌'로 여기던 시대였으니, 마법사가 병을 치료한다고 나선 것도 무리는 아니다. 히포크라테스(기원전 460?~기원전 377?)는 모든 질병에는 원인이 있다고 생각했다. 그 원인을

그림1 〉 히포크라테스

찾아내기 위해 환자의 소변을 맛보기도 하고, 폐에서 나는 소리를 들어보기도 했으며, 환자가 호흡하는 모습과 안색 등을 살피기도 했다. 질병의 원인을 알아내고 제거해야 치료가 가능하다고 생각한 점에서, 히포크라테스야말로 의학을 '과학'으로 만든 일등공신이다. 뇌전증(간질로 잘 알려진 질병이다)에 대한 히포크라테스의 서술을 보자.

"내가 보기에 이 병은 다른 병에 비해 특별히 신성하거나 거룩하지 않으며, 대신에 어떤 자연적인 원인이 있다. 사람들이 이 병에 신성한 원인이 있다고 믿는 것은 이 병이 흔히 경험할 수 없고 워낙 독특한 특성을 보이기 때문이다."

지금도 뇌전증을 천형(天刑)으로 여기는 사람이 있다는 사실을 감안하면, 그의 통찰에 경외감마저 느껴진다. 이후 그가 제시한 원인이 잘못됐다고 판명됐지만(그는 뇌전증의 원인을 뇌 속 점액이 막힌 것이라고 했다) 의학을 과학으로 생각했다는 점에서 현대의학의 출발점을 히포크라테스로 삼는 것은 타당해보인다.

의사로서 뭔가를 배우는 가장 좋은 방법은 선배 의사가 남긴 기록을 보는 것이다. 그는 기록에도 능한 의사였다. 이렇게까지 써야 할까 싶을 정도로 환자의 증상을 날짜별로 정확하게 기록했는데, 그 예로 유행성이하선염에 대한 기술을 보자.

"고열이 나는 사람들 중 일부는 코피를 흘렸다. 이하선이 부어오르면서 발병하기 시작했는데, 한쪽만 부어오르는 사람도 있지만 대부분 양쪽이 함께 부어올랐다. 체온은 대개 정상이었고 불면증에 시달리는 사람들도 많았다. 일부는 경미한 발열 증세를 보이기도 했다."

기원전 3세기 알렉산드리아에서 그가 남긴 기록들을 모은 《히포크라테스 전집》이 출간되었는데, 이것이 제대로 된 최초의 의학서다. 여기에 실린 글이 모두 히포크라테스가 쓴 것인지에 대해 의문을 제기하는 사람도 있다. 그러나 히포크라테스의 기록이 없었다면 이 전집은 존재하지 않았을 수도 있다.

히포크라테스가 도입한 것 중 하나가 바로 '예후'다. 환자가 회복될지 아니면 더 악화될지 추측하는 것을 예후라고 하는데, 이 개념도 바로 히포크라테스에서 비롯됐다. 어떤 병에 걸렸는지 제대로 진단도 내리지 못하던 시절, 그는 어떻게 예후를 알 수 있었을까? 그 비결은 바로 면밀한 관찰이었다. 그는 잘 낫지 않는 환자에게 어떤 특징이 있을까를 알아내려고 애썼는데, "눈과 관자놀이가 푹 꺼지고, 안색이 초록색이나 검은색, 납빛을 띠는 경우"라면 회복이 어렵다고 했다. 언급한 증상이 정확히 어떤 질병에 해당하는지는 알기 어렵다. 하지만 환자에게는 진단명이 아니라 병이 나을 수 있는지, 얼마나 더 오래 살수 있는지가 중요하다. 그 점에서 히포크라테스가 예후를 알아내려고 애쓴 점 역시 '의학의 아버지'다운 일이다.

마지막으로 히포크라테스는 몸의 자연치유 능력을 굳게 믿었다. 《히포크라테스 전집》에는 "대자연이 바로 의사다", "대자연은 스스로의 치유법을 찾아내는 능력이 있다"라는 구절이 나온다. 그만큼 그는 인체의 자연치유 능력을 극대화하는 게 의사의 역할이라 믿었다. 그래서 그는 식이요법, 공기욕, 안마, 해수욕, 사혈, 부황 등의 치료법을 사용했다. 이 치료법으로 모두 효과를 보지는 못하지만, 약을 너무 많

이 먹어 자연치유 능력을 위축시키는 요즘 시대라면 히포크라테스의
철학이 필요하지 않을까?

의학의 아버지를 만나다

'의학의 아버지'를 만난다고 생각하니 외치는 가슴이 두근거렸다.
'아버지'라는 표현을 아무에게나 쓰지는 않을 테니까. 그라면 반드시
병을 고쳐줄 터였다. 하지만 히포크라테스를 만나기는 쉽지 않았다.
그는 그리스 여러 지역을 다니며 환자를 보고 의술을 펴느꼈기에 언
제 어디에 있을지 예측하기가 어려웠다. 하지만 거리로 나가 소식을
알아본 사마라스에 따르면, 히포크라테스가 마침 아테네에 있단다.
외치는 적당한 때 자신을 아테네에 내려준 외계인에게 감사드렸다.

물론 그 감사는 히포크라테스의 진료소에 가기 전까지 유효했다.
그곳에 도착한 뒤 외치는 그리스에서 의학의 아버지를 원하는 사람이
얼마나 많은지를 눈으로 확인하고서 시무룩해졌다. 지금이야 의사라
면 당연히 병원, 그러니까 상설 진료소에서 환자를 받지만, 과거엔 상
설 진료소에서 환자를 보는 의사들이 거의 없었다.

히포크라테스는 의사들에게 상설 진료소를 만들어 의자, 청결한 수
건, 이불 등과 더불어 조명까지 설치해놓고 환자를 받아야 한다고 주
장했지만, 의사들은 듣지 않았다. 그럴 수밖에 없었던 이유는 히포크
라테스와 달리 대부분의 의사들은 그럴 돈이 없었기 때문이다. 히포

크라테스가 명성이 높은 탓도 있었지만, 언제든 찾아갈 수 있는 상설 진료소가 없었던 당대의 상황이 히포크라테스의 진료소 앞에 환자들이 인산인해를 이룬 이유였다.

"안 되겠어. 이러다간 오늘 의사를 만나기도 어렵겠는걸?"

말없이 기다렸던 지난번과 달리 외치는 좀 영악해지기로 했다. 수렵·채집인답게 기골이 장대한 외치가 눈을 부라리자 줄을 서 있던 사람들이 하나둘씩 길을 비켜줬다. 드디어 외치는 히포크라테스 앞에 설 수 있었다.

"그래, 어디가 아파서 온 건가?"

외치는 자신의 상태에 대해 설명했다. 운동을 하면 숨이 가쁘고, 높은 산에 오를 때 몇 번이고 쉬어야 한다 등등. 히포크라테스는 고개를 끄덕였다.

"역시 내 생각대로야. 자네는 체액 불균형 상태에 빠져 있어."

히포크라테스는 외치 옆으로 바짝 다가가 앉은 뒤 일장연설을 시작했다. '인간의 몸은 일종의 그릇이며, 거기에는 흑담즙·황담즙·혈액·점액 이렇게 네 가지 체액을 담고 있다. 건강한 상태를 유지하려면 이 네 가지 체액이 균형을 이뤄야 하며, 하나가 너무 많거나 적으면 병에 걸린다.'

"자네는 지금 이 체액 불균형으로 인해 숨이 가쁜 것일세."

외치는 히포크라테스의 말에 매료됐다. 이토록 알기 쉽게 설명하다니, 의학의 아버지라는 말은 아무나 들을 수 없다고 생각했다.

"흐트러진 균형이 회복되기만 하면 숨 가쁜 증상이 사라질 걸세."

"어떻게 해야 균형을 회복할 수 있습니까?"

히포크라테스는 잠시 뜸을 들이다 말했다.

"너무 걱정하지 말게. 인체는 부족한 체액은 더 만들어내고, 과도해지면 즉시 배출할 수 있네. 가만히 있으면 저절로 균형이 회복돼 건강해질 걸세."

외치, 갈레노스를 만나다

더 물어보고 싶었지만 옆에 있던 건장한 남자가 외치를 밖으로 내몰았다.

'저절로 낫는다니, 겨우 이 말을 들으려고 새치기를 했나?'

이건 아니다 싶어, 외치는 천막 밖에 서서 다음 환자가 나오기를 기다렸다. 잠시 뒤 나이 든 남자 환자가 나왔다.

"댁은 어디가 아파서 왔소?"

힘없이 걸음걸이를 옮기던 남자가 깜짝 놀라며 외치를 바라봤다.

"나 말이오?"

남자는 가슴 가운데에 찌르는 듯한 통증이 있어서 왔다고 했다. 외치가 물었다.

"저분이 뭐라고 하던가요?"

그는 가슴이 아픈지 얼굴을 찡그렸다.

"저분이 말하기를 네 가지 체액 사이에 균형이 무너져서 가슴이 아픈 거라네요. 그냥 놔두면 저절로 회복된다고 해서 돌아가는 길이오."

남자의 말에 외치는 기가 막혔다.

"뭐야? 증상이 다른데 원인은 똑같다고? 하나도 모르잖아!"

숙소로 돌아온 외치는 사마라스를 붙잡고 넋두리를 늘어놓았다. '의학의 아버지라는 말은 다 허울뿐이다.' '아무래도 당신들이 속고 있는 것 같다.' '오히려 그보다 1000년 전의 이집트가 더 뛰어날 수도 있다.' 외치의 말을 가만히 듣던 사마라스의 낯빛이 변했다.

"듣자 하니 너무하네요. 이집트가 그리 좋으면 거기서 치료받지 그래요."

외치도 지지 않고 언성을 높이면서 분위기가 험악해졌다. 그때 갑자기 우주선이 나타났고, 문어 모양의 외계인이 우주선에서 내렸다.

"다, 당신, 누구요?"

사마라스가 화들짝 놀라며 뒤로 물러났다. 외계인은 아랑곳하지 않고 외치에게 다가갔다. 그의 옆에 한 남자가 서 있었다.

"많이 실망한 모양인데, 당신을 위해 준비했소. 짜잔."

외계인이 옆에 있던 남자를 외치 쪽으로 밀었다.

"이 사람이라면 당신의 병을 고쳐줄 수 있을 것이오. 난 이만."

외계인이 데려온 남자는 얼떨떨한 표정이었다.

"도대체 여기가 어디요? 당신들은 누구요?"

외치가 물었다.

"그건 우리가 묻고 싶은 말인데. 일단 난, 외치라고 하오."

"난 사마라스."

남자는 고개를 저었다.

"당신들 이름은 처음 들어봅니다. 난 갈레노스라고 해요."

사마라스도 남자의 이름을 듣더니 고개를 저었다.

"나도 처음 듣는 이름인데."

갈레노스가 말했다.

"저는 로마에서 일하는 의사입니다. 남들이 나더러 고대 서양의학을 집대성했다고 칭찬하곤 하지요. 저도 그렇게 생각합니다. 로마에서 환자를 보다 잠시 쉬고 있는데, 문어 비슷한 것이 나타나 날 납치해 이리로 데려왔소."

그제야 외치는 외계인이 왜 갈레노스를 데려왔는지 깨달았다. 외치는 히포크라테스를 만나 실망했던 일을 그에게 설명했다.

"히포크라테스? 그분이 여기 계신단 말이오? 내가 200년 전 과거로 온 모양이군!"

갈레노스는 누구인가? 고대 서양의학에서 가장 유명한 사람은 히포크라테스다. 그에 비해 갈레노스(Claudios Galenos, 129~199)를 아는 사람은 그리 많지 않다(그림2). 하지만 히포크라테스가 의학을 상징한다면, 갈레노스는 약 1300년 동안이나 서양의학을 지배한 의사다.

그림2 〉 갈레노스

현대과학에서 어떤 연구 결과의 가치를 평가할 때 해당 논문의 '피인용지수'를 본

다. 다른 논문에서 많이 인용된 연구일수록 가치가 높다는 뜻이다. 만약 피인용지수를 고대부터 적용한다면 단연 1등은 갈레노스다. 그것도 2등과 압도적인 격차로 말이다. 현대의학 시대가 열리기까지 대부분의 의학 분쟁이 '갈레노스의 말에 따르면…'으로 해결될 정도였다.

그리스 식민도시 페르가몬에서 태어난 갈레노스는 청소년 시절 아버지의 영향으로 의학에 입문했다. 아버지의 꿈속에서 의술의 신인 아스클레피오스가 갈레노스를 의사로 만들라고 지시를 내렸다고 한다. 아스클레피오스 신전에서 수행원으로 일한 갈레노스는 그 후 교육의 중심지인 스미르나, 코린토스, 알렉산드리아에서 유학하며 의학을 공부했다. 유학에서 돌아온 갈레노스는 검투사 담당의를 하다가 로마로 갔다. 이곳에서 그는 해부학과 의학 강연을 하고 군중시연을 열었다. 또 철학자인 에우데모스의 황달을 치료하는 성과도 올렸다. 결국 그는 로마 원로원의 의원이던 보에티우스의 도움으로 마르쿠스 아우렐리우스 황제의 궁으로 들어간다.

갈레노스가 의학의 발전을 이끈 까닭은?

의학을 제대로 배우기 위해서는 우선 해부를 통해 인체 장기의 구조를 파악하는 것이 필수다. 그러나 갈레노스가 살았던 로마시대에는 인체해부를 금했다. 할 수 없이 그는 영장류인 원숭이와 돼지를 해부하며 의학 지식을 쌓았다. 인체를 해부하지 못해 아쉽지만, 갈레노스는 실제 동물해부와 임상시험을 통해 의학적 지식을 얻는 방법론을 세웠다는 점에서 의학사에서 중요한 위치를 차지한다.

그가 해부를 통해 알아낸 지식은 방대하다. 근육과 뼈를 구분했고, 일곱 쌍의 뇌신경을 구분했다. 심장을 해부해 심장판막을 묘사하고, 정맥과 동맥의 차이점도 관찰했다. 또 뇌가 목소리를 조절한다는 사실을 증명하기 위해 되돌이후두신경을 묶는 실험을 했다. 근육의 조절 기능을 설명하기 위해 척수를 자르고, 소변은 방광에서 만들어지지 않는다는 사실을 보이기 위해 요관을 묶어 증명했다.

특히 그는 혈액이 혈관을 통해 신체 말단까지 퍼져나가며 신진대사를 조절하는 물질을 운반한다고 믿었다. 혈액이 간에서 만들어진다고 주장한 점과 혈액이 순환한다는 사실을 밝히지 못한 점은 흠이지만 갈레노스가 살았던 시대를 감안한다면 실로 놀라운 통찰이 아닐 수 없다. 이를 바탕으로 갈레노스는 총 16권의 해부학 책을 썼다. 아쉬운 점은 그의 해부학이 원숭이와 돼지를 바탕으로 이루어졌기 때문에 오류가 생길 수밖에 없다는 것이다.

후대 학자들이 갈레노스의 책을 꼼꼼하게 검증했다면 오류를 바로잡을 수 있었겠지만, 기독교와 이슬람교 모두 인체해부를 금지한 탓에 르네상스시대가 올 때까지 1300년 동안 의사들은 잘못된 해부학을 배워야 했다. 그만큼 갈레노스의 명성은 절대적이었다. 뒤에 나오겠지만 갈레노스에게 이의를 제기하면 연구 결과를 철회하도록 압박받거나 아니면 학교를 떠나야 했다. 갈레노스의 '교리'는 근대 해부학의 아버지라 불리는 베살리우스(Andreas Vesalius, 1514~1564)가 《인체

조직에 관하여》라는 저서를 출간한 후에야 대대적으로 수정됐다.

갈레노스의 체액설

갈레노스도 히포크라테스처럼 체액설을 신봉했다. 하지만 체액의 불균형이 저절로 해소된다고 믿었던 히포크라테스와 달리 갈레노스는 더 적극적인 방법을 쓰려고 했다. 우선 그는 먹는 음식물에 따라 네 가지 체액의 조성이 바뀌므로, 병에서 회복하려면 개인마다 식이 요법도 달라야 한다고 믿었다. 여기에 그치지 않고 질병에 걸린 사람의 피를 빼는, 이른바 사혈법(瀉血法)을 사용했다.

"지금 당장 사혈을 해드리겠습니다. 숨이 가쁜 증상은 금방 나을 겁니다."

외치는 히포크라테스보다 갈레노스에게 더 믿음이 갔다. 이 사람은 날 낫게 하려고 이것저것 해보고 있지 않은가!

"정말 괜찮을까요?"

외치가 걱정스럽게 묻자 금방 새 시대에 적응한 갈레노스가 껄껄 웃었다.

"사혈이 몸에 좋다는 것은 오랜 경험으로 증명됐습니다. 여성이 남성보다 병에 덜 걸리는 이유가 뭐겠습니까? 여성은 한 달에 한 번씩 생리를 통해 피를 배출하기 때문이랍니다."

자신이 살던 시대에 여성이 덜 아팠던가? 에라 모르겠다 싶어 외치는 갈레노스가 시키는 대로 팔을 내밀었다. 갈레노스는 팔의 정맥에 구멍을 냈고, 거기다 튜브를 박았다. 한두 방울씩 피가 떨어지더니 제법 많은 양이 나오기 시작했다. 피가 빠져나가자 외치는 약간 어지럼증을 느꼈다. 사실 외치가 숨이 가쁜 까닭은 심장이 제 기능을 못하는 심부전 때문이었다. 심장이 제대로 뛰지 않아 피가 혈액에 잘 가지 못하는 상태에서 피를 뽑아내자 어지럼증은 더 심해질 수밖에 없었다.

"좀 어떻습니까?"

외치가 점점 힘들다고 하자 갈레노스는 고개를 갸웃거리더니, 다른 쪽 팔에서도 피를 뽑기 시작했다.

"조금만 참으세요. 내가 당신을 반드시 낫게 해드리겠소."

30분 후 갈레노스가 뽑은 피는 거의 1.5리터에 달했다. 갈레노스는 좋아졌을 것이라 기대하며 외치에게 말을 시켜봤지만, 답이 없었다.

"이봐요. 일어나요. 어서!"

갈레노스가 외치의 어깨를 흔들었지만, 일어나지 않았다.

"큰일이네. 사람이 죽었어! 위대한 의사인 내가 사람을 죽이다니!"

사혈의 효과와 그 한계

현대의학과 비교할 때 갈레노스의 의학에는 분명한 한계가 있다. 일례로 갈레노스는 살무사의 머리, 염소 똥, 시체 조각을 넣고 끓인 '만병통치약'을 만들었는데 황당하게도 18세기까지도 매우 중요한 약으로 통용됐다. 또한 그는 피를 뽑아 치료하는 사혈법을 사용했다. 혈액에 영혼적인 요소가 있어 병든 사람의 피를 뽑아내면 병이 치료된다고 믿었던 것이다.

이는 당대 각 학파들이 설파하던 생명의 원리를 생각한다면 크게 나무랄 수 없는 일이지만, 동물해부를 통해 심장과 동맥, 정맥을 관찰한 갈레노스가 이들 사이에서 혈액순환이 이루어진다는 사실을 발견하지 못한 것은 아쉬운 대목이다. 훗날 혈액순환 원리를 발견한 윌리엄 하비(William Harvey, 1578~1657)도 "갈레노스가 그걸 몰랐다니 정말 신기한 일이다"라고 한 바 있다.

그럼에도 불구하고 사혈은 환자를 고치는 거의 유일한 치료법으로 신봉됐고, 갈레노스 사후에도 지속적으로 시행됐다. 체액설이나 혈액 속의 영혼적인 요소를 믿지 않게 된 19세기에도 마찬가지였다. 그 시절 외과의사들은 사혈이 '상한 피'를 제거하는 효과가 있다면서 사혈을 합리화했다. 그리고 사혈은 대부분 환자를 죽였다. 한두 번 정도 피를 빼도 견딜 수 있었겠지만, 지속적인 사혈을 이겨낼 장사는 없기 때문이다. 사혈의 효과를 본 환자가 아주 없지는 않을 것이다. 피를 뺀 환자가 모두 죽었다면 사혈법을 의심하는 사람들이 훨씬 더 일찍 나타났을 테니 말이다.

어떻게 사혈이 환자 상태를 좋아지게 만들었을까? 네덜란드 외과의사 아르놀트 판 더 라르(Arnold van de Laar)에 따르면 그건 바로 '플라세보 효과'란다. 환자가 '이 치료는 몸에 좋다'라고 신뢰하다 보니 병이 낫는 현상 말이다. 여기에 한 가지 경우가 더 있다면, 환자가 젊고 건강할 때다.

1743년 덴마크의 윌리엄 왕자는 전쟁에 나갔다가 장딴지에 총을 맞았다. 이때 당장 필요한 치료는 상처 부위를 묶어 피가 더 나지 않게 하는 것이다. 하지만 군의관은 왕자의 팔에 상처를 내서 피를 뺐다. 이 과정이 두 차례나 더 진행됐지만 젊은 윌리엄 왕자는 이런 황당한 치료에도 죽지 않고 살아남았다. 그 군의관은 훗날 출간한 저서에서 자신이 사혈로 왕자를 구해냈다고 자랑스럽게 써놨다고 한다. 그렇게 본다면 외치가 고대 그리스에서 피를 뽑힌 건 충분히 이해되는 일이 아닐까.

기원전 431년부터 404년까지 무려 28년 동안, 아테네가 주도하는 델로스 동맹과 스파르타가 주도하는 펠로폰네소스 동맹 사이에 전쟁이 일어난다. 스파르타가 주도권을 갖는 듯했으나, 오래가지 않았다. 잦은 전쟁으로 인해 그리스 중심부에 공백이 생긴 시기에 필리포스 2세의 마케도니아 왕국이 등장했다. 필리포스 2세를 알렉산드로스 대왕의 아버지로만 아는 사람이 많지만, 필리포스 2세는 마케도니아 왕국의 기틀을 만든 중요한 인물이다. 그는 은광을 개발하여 막대한 자금을 조달함으로써 군대를 최신식으로 탈바꿈시키고 마케도니아가 강대국으로 부상할 수 있는 기틀을 마련했다. 결국 필리포스 2세는 기원전 338년 테베와 아테네 연합군을 격퇴하며 그리스 전역의 지배자가 된다.

필리포스 2세는 코린토스 동맹을 만들고, 맹주를 자처했다. 그러나 코린토스 동맹은 필리포스 2세가 강압적으로 맺은 동맹이었기에 항상 동맹이 깨질 위험은 남아 있었다. 그의 사망 후 어린 알렉산드로스가 즉위하지마자 테베가 전쟁을 일으킨다. 이 소식을 듣고 알렉산드로스는 직접 군사를 이끌고 반란을 진압했다.

알렉산드로스는 동쪽으로는 페르시아 제국의 아케메네스 왕조을 무너뜨리고 페르시아 제국의 통치자가 되었고, 남쪽으로는 이집트를 정복하여 이집트의 왕, 파라오라는 호칭까지 얻었다. 나아가 지금의 인도 부근까지 정벌하여 고대 그리스 역사상 가장 넓은 영토를 개척했다. 알렉산드로스 대왕의 정복을 통해 헬레니즘 문화권이 형성되고, 유럽은 물론 아시아까지도 상당한 영향을 주게 된다.

알렉산드로스 대왕은 비록 단명했지만, 그 시기에 형성된 헬레니즘 문화권은 예술은 물론 의학의 발전에도 크게 기여했다. 기원전 280년경 알렉산드로스 제국의 수도인 알렉산드리아에서 《히포크라테스 전집》이 편찬되었다고 여겨지는데, 이 전집의 출간은 히포크라테스가 활동하던 시대보다 100년 뒤의 일이다. 서양의학의 기틀을 만든 이 전집은 히포크라테스의 정신을 이어받아 합리적인 의술을 추구하는 여러 의사의 힘이 모인 것이라 볼 수 있다.

고대 그리스 사람들에게 병은 신이 내린 형벌이었다. 그리하여 당시 사람들에게 병을 치료하는 진료소는 아스클레피오스 신전이었다. 신에게 잘못을 빌면 치료가 되리라고 생각했던 것이다. 이런 환경에서 히포크라테스는 주술에 가깝던 기존 의학을 마술과 철학으로부터 분리해 의사라는 직업을 만들고 환자를 돌보는 진료소를 세운다. 지금도 의대생들에게 암송되는 히포크라테스 선서는 그가 의학의 기틀을 잡고 방법론을 세운 서양의학의 상징임을 알게 해준다.

화타
마취약을 사용해
수술하던 의사

중국에 간 외치

깜깜한 지하 같은 곳에서 외치는 깨어났다.

"와, 의사란 작자가 날 죽게 하다니. 세상에 믿을 놈 하나 없네. 어째 미래로 갈수록 더 이상해지냐."

어둠에 익숙해지자 옆에 있는 물체가 눈에 들어왔다.

"으악!"

사람의 시체였다. 황급히 그곳에서 도망친 외치는 손등의 숫자를 봤다.

"207년? 벌써 600년이나 흘렀네?"

수백 년을 순식간에 뛰어넘다니. 이런 경험이 벌써 여러 번이건만, 여전히 타임슬립이 신기했다.

처음 보는 풍경과 온통 처음 보는 사람들뿐이었다. 줄곧 유럽에서만 지냈던 외치로서는 중국인들의 모습이 낯설 수밖에 없었다. 외치는 곧 중국인들에게 둘러싸였다.

"사람 맞아? 당신같이 생긴 사람은 처음 보는데?"

질문공세에 시달리던 외치는 자신도 모르게 터득한 중국어로 말했다(그의 몸에 장착된 통역기 덕분이다). 자신은 심장병을 앓고 있는데 여기저기 떠돌아도 고칠 수가 없었고, 그러던 차에 중국의 의술이 뛰어나다는 말을 듣고 이곳까지 오게 되었다고 털어놓았다. 그제야 중국인들은 긴장을 풀었다.

"진작 이야기하지. 난 또 나쁜 사람인 줄 알았네."

"그럼. 뭐든지 중국이 최고야."

4대 문명 중 하나인 황하문명의 발상지답게 중국의 의학은 꽤 발달해 있었다. 중국의 의학에는 철학, 즉 도가의 음양오행(陰陽五行)이 지대한 영향을 미쳤다. 음양오행은 화·수·목·금·토, 다섯 가지를 뜻하며, 이는 각각 심장·신장·간·폐·비장 등의 오장에 해당한다. 이 오행이 불균형 상태가 되면 질병이 생긴다는 생각이 중국 의학의 기본으로, 이 이론은 오래도록 중국을 지배했다.

중국에서 체계적인 의료제도가 생기게 된 시기는 주나라 때(기원전 800~기원전 700년)로 의술을 담당하는 관직이 있었다고 한다.

이후 진·한시대(기원전 221~서기 220)에 이르자 하수도 등 위생시설이 만들어지고, 공중변소가 등장했다. 공공위생이 전염병을 막는 효과적인 수단이라는 점을 알았다는 사실을 보면 중국은 일찍부터 의학이 발달했음을 알 수 있다. 이 시대에 쓰인《황제내경》을 보면 인체의 혈맥을 통제하는 기관이 심장이고, "혈액은 기를 동력 삼아 온몸에 퍼져 흐르며 끝이 없이 계속 반복된다"라고 밝히고 있다. 유럽에서 혈액순환의 원리를 처음 발견한 때가 17세기였으니, 중국은 빨라도 한참 빨랐다.

"당신 안색이 안 좋은데, 어디 아프면 화타에게 가보시오."

팔자수염이 난 사람이 말했다. 외치는 그 말이 무슨 뜻인지 몰랐다.

"화타요?"

"그래요. 화타는 이 중국 전역에서 가장 뛰어난 의사니까요."

화타, 그는 누구인가?

정사《삼국지》와 소설《삼국지연의》는 엄연히 다른 장르이지만, 화타(華陀, ?~208?)는 실존인물이다(그림1). 한의학에도 외과의학이 있었을까? 이 질문에 대한 답은 화타의 이야기에서 찾을 수 있다. 조조의 머리를 열어 치료하겠다는 대담한 발상이《삼국지연의》에 수록되어 있기 때문이다. 그러나 이런 화타의 신기(神技)에 가까운 외과의학의 전통은 어디에서도 발견되지 않는다. 화타의 의학은 그저 전설일 뿐일까?

화타는 전업 의원이 아니었다고 한다. 《삼국지》의 화타전을 보면 그는 여러 경전에 통달하고 학식을 갖춘 서주의 유생이었다고 기록되어 있다. 조정에서 화타를 불렀지만 응하지 않았다고 한다. 사대부 선비들이 환관의 전횡을 비판했다가 옥에 갇히는 일이 있었기에 화타는 불안정한 중앙정부에서 일하고 싶지 않았던 것 같다.

"그는 신이 내린 사람입니다."

팔자수염은 화타에 대한 이야기를 시작했다. 화타가 의학에 관심을 가진 이유는 전쟁 때문이었다. 때는 한나라 말기였다. 황건적이 난을 일으키고, 유비와 조조, 손권 등이 군대를 일으켜 패권을 노리다 보니 전쟁이 끊이지 않았다. 전쟁뿐만 아니라 기근과 전염병까지 창궐해 많은 사람이 죽었다.

화타는 산에 올라 시간을 보내곤 했단다. 하루는 동굴 앞에서 쉬고 있는데 다투는 소리가 들렸다.

"화타가 왔어. 그에게 우리가 아는 의학의 비법을 알려줘야 해."

"그 청년은 욕심이 많고 잔인해. 그래서 알려줄 수 없어."

그 말을 들은 화타가 동굴 안으로 들어가 보니 두 노인이 앉아 있었다. 화타는 그들에게 의술을 가르쳐달라고 했다. 한 노인이 말했다.

"의술을 배운다면 지위의 높음과 낮음,

그림1 〉 화타

부자와 빈자, 귀족과 평민을 차별하지 말고, 나이 든 이는 물론 젊은 사람에게도 친절하게 대해야 하며 뇌물을 받지 말아야 한다. 알겠나?"

화타가 그러겠다고 약속하자 노인은 동굴 밖 돌 아래 의학의 비서(祕書)가 있다고 가르쳐주었다. 화타가 가서 보니 책이 한 권 있었는데, 그가 책을 받자마자 동굴이 무너졌다. 화타는 그 책으로 열심히 공부해 의사가 된다. 그는 그 책을 아무에게도 보여주지 않았다고 한다. 한 10명 정도가 같이 책을 보며 공부해 종합병원을 차리면 더 좋지 않았을까 하는 아쉬움이 남는다.

여기까지 들은 외치가 물었다.

"그 뒤 화타라는 사람이 어마어마한 업적을 남겼겠군요."

"당연합니다. 그의 명성은 중국 땅 전체를 뒤덮었지요."

팔자수염은 화타의 수술에 대해 자세히 들려주었다. 우선 화타는 수술 전에 환자에게 마비산(麻沸散)이라 불리는 음료를 마시게 했다. 마비산을 마시면 환자들은 곧 의식이 몽롱해지고, 감각도 없어졌다.

"그 틈을 타서 화타는 배를 가르고 장을 씻은 후 병이 든 부위를 잘라낸답니다. 그다음 배를 다시 꿰매고 연고를 발라주지요. 어떤 병이든 닷새 정도면 통증이 사라지고, 한 달 정도 누워 있으면 회복이 됩니다. 못 믿겠다면 제가 들은 얘기를 전해드리지요."

한 남자가 배 한쪽이 잘리는 듯한 통증을 호소했다. 열흘 후에는 수염과 머리털이 다 뽑혔다. 안 되겠다 싶었던 그 남자는 화타를 찾아갔다. 화타가 말했다.

"당신의 비장이 반쯤 썩었습니다. 하지만 걱정 마시오. 내가 당신을 고쳐줄 수 있소."

화타는 남자를 잠들게 한 뒤 배를 갈랐다. 과연 비장이 절반가량 썩어 있었다. 화타는 썩은 부분을 도려낸 뒤 배를 봉합했고, 남자에게 약을 처방해주었다. 100일이 지났을 때 남자는 건강을 완전히 회복했다.

화타가 실제로 수술을 했는지에 대해서는 의문이 든다. 문헌에 수술을 배웠다는 기록도, 제자에게 전수했다는 내용도 발견되지 않았기 때문이다.

다만 이집트, 그리스, 인도 문화권에서도 마리화나, 대마, 아편 등을 이용하여 통증을 억제시키고 마취를 한 기록이 있으며, 남미 등지의 미라에서 외과수술 흔적이 발견되는 등 고대에 외과수술이 이루어졌다는 증거가 광범위하게 발견되는 상황에서 중국 고전에 나오는 화타의 수술 기록을 완전히 허구라고 단정 짓기 어렵다.

"대단한 사람이군요. 제가 만난 어떤 의사보다도 훌륭합니다."

외치가 감탄하자 팔자수염은 신이 난 듯 다른 사례도 이야기했다.

"이성이란 사람이 있었습니다."

그는 팔다리가 쑤시고 입이 말라서 밤에 잠을 이루지 못하고, 가끔 농과 피를 토했다. 그를 진찰한 화타는 "네가 피를 토하는 이유는 폐의 문제가 아닌 아니라 장에 고름주머니(abscess)가 생겼기 때문이다"라면서 분말로 된 약을 두 봉지 처방했다. "이걸 먹으면 피와 고름을 더 토할 것이다. 그로부터 1년이 지나면 원래대로 회복된다. 하지만 18년 후 병이 재발할 텐데, 그때 나머지 한 봉지를 먹어라. 이대로 하지 않으면 넌 죽는다." 과연 이성은 깨끗이 회복됐다.

그런데 5년이 지났을 때 그의 친척이 이성과 똑같은 병에 걸렸다. 친척은 이성에게 약 한 봉지를 내놓으라고 요구했다. "어차피 너는 회복됐으니 그 약을 나에게 다오. 내가 낫고 난 뒤 화타에게 부탁해 다시 약을 얻으면 된다." 이성은 그의 말을 듣고 약을 내주었다. 친척은 회복됐다. 그는 약을 더 얻으려고 화타를 찾았지만, 화타가 감옥에 갇혀 있을 때여서 얻지 못했다. 그리고 정확히 18년이 지났을 때, 병이 재발했다. 그러나 이성은 약이 없어 그대로 죽고 말았다.

이쯤에서 외치는 의심스러웠다. 어떻게 18년 후에 병이 재발할지 미리 알았단 말인가? 이의를 제기하려는데 팔자수염이 그의 말을 막았다.

"또 있습니다. 화타가 우연히 한 장군을 만났는데요."

화타는 그에게 다짜고짜 이렇게 말했단다. "네가 나를 일찍 만났다면 고칠 수 있었을 텐데, 병이 너무 깊구나. 빨리 집에 가서 가족들을 만나라. 살날이 5일밖에 안 남았다." 그는 정말 닷새 뒤에 죽었다.

정말 수술을 했을까?

"저, 화타는 어떻게 환자만 봐도 아픈 원인을 알 수가 있을까요?"

팔자수염은 불쾌한 표정을 지었다.

"설마 화타 선생을 의심하는 거요?"

의심이란 말에 외치는 화들짝 놀라 손을 내저었다.

"아니, 의심이 아니라 정말 궁금해서요."

팔자수염이 외치를 한 번 쩨려보고 입을 열었다.

"그게 진맥 덕분입니다. 중국 의사들은 손목만 잡아도 어디가 얼마나 아픈지 다 안다고요."

진맥은 지금도 한의사들이 사용하는 진단법이다. '맥'이란 기가 흐르는 통로로, 그 사람의 전체적인 건강 상태를 알려준다고 한다. 인도나 이란 등의 전통의학에서도 진맥이 사용되었다는 사례를 보면 나름의 근거가 있다고 할 수 있다.

화타가 진맥만으로 아픈 원인을 알 수 있을 만큼 유능한 의사라고 해도 아직까지 전설적인 인물로 추앙받는 분위기는 문제다. 여기엔 어느 정도의 과장이 담겨 있다. 10만 대군이라고 해봤자 실제로는 몇천에 불과했듯이, 화타의 신화엔 다른 의사들의 업적이 추가되고 과장과 억측도 더해졌을 것이다.

화타가 배를 가르는 수술을 수시로 했다는 이야기를 비판적으로 보는 이유가 있다. 현대의학에서도 의사, 간호사 등 수술에 참여하는 이들이 가장 신경 쓰는 것이 바로 세균 감염이다. 조금만 방심하면 세균에 오염될 수 있기 때문이다. 그런데 항생제도 없던 시절에 배를 가르는 수술이 가능했을까? 명나라 시절에 쓰인 《고금의통대전(古今醫統大全)》에 따르면 화타의 수술은 불가능했고, 만일 했다면 환자가 살아남지 못했을 것이라는 내용이 담겨 있다.

그렇다고 다 거짓이라고 치부하기엔 화타의 수술에 관한 기록이 너무 자주 등장한다. 기원전 5세기에 활동했던 편작(扁鵲)이란 의사도 수술을 여러 번 했다고 나온다. 게다가 255년에는 제왕절개로 아기를 꺼냈는데 아기와 산모 모두 살았다는 기록이 있으니, "화타가 죽고 그의 책이 불태워짐으로써 중국에서 전해 내려오던 수술의 비법이 종말을 고했다"라는 주장도 허황된 소리만은 아닐지 모른다.

앞서 화타가 마취를 위해서 마비산을 사용했다고 썼다. 마비산의 성분은 정확하지 않지만, 주 성분이 대마라는 사실을 의심할 여지가 없다. 대마만으로는 환자가 바로 잠들 수 없기 때문에 독초의 일종인 '부자(附子)'와 '독말풀(datura)' 등을 섞었다고 전해진다. 마취의 목적은 수술인지라 마비산이 그 시대에 쓰였다는 사실 역시 중국에서 수술이 행해졌을 가능성을 높여준다. 만약 사실이라면 중국은 당시 인도와 더불어 의학이 가장 발달한 나라였다고 볼 수 있다.

화타를 만나러 간 외치

화타의 이야기를 들을수록 외치는 가슴이 뛰었다. 알프스 계곡에서 죽기 직전 뜻하지 않게 외계인을 만났고, 그 덕분에 의학의 시간여행을 하게 되었다. 하지만 집 떠나면 고생인 법. 다른 시대, 다른 지역 사람들과 어울리면서 육체적·정신적 에너지도 급격히 소모됐다. 그래서 외치는 병을 고친 뒤 원래 살던 곳으로 돌아가고 싶었다. 화타가 그 소원을 들어줄 것 같았다. 하지만 명의를 만나는 일은 쉽지 않았다. 외치는 여덟 번이나 허탕을 친 끝에 화타를 만날 수 있었다.

외치를 본 화타는 사람 좋은 웃음을 지으며 물었다.

"어디가 아파서 왔어?"

"자꾸 숨이 차는데 심장에 문제가 있는 것 같아요."

화타가 외치의 손목 안쪽에 있는 동맥에 손가락을 댔다.

'아, 이게 진맥이구나.'

진맥을 마친 화타가 한숨을 쉬었다. 그리고 말없이 앉아 있었다.

"고칠 수 있는 병인가요?"

화타는 천천히 고개를 저었다.

"조금만 빨리 왔다면 내가 쓰는 탕약으로 고쳐볼 수 있었을 거야. 하지만 너무 늦었네."

외치의 입에서 탄식이 나왔다. '다시 시간여행을 해야 하는구나. 앞으로 얼마나 더 멀리 가야 할까?'

"자네, 나를 믿나?"

갑작스럽게 화타가 질문을 던졌다.

"어차피 자네는 이대로 두면 몇 년 살지 못해. 내가 보기엔 자네 심장이 많이 망가졌어. 그 망가진 부분을 제거해야 심장이 더 망가지는 걸 멈출 수 있다고. 날 믿는다면 내가 한 번 수술을 해보겠네."

외치는 그러겠다고 했다. 외치가 죽기 직전이 돼야 타임슬립이 작동하고, 운 좋게 살아나면 원래 시대로 돌아갈 수 있을 테니 말이다.

"전 선생님을 한 번도 의심해본 적이 없습니다."

외치는 수술대에 누웠다. 마비산 때문에 정신이 몽롱했다. 그 와중에 화타가 혼잣말을 하는 소리가 들렸다.

"괜히 시작했네. 심장 수술은 아직 무리인가. 아이고, 이 피 좀 봐."

외치는 자신이 어지러운 이유가 마비산 때문인지, 아니면 과다출혈 때문인지 헷갈렸다. 외치는 점점 죽음에 가까워졌다.

'또 실패다. 다음은 또 어느 시대, 어느 지역으로 갈까.'

화타를 만난 관우와 조조

화타는 나관중이 쓴 《삼국지연의》라는 소설 덕분에 알려졌다. 허구라지만 어느 정도 근거를 가지고 지어낸 이야기라 화타도 허황되게 그려지는 않았을 것이다. 《삼국지연의》속의 화타 이야기를 보자.

도원결의를 맺은 세 의형제 중 둘째인 관우가 전투 도중 독화살을 맞는다. 독이 팔에 퍼지면서 팔이 푸르게 변한다. 팔은 점점 굳어져 그대로 두면 팔을 쓰지 못할 위기에 처한다 그때 화타라는 명의가 관우를 찾아온다. 그의 명성을 잘 알던 관우는 그에게 치료를 부탁한다. 화타는 칼로 살을 쪼개고 독을 긁어내야 한다고 말했고, 관우는 흔쾌히 동의한다.

그다음 유명한 이야기가 나온다. 화타가 수술을 하는 동안 관우는 팔 한쪽을 천장에 매단 끈에 묶은 뒤 마량이란 장수와 바둑을 둔다. 칼로 뼈를 긁는 소리가 나서 다들 공포에 질렸지만 관우는 수술하는 동안 신음소리 한 번 내지 않은 채 바둑을 뒀단다. 치료가 끝난 후 관우는 화타에게 금을 선물했지만, 화타는 받지 않았다. 대신 화타는 관우에게 "앞으로 100일간 화를 내지 말라"고 당부한다.

하지만 관우는 부하의 배신으로 전투에 패한 뒤 화타의 경고를 잊고 화를 내고 말았다. 이 때문에 상처가 터져버렸고, 그 이후 과거와 같은 엄청난 전투력을 보여주지 못했다고 한다.

그런데 화타를 유명하게 만든 이 이야기는 사실이 아니다. 문헌에 따르면 화타는 208년에 죽었다. 반면 화타가 관우를 치료한 시기는 219년이다. 화타가 아무리 신묘한 의사라도 죽은 지 11년 후에 다른 사람을 치료하기란 불가능하다. 그럼에도 이 이야기가 널리 퍼진 것은 관우와 조조의 '덕'을 비교하려는 취지였을 것이다.

《삼국지연의》에서 화타는 관우뿐만 아니라 조조도 만난다. 조조는 말년에 두통이 심해서 견딜 수가 없을 정도가 됐다. 조조는 명의를 수소문했고, 결국 화타가 불려온다. 조조를 진맥한 화타는 수술을 권한다. "머리가 아픈 이유는 머릿속에 바람과 물이 차 있기 때문입니다. 마취한 뒤 머리를 열어 공기와 물을 빼내야 합니다."

뇌수술은 매우 위험하다. 의학이 발달한 지금도 위험한데, 과거에는 더 말할 나위도 없다. 게다가 조조는 의심이 아주 많은 사람이었고, 그를 죽이려는 사람이 한둘이 아니었다. 동승이란 자가 의사와 짜고 조조를 독살하려고 한 사건도 있었다. "조조가 머리가 아프다고 하면 약을 주는 척하면서 독살해버려라." 그 말을 엿들은 심부름꾼 덕분에 조조는 겨우 화를 면했다. 그런 와중에 의사라는 자가 뇌를 열어보자고 하니, 믿기 어려웠을 것이다. 조조는 화타를 옥에 가뒀다. 화타의 의술을 아깝게 여긴 신하들이 그를 살려줄 것을 청원했지만, 조조의 마음을 돌리지 못했다.

험한 세상일수록 의사가 필요하고, 제대로 된 의사가 없던 그 시절에는 의사 한 명의 가치가 훨씬 더 컸을 것이다. 그래서 조조가 화타를 죽인 사건은 안타깝기 그지없다. 아무리 화가 나도 곤장 몇 대 치고 풀어줬다면 좋지 않았을까? 팔을 맡긴 채 바둑을 두던 관우와 비교되는 대목이다.

다른 버전도 있다. 조조가 두통을 앓을 때 화타가 침을 놔줘서 증상이 호전됐다. 조조는 화타의 재주를 높이 사서 주치의로 삼으려 했다. 그러나 화타는 "집을 떠난 지 오래됐고, 볼 책이 있어서 집에 좀 다녀오겠다"라고 했다. 그 뒤 화타는 오래도록 돌아가지 않으면서 "아내가 아파서 못 간다"라고 변명했다. 조조는 사람을 보냈다. 결국 화타는 거짓말을 한 혐의로 감옥에 갇힌다. 모사 순욱은 그가 많은 사람들의 생명을 구한 뛰어난 의사라며 관대하게 처분할 것을 호소했다. 하지만 조조는 이렇게 말했다.

"그깟 쥐새끼 같은 놈이 없다고 세상이 뭐 그리 나빠지겠느냐?"

결국 화타는 감옥에서 죽었는데, 그의 사후 조조의 두통이 다시금 재발했다. 게다가 사랑하는 아들까지 병에 걸려 죽자 조조는 탄식했다. "화타를 죽이지 말았어야 했다. 괜히 죽여서 내 아들까지 죽게 만들었구나!"

화타 이후 중국 의학은 어디로?

화타가 감옥에 간 뒤의 이야기를 해보자. 화타를 존경하던 옥리가 있었다. 그 옥리를 좋게 본 화타는 자신의 아내더러 그 옥리에게 의학을 집대성한 책을 주라고 한다. 책을 받은 옥리는 크게 기뻐하며 옥리 일을 당장 집어치우고 환자를 돌보겠다고 마음먹는다. 화타가 죽자 옥리는 그의 장례를 치렀다. 그 후 옥리가 집에 가보니 아내가 그 책을 불태우고 있었다. 화들짝 놀란 옥리가 불더미에서 책을 꺼냈지만, 몇 장만 남겨놓고 모두 타버린 상태였다. 옥리가 아내에게 마구 화를 내자 그녀는 이렇게 말한다. "당신이 화타처럼 신묘한 의사가 된다면 감옥에서 죽기밖에 더하겠소?" 결국 화타의 의술은 잿더미로 사라지고, 건진 부분은 환관이나 가축을 거세하는 방법이었다.

이 대목을 읽고 "옥리의 아내가 아니었다면 중국 의학이 엄청나게 발달했을 텐데!"라고 아쉬워할 분도 있겠지만, 아무래도 지어낸 이야기 같다.

화타가 쓴 책이 남아 있지 않다는 것은 사실이다. 그러나 약을 달일 때 불을 지필 사람이 필요한 것처럼 의료는 혼자 할 수 있는 일이 아니다. 교수 밑에 전공의가 있는 것처럼, 과거에도 의사 밑에서 배우려는 사람들이 있었다. 유의태 밑에서 배우겠다고 간청했던 허준을 보라. 화타 정도의 유명한 명의라면 제자가 되려는 사람이 한둘이 아니었으리라.

실제로 화타에겐 번아, 오보, 이당 3명의 제자가 있었다. 번아는 침구에 능했으며, 오보는 《오보본초(吳普本草)》라는 저서를, 이당은 《이당지약록(李當之藥錄)》이란 저서를 남겼다. 셋 다 당대의 명의였다.

화타 이후 중국 의술은 장중경(張仲景)에게 이어진다. 장중경은 2세기 말, 즉 후한 말기의 어지러운 시대를 살았던 의사다. 그는 "의학이란 위로 군주의 병을 치료하고 아래로는 가난한 백성들을 구제하며, 평소에는 스스로 몸을 보살펴 장수하게 하는 것"이라며 부와 권력을 위해 권세가들에게 빌붙는 당시 풍토를 꾸짖은 바 있다. 그는 '태수'라는 벼슬에 올랐음에도 매달 1일과 15일에 공무를 하는 대신 백성들의 병을 돌보았는데, 그날이면 태수 관저 앞에 몰려드는 환자들로 발디딜 틈이 없었다고 한다.

그가 중국의학에 기여한 최고의 업적은 《상한잡병론(傷寒雜病論)》이라는 책 16권을 쓴 것이다. 이 책은 과거 문헌과 민간요법, 그리고 자신의 경험까지 망라한 대작으로, 동한·서한시대 이전의 의학을 집대성했다고 평가받는다. 안타깝게도 단 두 권만 전해지는데, 그중 하나인 《상한론(傷寒論)》은 차가운 기운에 의한 발열성 질병에 대해 다루고 있으며, 수많은 처방전과 약재를 소개하고 있다.

타임머신을 타고 외치가 도착한 207년은 후한(後漢, 25
~220)시대였다. 전한(前漢)이 멸망한 이후 한 왕조의 일족인 광무제 유수
(光武帝 劉秀)가 다시 일으켜 세운 나라가 바로 후한이다. 한 초기에는 문
화가 매우 융성했다. 환관 채륜(蔡倫)이 초기 종이를 대폭 개선하여 실용
적인 채후지를 만들었고, 장형(張衡)은 혼천의와 지동의를 만들었다. 또
한 반초(班超)는 서역과 교역이 이루어지는 길, 실크로드를 다시금 개척
하기도 했다.

어린 황제가 즉위했다가 일찍 죽는 일이 반복되면서 황태후가 정치를
장악하고, 환관과 외척이 권력을 잡아 국정을 농단하는 일까지 벌어졌다.
피폐해진 민심은 민란으로 이어졌고, 대표적인 사건이 황건적의 난이다.
후한 조정이 이를 진압할 능력이 없었기에 왕권의 몰락이 가속화됐다. 우
리가 잘 아는 나관중의 《삼국지연의》는 바로 이 상황을 배경으로 한다.

《삼국지연의》 덕분에 화타는 수술로 유명해졌지만, 문헌을 보면 화타
는 침구에도 매우 능했다고 알려졌다. '혈'마다 7~8개의 침만 놓으면 병
이 바로 나을 정도였단다. 이후 화타는 콜레라(호열자) 환자를 대상으로
'협척혈'을 처음 사용했다고 전해진다. '협척'은 '척추를 따라서'라는 뜻
으로, 척추 중앙에서 좌우 양쪽으로 1~1.5센티미터 떨어진 곳에 침을 놓
는 방법이다. 흉추에서 요추까지 척추뼈가 모두 17개이니 총 34곳에 침
을 놓는다.

원래 의학은 전쟁이 자주 일어나는 시기에 발전하는 법. 이 시기에 의

술이 발전한 것도 당연해보인다. 화타뿐만 아니라 후한시대 장사 태수로 재직했던 장중경이 쓴 중국의 대표적인 의서인《상한론》도 이 시기 편찬된다.

《상한론》은 외부의 사기(邪氣)가 체내에 들어감으로써 생기는 것을 병이라 했으며, 그 경과에 따라 병을 여섯 가지 종류로 나누고 그에 따른 치료법을 상세히 기술했다.《상한론》은 실용적인 의서의 근본이라 할 수 있다.《상한론》은 기존의 의학서를 읽고 알아낸 내용들을 담았을 뿐 아니라 고대 그리스의 히포크라테스처럼 장중경이 환자들을 많이 접해보고, 다양한 사람들에게 적용된 치료법 등을 참고한 결과를 그 책에 담았다고 한다.

서양에서는 여전히 병을 하늘에서 내린 벌로 생각했지만, 장중경은 마법이나 초자연적인 현상이 병을 일으킨다는 말을 믿지 않았다. "병의 원인을 규명하여 이에 대처하는 방법을 찾고, 이 방법에 따라 처방하며 처방전에 따라 약을 복용한다"라는 그의 원칙은 중국 임상학의 초석이 됐다. 중국 의학계에서 장중경을 '의성' 또는 '의학의 원조'라고 칭송하는 이유다.

영국
(1348년)
6

스위스
(1526년)
7

페루
(1638년)
8

5 이라크
(1025년)

중세와 르네상스 1025년 ~ 1638년

2부 **인간의 시대:** 낯설지만 아름다운 도전

이븐 시나
약학의 토대를 만든
아랍의 학자

이슬람제국에 온 외치

"여긴 또 어디야?"

손등에 쓰여 있는 '1025년, 이슬람제국'이라는 문구를 본 외치는 크게 놀랐다.

"서기 1000년을 넘기다니, 이 시대엔 의학이 아주 발달했겠구나! 그런데 이슬람제국은 뭐지?"

외치 주변의 한 남자가 흥미롭다는 시선으로 외치를 보고 있었다.

"혹시 외국에서 오셨나요? 저는 하산입니다. 당신은 누구시죠?"

외치는 자신을 하산이라고 소개하는 옆집 남자에게 물었다.

"여기가 어딘가요? 이슬람제국은 어떤 곳입니까?"

"당신은 아랍 사람이 아닌 것 같은데, 어떻게 우리말을 이렇게 잘하죠?"

외치는 거짓말을 했다.

"제 할머니가 아랍인입니다."

하산은 의아하다는 표정으로 말했다.

"그런데 왜 저한테 아랍에 대해 물어보는지요?"

예리한 질문에 당황한 외치는 아랍 방문은 이번이 처음이며, 할머니와는 그다지 친하지 않아서 이야기를 많이 하지 않았다고 말했다.

"이슬람의 출발은 무함마드입니다."

무함마드(570?~632)는 이슬람교의 창시자로, 사막에 흩어져 살던 부족들을 통합하고 이슬람을 믿는 나라를 세운다. 무함마드가 죽은 후 교단에서 후계자를 뽑았고, 그 후계자를 '칼리프'라 불렀다. 무함마드의 뒤를 이은 '칼리프'들은 이웃 여러 나라를 정복하며 세력을 넓혀갔고, '제국'에 걸맞은 영토를 점령한다. 서아시아 대부분과 아프리카 일부를 차지했던 아바스 왕조(750~1258)는 이슬람제국의 황금기라 할 만한데, 십자군 원정이 일어난 이유도 날로 커지는 이슬람 세력을 견제하기 위해서였다. 하산의 말이 길어지자 외치가 중간에서 말을 잘랐다.

"저, 이슬람제국에 대해선 충분히 알았습니다. 제가 이곳에 온 이유는 병을 치료하기 위해서입니다. 이곳이라면 용한 의사가 있을 것 같은데, 소개해주실 수 있는지요?"

외치의 말에 하산은 크게 웃었다.

"진작 말씀하시지! 사실 의학의 중심지는 바로 이곳, 이슬람제국이라오."

하산에 따르면 아랍은 세계에서 가장 의학이 발달한 곳으로,《지혜의 낙원》,《의학집성》,《치료론》,《의학정전》등등 의학사에서 빼놓을 수 없는 명저들이 다 여기서 나왔다고 한다. 이 책들은 유럽 유수의 도서관에 비치돼 있고, 최근에도 널리 읽히고 있을 정도다.

"그런데 말이오. 이 세상은 우리 아랍을 알아주지 않아. 일부러 모른 척하는 것일지도. 히포크라테스는 다들 알지만, 아랍의 영웅 이븐 시나는 아는 사람이 없어. 왜, 어째서, 우리 아랍을 무시해?"

외치는 한마디 해야 할 것 같아서 입을 열었다.

"히포크라테스라면 그리스에서 활동하던 의사를 말하는 건가요? 제가 그분의 제자를 좀 아는데…."

하산이 컵을 탁자에 내리쳤다.

"그것 봐요. 당신도 똑같아. 히포크라테스밖에 모른단 말이야. 흥, 그가 무슨 의학의 아버지야? 의학의 조카뻘도 안 되는 사람인데."

외치는 괜히 말을 꺼냈다고 생각했지만, 곧 좋은 방안이 떠올랐다.

"진정하세요. 제가 그리스에 갔다가 병이 낫지 않아 이곳까지 찾아온 거 아닙니까. 그만큼 아랍의 의술이 그리스보다 더 뛰어나다는 증거죠."

외치의 말에 하산의 기분이 풀린 듯했다.

"그런가? 내가 괜히 흥분했네요. 하하하."

이슬람 의학의 공헌

이란 도시 아바즈의 원래 이름은 준디샤푸르였다. 그리스인 죄수들을 정착시키기 위해 3세기경에 만들어진 곳인데, 그 후 전쟁에서 진 시리아인들이 피난처를 찾다가 이 도시에 정착했다.

5세기 말에는 종교적 탄압을 받은 네스토리우스파들이 이 도시로 피난을 왔다. 그리스, 시리아, 네스토리우스교도 등. 여러 인종이 모였다고 다 잘되는 건 아니지만, 이곳에선 학문이 꽃을 피웠다. 거기에 비잔틴제국 황제의 명에 의해 많은 그리스 의사들이 이 도시로 몰려들면서 자연스럽게 의학이 발달했다. 훗날 인도 의학까지 한게 섞이자 이슬람 의학은 발전을 거듭한다. 곧 의과대학이 들어섰다. 이슬람제국 최초의 의사인 알 하리스 이븐 칼라다(Al Harith Ibn Kalada, ?~635)는 바로 이곳 준디샤푸르 의대 출신이다.

아랍의 의학이 현대의학에 공헌한 가장 큰 분야는 약재학이다. 의학 지식은 고대 그리스·로마의 문헌에서 얻었지만, 약재학은 아랍에서 시작되었다고 해도 과언이 아니다. 그들은 자신들이 사는 땅에서 다양한 식물의 뿌리, 줄기, 잎사귀 등을 가져다가 새로운 약재를 만들어냈다. 계피, 감로, 비소, 시럽, 연고 등이 이들이 만든 작품이다. 이 약재학을 체계적으로 정리하고 집대성한 사람이 바로 아랍제국의 의사 이븐 시나(Ibn Sina, 980~1037)다(그림1). 그가 쓴《의학정전(al-Qānūn fi a -tibb)》(1025)은 지금도 그 유용성을 인정받고 있다. 이 책에 나온 식물들을 바탕으로 만들어진 약이 한두 개가 아니라는 게 바로 그 증거다.

세계보건기구에 따르면 세계 인구의 4분의 3이 약초로 치료로 하는 전통의학에 의존하고 있다. 전통의학을 미신적인 의료행위라고 생각하는 사람들이 있지만, 전통의학이라고 모두 나쁜 건 아니다.

예컨대 지금 우리가 쓰는 약재들도 상당 부분 자연계에 존재하는 식물에서 비롯됐다. 말라리아 약으로 쓰이는 클로로퀸(chloroquine)은 안데스산맥에서 자라는 기나나무 껍질에서 추출했고, 난소암과 유방암 등에 탁월한 효과가 있는 택솔(taxol)도 미국 서해안에서 자라는 주목나무 껍질에서 발견했다. 옛날 사람들도 '이걸 먹으니까 어디에 좋더라' 하는, 오랜 경험을 바탕으로 나름의 의학체계를 세워왔다. 다만 전통의학이 현대의학에 포함되지 못하는 이유는 많은 환자를 상대로 임상시험을 하지 않았기 때문이다. 전통의학의 일부는 환자의 건강을 해칠 수도 있기 때문에 현대의학의 기준에서 검증을 받을 필요가 있다. 그 검증 과정을 임상시험이라 부르며, 임상시험을 해야 '이 식물이 어떤 병에 잘 들고, 효과를 볼 확률은 70퍼센트 정도다'라는 정보를 알 수 있다.

그림1 〉 이븐 시나

하지만 임상시험에는 많은 비용과 인력이 동원되기 때문에 전통의학에서 쓰이는 모든 식물을 다 테스트할 수는 없다. 이 때문에 상당수가 현대의학의 검증을 받지 못한 채 전통의학이란 이름으로 남아 있는 것이다.

세계 최초의 병원이 세워지다

"이슬람 의학이 이렇게 대단한 줄 몰랐습니다."

외치는 하산의 이야기에 진심으로 감탄했다. 이탈리아 근방에서 태어나 쭉 거기서만 살았던 외치로서는 아랍 의학이 이토록 발전했다는 사실이 그저 신기했다. 외치의 반응에 하산은 잔뜩 고무된 듯했다.

"이 정도로 감탄하긴 아직 일러요. 병원은 어떻게 해서 생겨난 줄 아시오? 옛날에는 병원이 없었어요. 수도원 옆에 요양원이 있어서 아픈 사람들이 묵는 게 고작이었소."

외치가 요양원이라도 있어서 다행이라고 말하자 하산이 반문했다.

"그들이 어떤 치료를 받았는지 아시오? 수도승들이 환자 옆에서 어서 나으라고 기도를 했다오. 그게 무슨 치료요?"

처음으로 이슬람제국이 '아픈 사람들을 모아 치료하는 공간을 만들자'라는 생각을 했다. 8세기 초 최초의 병원이 세워지긴 했는데, 주로 나병 환자들을 수용하는 곳인 터라 병원이라 말하긴 어렵다. 진짜 병원이라 부를 만한 시설은 8세기 말에서 9세기 초에 만들어진다. 준디샤푸르에 유명한 의료시설이 많다는 이야기를 들은 칼리프가 의사의 아들을 바그다드로 초청해 병원을 만들라고 한 것이다. 바그다드의 병원은 안과, 외과, 정형외과 등이 있었고, 남녀 병동을 따로 구분했다.

참고로 유럽에서 병원이 처음 생겨난 시기는 그로부터 400년이 지난 13세기의 일로, 이는 십자군 원정으로 이슬람 문화를 접한 뒤였다.

바그다드에 지은 병원이 명성을 얻자 곧 다른 병원들이 만들어졌다. 그 즈음에 지어진 병원 중 최대 규모는 1248년 카이로에 지어진 만수르 병원으로, 8000개 병상을 갖추고 있었다.

외치는 '만수르'라는 이름에 잠시 발끈했지만, 생각해보니 자기를 죽이려 한 만수르가 이 만수르일 것 같지는 않았다. 만수르 병원의 원칙이 특기할 만하다. 인종이나 종교, 시민권 등에 무관하게 일단 병원에 온 사람을 돌려보내지 않았다. 병원이라면 그래야 하지만, 종교가 다르다는 이유로 유럽에서 십자군 원정을 보내던 시기였음을 감안하면 매우 전향적인 조치다.

"저… 궁금한 게 있습니다."

외치는 그 의사들의 월급이 궁금했다. 하산은 외치를 한 번 훑어본 후 알려주었다. 문헌에 따르면 바그다드 병원의 수석의사가 연간 490만 디르함을 받았다고 한다. 당시 1디르함은 약 3그램의 가치를 지녔다니 제법 많은 액수인 듯하다. 수석의사의 아들은 여름이면 시원한 얼음 속에서 지냈고, 겨울에는 숯을 뗐다고 하니, 이 정도면 특권층이 아니었을까?

이슬람제국의 명의들

"이제부터 우리 이슬람제국이 자랑하는 명의들을 소개해주겠소. 당신은 이븐 시나 선생에게 가겠지만, 다른 명의들이 있었기에 이븐 시나가 나올 수 있었던 거요. 알겠소?"

하산의 말은 사실이었다. 이슬람 의사들은 단순히 환자를 치료하는 일에 그치지 않고 저술을 남겼다. 이 책들은 다른 의사들을 교육시키기도 했지만, 더 큰 역할도 했다. 그리스 의학이 아랍을 거쳐 다시 유럽으로 전파될 수 있었던 배경에는 이슬람 의사들이 그리스 의학을 아랍어로 번역해 책으로 만들었던 과정이 결정적이었다. 하산도 지적했지만, 세상은 이슬람을 제대로 평가해주지 않았다. 세르베투스(Michael Servetus, 1511~1553)가 16세기 중반 폐순환, 즉 심장에서 나온 혈액이 폐로 가며, 거기서 산소 교환이 일어난다는 사실을 먼저 발표한 사람으로 알려졌지만, 이븐 알나피스(Ibn al-Nafis, 1213~1288)라는 아랍 의사는 그보다 먼저 폐순환에 대해 자세히 규명했다.

"도대체 말이 됩니까? 아랍 의사들을 재평가해야 합니다."

하산이 훨씬 뒤에 태어난 세르베투스를 어떻게 알고 화를 내는지 의아했지만, 외치는 그냥 넘어가기로 했다. 말이 안 되기로 따지자면 자신이 1000년도에 와 있다는 사실이 훨씬 더하니까 말이다.

"먼저 알라지(Muhammad ibn Zakariya al-Razi, 864~925)가 있습니다. 그가 얼마나 과학적인 사람이었냐면 병원을 지을 장소를 고르기 위해 고기를 매달아놓고 가장 천천히 썩는 곳을 선택했어요."

'뭐가 대단하다는 말이지?' 궁금할 것이다. 고기가 썩는다는 건 세균이 활동한다는 뜻이고, 세균 중에는 공기를 통해 전파되는 것도 있으므로 알라지의 행동에는 나름대로 근거가 있다. 그는 실험과 관찰을 통해 합리적인 결론을 내리려 애썼던 연구자이기도 했다. "의학은 종점이 없는 학문이다. 의사의 임상경험은 책 속에 담긴 내용보다 더 큰 가치를 지닌다." 알라지의 이 말은 자신이 직접 관찰한 것보다 명망 있는 선배 의사가 쓴 책을 더 신봉하던 당시 의사들에게 경종을 울린다. 선배의 업적을 끊임없이 고증하고 자신이 새로운 뭔가를 발견할 때 의학이 발전하는 것이니 말이다.

알라지는 총 237권의 저서를 남긴 엄청난 저술가이기도 했다. 홍역과 천연두를 구별하는 법을 자세히 기술한 《두창과 홍역의 서》란 저서도 뛰어나지만 최고의 저술은 단연 《의학전집》이다. 여기서 그는 자신의 풍부한 경험을 바탕으로 질병의 원인과 증상, 진단과 치료, 예후 등에 대해 설명했는데, 외과학과 전염병, 소아과 등의 온갖 질병이 망라돼 있다. 이 책은 훗날 유럽에 건너가 그곳 의사들에게 큰 도움을 주었다.

"다음으로 아부 알카심(Abu al-Qasim, 936?~1013?)이 있습니다. 외과학의 아버지라 불릴 만한 인물이지요."

그는 총 30권의 《백과사전(Al-Tasrif)》를 저술했는데, 외과를 다룬 마지막 권은 세계 최초의 외과학 교과서다. 책에 실린 그의 말을 들어보자.

"수술하기 전에 해부학은 물론이고 각 기관의 기능을 알아야 한다. 그래야 그 기관의 모양을 이해할 수 있고, 다른 기관에 어떻게 연결되어 있는지도 알 수 있다. 또한 신경과 근육, 뼈, 동맥과 정맥에 대해서도 알아야 한다. 이걸 알지 못하면 수술 중에 실수를 하고, 환자가 죽을 수 있다. 어떤 의사가 환자의 목이 부었다고 칼로 절개했다. 그 의사는 그게 고름주머니라고 생각한 모양이지만, 그건 동맥벽이 약해져서 부은 '정맥류'였고, 환자는 그 자리에서 사망했다."

아부 알카심이 책에서 묘사한 수술 중 일부는 1000년이 지난 지금도 행해지고 있는데, 정맥류 수술이랄지 죽은 태아를 겸자로 꺼내는 것이 그 예다. 그는 여러 수술법뿐만 아니라 수술 도구도 곧잘 만들었다. 아부 알카심 이전까지 외과는 대접을 받지 못하는 분야였지만, 그로 인해 외과의 위상은 오늘날의 수준까지 올라갈 수 있었다. 외과의 아버지라는 별명이 아깝지 않다. 그의 다음 말은 시사하는 바가 많다.

"알라는 알고 계신다. 당신이 지금 환자를 위해 수술을 하고 있는지, 아니면 단지 재물을 위해 수술을 하고 있는지."

외치가 물었다.

"저는 심장이 안 좋으니 아부 알카심에게 가서 수술해달라고 하면 되겠네요?"

하산이 안타깝다는 표정을 지었다.

"이거 어쩌죠. 지금 말한 두 사람은 이미 오래전에 죽었어요."

외치가 울상을 지었다.

"저는 이제 어쩌죠?" 하산이 외치를 위로했다.

"걱정하지 마요. 가장 위대한 의사가 아직 살아 있으니까. 그의 이름은 바로 이븐 시나입니다."

이븐 시나는 뛰어난 의학자이기도 했지만, 그의 지식은 철학과 논리학, 종교학, 형이상학까지 뻗어 있었다. 때문에 그를 아리스토텔레스와 비교하기도 한다. '그게 말이 되느냐'는 생각이 든다면, 우리가 이슬람에 대해 편견을 갖고 있는 건 아닌지 생각해봐야 한다.

그는 여러 책을 썼지만, 가장 유명한 책은 위에서 언급했던 《의학
정전》이다. 이 책은 총 5권으로 이루어져 있는데, 1권은 총론이고 2권
은 간단한 약재, 3권은 신체 부위에 따른 질병, 4권은 발열 등 전신에
나타나는 질병, 5권은 처방전과 약의 조제법을 기술했다. 이 책은 라
틴어로 번역됐고, 유럽의 의학에 많은 영향을 미쳤다.

외치, 이븐 시나를 만나다

결국 외치는 하산의 도움으로 이븐 시나 앞에 앉았다.

"어떻게 왔다고?" 이븐 시나가 묻자 외치가 대답했다.

"가슴이 답답하고 아픈데, 심장이 안 좋은 것 같습니다."

이븐 시나는 외치의 옷을 풀어헤치고 가슴을 뚫어지게 관찰했다.

"뭘 보시는 겁니까?" 외치가 의아해하며 물었다.

"히포크라테스가 말하기를, 의사는 환자를 세밀하게 관찰하라고
하셨네."

외치는 이제껏 만난 의사 중 이븐 시나가 가장 훌륭한 것 같았다.

'확실히 이 의사라면 내 심장을 고칠 수 있을 거야.'

그때 이븐 시나가 한숨을 쉬었다.

"아무래도 심장이 좀 약해진 것 같아. 어디가 어떻게 안 좋은지는
심장을 직접 보기 전엔 알 수 없어. 원인을 모르는 채 치료를 할 수는

없으니, 안타깝지만 그냥 돌아가게."

외치가 울 듯한 표정을 짓자 이븐 시나가 덧붙였다.

"어쩌면 눈에 보이지 않는 병원체가 심장에 있는지도 모르지. 지금 단계에선 알 수가 없어. 먼 훗날 의학이 발전한다면 그땐 병원체를 볼 수 있겠지."

'병원체가 눈에 안 보인다고? 그럼 어떻게 예방하지?'

외치의 마음을 읽은 듯 그가 말했다.

"그 병원체는 마시는 물이나 흙 속에 있어. 그러니 되도록 깨끗하게 씻어서 먹고, 물은 끓여 먹도록 하게. 자네 심장을 고쳐주지 못해서 미안하네."

이븐 시나와 헤어진 외치는 좌절했다. 1000년, 자신이 살던 때로부터 무려 4000년이나 지났는데 심장을 고쳐줄 의사가 세상에 없다니. 그래도 외치는 이븐 시나가 보여준 태도에서 희망을 얻었다. 괜히 아는 체하는 대신, 자신의 무지를 솔직하게 인정하고 가능한 추론을 하는 그 의사야말로 진정한 연구자가 아니겠는가? 외치는 지난번 문어 외계인이 나눠준 타임슬립 스위치를 눌렀다. 서서히 졸음이 왔다.

"이제 난 또 어느 시대, 어떤 장소로 가게 될까?"

이슬람은 무함마드를 신의 사도로 여기는 종교로, 예언자 무함마드가 동굴에서 자다가 날개가 600개 달린 대천사 지브릴의 계시를 받고 아내와 어린 조카에게 신의 말씀을 전한 것에서 시작되었다. 시작은 미미했지만 지금은 약 18억 명의 신도를 거느린 세계 4대 종교 중 하나가 됐다. 과거의 이슬람은 학문적으로나 문화적으로나 매우 뛰어난 곳이었다. 종교나 문화권에 상관없이 유용한 지식은 무엇이든 배우겠다는 포용성은 이슬람이 과학·철학·사회 등 모든 분야에서 꽃을 피웠던 비결이었다. 이슬람의 도시 바그다드는 지성의 요람, 문명의 요람이라고 불렸으며, 특히 바그다드와 카이로에 세워진 지혜의 집은 중세 지중해 권역과 페르시아, 인도의 학문이 집대성된 곳이었다. 인재가 모이고 여러 지식들이 교류되는 곳이었으니 당연히 의학 수준 또한 뛰어났다. 15세기 르네상스 이전까지 유럽에 존재하던 의학서들은 이슬람권의 서적들을 번역한 것에 불과했을 정도다.

아랍 의학은 시대별로 분류된다. 1단계는 2세기 그리스·로마의 의학이 아랍으로 전해져 아랍인들이 자국의 언어로 번역하는 이른바 번역의 시대다. 2단계는 8세기부터 12세기 초까지로, 유명한 의사들을 배출하며 의학의 중심지 역할을 하던 시대다. 3단계는 1258년 몽골이 바그다드를 침입해 아랍의 칼리프 왕조를 멸망시킨 이후의 시대로, 이때부터 의학의 주도권이 이슬람에서 유럽으로 넘어간다. 외치가 이슬람제국에 도착한 1025년은 2단계, 바야흐로 아랍 의학이 전성기를 누리던 때였다.

흑사병
중세 교회의 권위를 추락시키다

1348년, 런던

"으악!" 외치는 소스라치게 놀라 잠에서 깼다. 여기는 도대체 몇 년도일까? 손등에 적힌 숫자는 1348년, 이븐 시나의 진심 어린 조언을 들은 뒤 300여 년이 흘렀다. 이븐 시나보다 훨씬 뛰어난 의사가 있을지도 모른다는 기대감에 부풀었다. 그런데 저쪽에서 한 무리의 사람들이 우르르 달려오는데, 분위기가 심상치 않다.

"어디를 그리 급히 가시는 겁니까? 지진이라도 났나요? 아니면 산짐승들이 떼로 덤비나요?"

달리는 와중에 외치가 한 남자에게 물었다. 그는 여전히 공포에 질려 있었다.

"이 사람 참 한가한 소리를 하네. 지진이나 산짐승 따위는 일도 아 닙니다. 지금 흑사병이 돌고 있다고요. 우린 그 병을 피해서 도망치고 있는 거고요."

흑사병이 뭐냐고 묻자 남자는 이렇게 설명했다. "열이 나고 관절 여기저기가 다 쑤시다가 결국 몸이 까맣게 돼서 죽는 병입니다."

남자의 말을 듣던 외치는 깜짝 놀랐다. 자신도 무릎 관절이 쑤시는 데, 흑사병이란 말인가. 외치가 묻자 남자는 어이없어했다.

"한가한 소리는 그만하세요."

남자는 다시 속도를 내기 시작했다. 외치는 남자를 따라가려 했지 만, 심장에 무리가 온 듯 숨이 가빴다. 시간여행 직후라 배도 고팠기 에, 외치는 그들이 떠나온 곳으로 발걸음을 돌렸다.

'거기 가면 도시가 있고, 도시에는 음식과 의사도 있겠지. 환자가 있으니 틀림없이 의사도 있을 거야.'

도시로 돌아가는 동안 외치는 도망치는 사람들을 만날 수 있었다. 외치도 조금 불안해졌지만, 도시로 가는 것 이외에 다른 뾰족한 수가 없었다. 그렇게 한 시간 이상을 걷자 도시가 나타났다.

버려진 도시의 현장은 끔찍했다. 시체들이 길거리에 나뒹굴고 있었 다. 인구가 적은 곳에서 살다 온 외치는 처음으로 한꺼번에 많은 시체 를 봤다. 그 도시에 움직이는 것은 쥐들뿐이고 산 사람은 하나도 없는 듯했다.

외치는 외양이 괜찮아 보이는 집에 들어갔다. 사람들이 급히 떠나느라 미처 챙겨가지 못했는지 음식이 많았다. 먹을 것을 챙기는 순간, 쥐 몇 마리가 외치의 다리를 공격했다.

"저리 가!" 쥐는 쉽사리 물러나지 않았다. 눈에 핏발이 선 쥐를 보니, 영 기분이 좋지 않았다. 외치는 주방에서 기다란 막대기를 들고 쥐를 향해 휘둘렀다. "저리 가! 이게 어디서 까불어?"

흑사병의 유행

흑사병은 흑사병균(*Yersinia pestis*)이 일으키는 병이다. 쥐에 붙어사는 벼룩이 사람을 물 때 벼룩의 몸에 들어 있던 흑사병균이 사람에게 침투하여 감염을 일으킨다. 몇 시간 안에 허벅지나 서혜부의 림프절이 붓고 통증을 유발하다가, 며칠 후 열이 나면서 근육통·관절통·두통 등의 증상이 나타난다. 치료하지 않을 경우 병이 급속히 진행돼 온몸에서 출혈이 발생하고 사망에 이른다.

대개 감염된 지 2~7일 만에 죽는다고 한다. 의학의 역사를 다루면서 흑사병에 대해 자세히 얘기하는 이유는 이 병으로 인해 죽은 사람이 워낙 많고, 그만큼 의학사에 미친 영향도 지대하기 때문이다. 인류 역사상 몇 차례의 흑사병 유행이 있었지만, 1348~1350년에 유럽을 휩쓸었던 흑사병은 세상을 끔찍한 킬링필드로 만들었다. 유럽 인구의 3분의 1가량이 죽었고, 세계 인구가 4억 5000만에서 3억 5000만~3억 7000만으로 줄었을 정도다.

총과 대포, 원자폭탄 등 가공할 위력을 가진 무기들이 총동원됐던 2차 세계대전의 사망자가 5000만 명이라고 하니, 흑사병이 얼마나 거대한 사건이었는지 짐작할 수 있다. 질병 말기의 피하출혈로 인해 몸이 까맣게 보여 흑사병(black death)이란 이름이 붙었을 것 같지만, 속수무책으로 사람들이 죽어나가는 광경이 너무 절망스러워 그렇게 불렀다고 한다.

인류가 수렵·채집 생활을 하던 때에는 치명적인 전염병이 유행하기 힘들었다. 워낙 적은 인원이 모여 살던 터라 병에 걸린 소수의 사람들이 죽어버리면, 원인이 된 미생물이 다른 사람에게 전파되기 어려웠기 때문이다. 하지만 농업혁명 이후 사람들은 한곳에 모여살기 시작했고, 이는 도시의 탄생으로 이어졌다. 외치가 온 런던만 해도 당시 인구가 10만 명 가까이 됐으니, 전염병 유행에 필요한 조건이 갖춰진 셈이다.

여기에 두 가지 요인이 더 있었다. 우선 흑사병이 유행하기 전, 유럽에는 빙하기를 방불케 하는 이상저온이 발생했다. 농사를 짓기가 힘들어지자 굶주림에 시달리는 사람들이 늘어났다. 이로 인해 죽은 이가 인구의 10퍼센트에 달할 정도였다. 그렇다고 여기서 살아남은 사람들이 안전한 것은 아니었다. 굶주림은 면역력을 떨어뜨려 외부 감염에 취약하게 만들기 때문이다. 게다가 당시엔 위생 개념이 없었기 때문에 길거리는 한없이 더러웠고, 온갖 종류의 동물들과 이, 진드기 등이 득실댔다. 그러니 전염병이 생기기만 하면 급속히 퍼지는 현상은 너무도 당연했다.

1347년 중국에서 나타난 흑사병이 실크로드를 타고 크림반도에 상
륙한다. 흑사병에 걸린 쥐들은 그곳에 정박한 갤리선을 타고 이탈리
아 시칠리아로 갔다. 곧 제노바와 베네치아, 피사가 흑사병에 함락된
다. 거기서부터 흑사병은 북서쪽으로 진군하여 프랑스, 스페인, 포르
투갈 등 전 유럽을 초토화시킨다.

1348년 7월 흑사병은 드디어 영국의 남부 해안에 상륙했고, 11월
에는 런던을 침공한다. 그때부터 1349년 6월까지, 흑사병은 무자비한
살육을 자행한다. 워낙 전염력이 높아 가족이 죽어가도 돌보는 사람
이 없었고, 아무도 시체에 손을 대려 하지 않아 죄수들을 동원해 시체
를 묻어야 했다.

살아남은 사람들은 흑사병을 피해 멀리 도망칠 수밖에 없었는데,
바로 그 시기에 쓰인 보카치오(Giovanni Boccaccio)의 명작《데카메론》
은 흑사병을 피해 한적한 시골로 피난을 간 10명의 남녀가 열흘 동안
짧은 이야기를 주고받는 내용이다. 외치가 런던에 간 시기도 바로 그
무렵이었다.

미아즈마설

외치는 안 되겠다 싶어 마을을 빠져나왔다. 조금 걸으니 어김없이
피난 가는 사람들이 있기에 외치는 그 무리에 합류했다. 특유의 친화
력으로 외치는 루니라는 남자와 안면을 텄다. 루니는 흑사병으로 가

족이 다 죽고 자기만 살아남았다고 말했다.

"나무하러 다녀왔더니 글쎄 다 죽어 있는 게 아니겠소. 소문은 들었지만 설마 우리 가족한테까지 닥칠 줄은 몰랐소."

그는 전염될까 두려워 묻어주지도 못한 게 못내 마음에 걸린다며 눈시울을 붉혔다. 외치가 심장병을 고치려고 이탈리아에서 영국까지 왔다고 하자 루니는 안타깝다는 듯 고개를 저었다.

"이것 참, 세계 최고의 나라에 온 건 좋은 선택이네만, 왜 하필 지금 왔는지. 의사 만나기가 쉽지 않을 거요."

"그러게 말입니다. 이게 무슨 난리인지. 그런데 이 병의 원인은 뭐라고 합디까?"

"공기가 오염된 탓이라고 들었소."

"오염이요?"

당시에는 흑사병의 원인에 대해 아는 사람이 한 명도 없었다. 차후 다시 설명하겠지만, 가장 권위 있던 파리 의대 교수가 프랑스 왕에게 보낸 보고서는 어이없게도 흑사병의 원인을 하늘 때문이라고 말한다.

"1345년 3개의 행성이 합쳐진 적이 있습니다. 바로 이것이 이 대재앙의 원인입니다."

모든 학자들이 이런 허무맹랑한 소리를 믿었던 건 아니었다. 그들은 "아무리 그래도 행성은 오버지"라며 조금은 덜 황당한 미아즈마설 (miasma theory)을 신봉했다. 미아즈마는 '오염(pollution)'이라는 뜻의 그리스어로, 이 가설에 따르면 각종 전염병이 유행하는 이유는 나쁜 공기 때문이다. 나쁜 공기는 다음과 같은 곳에서 발생한다.

- 동물이나 식물 혹은 사람의 시체가 썩을 때
- 늪이나 습지, 고인 물에서 나오는 수증기
- 지진으로 지구 깊숙한 곳에 갇혀 있던 독성 가스가 샐 때

미아즈마라는 표현을 처음 쓴 사람은 1717년 말라리아를 연구했던 란치시(Giovanni Maria Lancisi, 1654~1720)였지만, 이 주장을 처음 내놓은 사람은 의학의 아버지 히포크라테스였다. 그는 말했다.

"나쁜 공기는 전염병의 온상입니다."

다음은 기원전 1세기 로마시대의 건축가 마르쿠스 비트루비우스 폴리오(Marcus Vitruvius Pollio)의 말이다. "해가 뜰 때 늪지대에서 도시 쪽으로 미풍이 분다. 그 바람에 실려 온 독성물질들이 사람의 몸 안으로 들어가 질병을 일으킨다." 로마시대의 유명한 의사 갈레노스는 이 설을 그럴듯하게 정립했는데, 나쁜 공기가 체액의 균형을 흐트러뜨려 질병을 유발한다는 것이다. 기원전에 살았던 이들이라면 그렇게 생각하는 것이 충분히 이해될 만하다.

천 년도 더 지난 중세에도 미아즈마설을 맹신했다는 점은 아쉬운 부분이다. 더 큰 문제는 당시 학자들이 잘 모르겠다 싶으면 무조건 미아즈마로 몰아갔다는 데 있다. 물을 통해 전파되는 콜레라, 모기에 물려 감염되는 말라리아도 미아즈마가 원인이라고 단정했다.

잘못된 주장이라도 그걸 뒤집을 만한 반론이 나오지 않는다면, 그 주장은 사실로 굳어진다. 게다가 세월의 무게까지 더해지면, 근거를 가지고 반박하더라도 그 주장을 깨뜨리기가 어렵다. 19세기, 영국의

의사 존 스노가 미아즈마설과 싸우다 사망할 때까지 미아즈마설은 원인 불명의 전염병을 설명하는 전가의 보도였다. 사정이 이랬으니 14세기 흑사병의 원인을 미아즈마에 갖다 붙이는 건 너무도 당연한 일이었다.

"근데 당신⋯."

루니가 외치의 사타구니 쪽을 바라봤다. 외치는 이 남자가 갑자기 왜 이러나 싶어 경계 태세를 취했지만, 루니는 아랑곳하지 않고 허벅지 쪽을 만졌다. 뭔가가 튀어나와 있었다(그림1).

"언제부터 이런 거요?"

루니가 험악한 표정으로 물었다.

"뭐가 말이오?"

"허벅지에 뭔가가 솟아 있잖소?"

"이거요? 나도 몰라요."

외치의 말이 끝나기도 전에 루니가 뒤로 물러나더니, 사람들을 큰

그림1 〉 림프절 흑사병

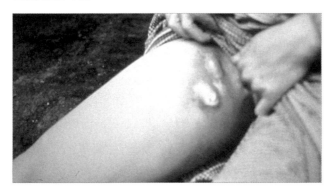

소리로 불렀다.

"여기 흑사병 걸린 사람이 있다!"

그 소리에 다들 달려와 외치를 둘러쌌다.

"왜들 이러는 거요?"

그들은 주위에서 돌을 주워 들더니 외치에게 던지기 시작했다.

몇 개가 외치의 몸에 명중했다. 외치는 그들을 피해 도망치기 시작했다. 심장이 정상이 아니었고, 사타구니도 계속 쑤셨지만, 그래도 알프스산을 누비고 다녔던 외치가 아닌가. 추격하던 사람들이 보이지 않게 될 무렵, 외치는 개울가에 앉아 피곤한 몸을 뉘였다. 갑자기 서러움이 몰려왔다.

"이 시대에 낫는 건 틀렸구나."

갑자기 외치는 춥다는 생각이 들었다. 덮을 것을 찾다가 외치는 잠이 들고 말았다.

흑사병과 가톨릭

"이제 좀 괜찮소?"

외치가 눈을 떴을 때, 한 남자가 인자한 미소를 짓고 있었다. 옷차림으로 보아 종교계에 종사하는 사람 같았다.

"안녕하시오. 난 베네딕토라는 사제요. 수도원에서 학문을 연마하다 종말을 맞은 세상을 구원하러 나오는 참이오."

외치는 물을 마시고 싶었지만, 열이 너무 심하게 올라 말이 나오지 않았다. 사제가 웃었다.

"고맙다는 말은 나중에 하고 먼저 고해부터 합시다."

그는 주머니에서 기도문을 꺼내 읽었다.

"당신은 지금 흑사병이라는 몹쓸 병에 걸려 있습니다. 이는 세상의 타락에 대한 주님의 형벌입니다. 천국에 가려면 어서 당신 죄를 고백하고 주님을 받아들여야…."

성직자의 말을 들으며 외치는 점점 의식을 잃었다.

중세 유럽은 가톨릭교회가 지배하던 시대였다. 교황은 단지 가톨릭의 대표가 아니라 서유럽을 하나로 통합하는 정신적 지주였다. 그 권한이 어찌나 셌던지, 한 나라의 왕인 하인리히 4세가 교황 그레고리우스 7세에게 대들었다가 결국 무릎을 꿇는, '카노사의 굴욕'을 당하기도 했다. 왕권보다 신의 권력이 더 큰 시대였으니 사제들의 역할도 지금보다 훨씬 컸다. 그들은 교회 운영뿐 아니라 신자들을 가르치고 환자들도 돌봤다.

의학이 발달하지 않은 시대에서 당대의 지식인이었던 사제들이 다양한 역할을 했다는 사실은 현실을 고려했을 때 이해되는 측면도 있다. 그들은 주로 치료를 종교적 제의로 생각했지만, 성물이나 약초(허브) 등을 이용해 내과적 치료를 하기도 했다. 덕분에 그들은 환자들로부터 의사보다 더 큰 신임을 받을 수 있었다. 그러나 흑사병 앞에서는 제아무리 사제라 해도 무력하기만 했다. 성직자에 대한 대중의 신뢰가 흔들리기 시작한 것은 바로 흑사병이 퍼져나갈 때부터였다.

그렇다고 당시 사제들을 비난할 수는 없다. 흑사병의 전염력이 엄청난 탓에 "아픈 사람은 물론이고 그들의 옷이나 물건에도 손을 대지 말라"는 지침이 널리 퍼져 있었다. 의사들마저 감염이 두려워 도망치는 와중에, 사제들은 미흡한 치료임에도 불구하고 환자들의 고통을 덜어주기 위해 최선을 다했다. 흑사병 기간 중 일반인의 사망률이 30퍼센트일 때 사제들의 사망률이 42~45퍼센트에 달했다는 기록이 있을 정도다. 죽은 사제들 대부분이 환자들을 돌보던 사람들이었다.

한 번 떨어진 교회의 명성은 다시 회복되지 못했다. 좀 야박하긴 하지만, 세상은 이렇듯 냉정하다. 생각해보라. 환자를 치료하려던 이들이 치료는커녕 자신들이 병에 걸려 죽었으니, 그들을 어떻게 더 신뢰하겠는가?

흑사병 이후

18세기 흑사병: 유럽에서는 1720년 마르세유, 1770년대 모스크바에서 발병한 이후 한 번도 흑사병이 나타나지 않았다. 위생 상태가 개선된 덕분이라는 주장도 있다. 그러나 이 무렵 유럽에서 쥐들 간의 생존경쟁이 벌어졌고, 그때 살아남은 쥐들에 기생하는 벼룩이 전염력도 약하고 인간 피를 안 좋아하기 때문이라는 학설이 유력하다.

반면 19세기 아시아에서는 중국과 인도를 시작으로 약 반세기 동안 흑사병이 대대적으로 유행하여 약 1200만 명의 사망자가 발생했

다. 이를 3차 흑사병 범유행 또는 3차 대역병이라 부른다. 비록 유럽
에서는 큰 피해가 없었지만, 아시아를 방문했던 유럽인들 중 흑사병
에 감염되어 사망한 사례가 상당수 나타났다. 특히 인도나 홍콩 등 아
시아에 대규모 식민지를 보유하던 영국이 심각한 피해를 입었다. 이
때문에 유럽 각지에서는 방역을 대대적으로 실시했으며, 흑사병이 유
행했던 대만과 만주를 장악하고 있던 일본도 흑사병 때문에 골머리를
앓기도 했다.

20세기 이후 흑사병: 신기한 일은 미국에서 지난 수십 년간 서부 시
골 지역을 중심으로 매년 1건에서 17건(평균 약 7건)가량 꾸준히 흑사
병이 발생하고 있다는 점이다. 20세기 초 서부의 항구도시를 중심으
로 발생하기 시작하여 점차 시골로 퍼져나갔는데, 최근에는 주로 뉴
멕시코주 북부, 애리조나주 북부, 콜로라도주 남부와 캘리포니아주,
오리건주 남부, 네바다주 서부에서 간헐적으로 발생하고 있다. 2006
년에 17명이 흑사병에 감염되어 2명이 사망했고, 2015년에도 16명이
감염되어 4명이 사망했다(미국 질병통제예방센터).

2013년 12월 11일 마다가스카르에서 20명이 흑사병으로 죽었다
는 기사가 영국《가디언》과 BBC 등을 통해 전해졌다. 2017년 10월
세계보건기구 자료에 따르면 마다가스카르에서 194명의 감염자가
발생하여 그중 30명이 사망(치사율 15.5퍼센트, 약 3분의 2가 폐 흑사병, 3분
의 1이 림프절 흑사병)했다. 주로 고지대에서 발생했으나 해안 마을에서
도 발생하는 경우가 있다. 마다가스카르의 흑사병 유행은 그들의 전

통적인 장례 절차인 파마디하나(famadihana), 즉 죽은 자의 시신을 꺼내 함께 춤을 추는 의식 때문이라는 분석도 있다.

전쟁이나 기근만큼 흑사병은 큰 사회 변동을 가져왔다. 흑사병은 재산이나 부동산의 감소 없이 인구만 줄였다. 먹을 사람이 없으니 식료품 가격이 내려갔고, 임대업자는 몰락했다. 노동력이 부족해지자 노동력을 대체할 기계의 발명을 가져왔다고도 한다.

의학 분야에서도 큰 변화가 있었다. 주술적인 면이 점차 사라지고 현대의학으로 가는 첫걸음을 내딛게 된 것이 그 예다. 특히 같은 병을 가진 사람들을 한곳에 모아서 진료하면 효율적이라는 것을 알게 됐는데, 이것이 오늘날 흔히 보는 '병동'의 원조다. 흑사병이 지나간 뒤 이런 대재앙이 또다시 오는 것을 막기 위한 대책이 논의됐다.

특히 검역이 적극적으로 논의됐다. '흑사병은 원래 없다가 생긴 병이다.' → '그러므로 외부에서 들어온 게 틀림없다.' → '이를 막기 위해 검역법을 시행하자.' 검역법을 뜻하는 영어 단어 'quarantine law'에서 '쿼런틴'은 숫자 40을 의미한다. 즉 감염된 지역이나 그럴 위험이 있는 지역에서 온 배는 무려 40일을 기다려야 승객이 내릴 수 있었다. 그 이전에도 비슷한 제도가 있었다. 예컨대 흑사병 이전에도 나병 환자들은 사회에서 격리됐고, 그들만의 공동체를 이루고 살아야 했다.

하지만 나병은 전염성 질병이 아닌지라 이들의 격리가 사회적 약자에 대한 탄압에 가까웠다면, 1377년 라구사(현재의 크로아티아)에서 처음 시행된 검역법은 전염병을 막기 위한 선제적 조치로 평가받는다. 이외에도 "흑사병 유행지에서 온 방문객은 한 달 동안 격리된 후에야 라구사에 들어올 수 있다"라는 조항도 생겼는데, 이는 1423년 베네치아에 유럽 최초의 검역소가 만들어지는 계기가 됐다.

또한 흑사병은 전염병에 대해 막연하게나마 파악할 수 있는 계기를 마련했다. 의사들이 전염병의 전파경로를 좀 더 잘 알게 된 것은 확실하다. 예컨대 16세기 이탈리아 의사 프라카스토로(Girolamo Fracastoro, 1483~1553)는 "아주 작은 입자가 질병을 전파한다"라는 가설을 발표함으로써 오늘날 역학과 보건학의 기초를 닦았다.

"으… 여기가 어디지? 또 미래로 왔나?"

외치는 잠에서 깨어나 눈을 비볐다. 뿌옇던 세상이 점차 뚜렷하게 보이면서 유리벽 바깥에 있는 형체가 뚜렷이 보였다.

"으악! 당신이 왜?"

그는 바로 타임머신 우주선을 설명해주던 외계인이었다.

"뭐죠? 그럼 내 의학여행은 이걸로 끝인가요?"

외계인이 고개를 저었다.

"그건 아니야. 다만 자네는 지금 법에 의해 쿼런틴(검역)을 수행하는 중이야."

"그게 무슨 소리예요? 나 힘들어 죽겠어요. 빨리 다른 세상으로 보내주세요."

"안 돼. 이번에 관찰해보니 흑사병 정말 무섭더라. 여기서 푹 쉬다가. 그럼 안녕!"

사족: 앞서 흑사병의 원인이 흑사병균이라고 얘기했다. 하지만 약

간의 논란이 있다. 일단 흑사병이 퍼지는 속도가 지나치게 빨랐고, 사망률 또한 너무 높다. 요즘도 흑사병이 발생하는데, 그 양상이 중세 때 흑사병과 완전히 다르다. 중세 흑사병이 보여준 엄청난 전파 속도는 바이러스의 특징인데 1918년에 발생하여 5000만 명을 사망에 이르게 한 스페인독감이 대표적인 예다.

두 번째로 유럽의 쥐는 흑사병에 내성을 갖고 있지 않다. 따라서 흑사병의 유행은 원래 쥐들이 떼죽음을 당하는 것으로 시작하지만, 그런 일이 기록된 바가 없다.

마지막으로 벼룩은 겨울에 쉽게 증식하지 않는다. 흑사병이 영국 런던에 상륙한 시기가 11월이 맞다면, 영국 전역에 흑사병이 퍼지는 일은 불가능했으리라. 이 때문에 중세 유럽의 흑사병이 바이러스에 의해 일어났다고 주장하는 학자도 있다.

외치가 영국에 상륙했던 14세기의 유럽은 중세를 풍미하던 교회권력이 퇴조하던 시기다. 십자군전쟁의 실패로 인해 추락하던 교황의 권위는 아비뇽유수로 인해 결정적인 타격을 입는다.

1303년, 프랑스의 필리프 4세는 프랑스 내 군주의 권력을 확장시키기 위해 전쟁을 시작했지만, 군비가 부족했다. 이에 필리프 4세는 삼부회를 소집하여, 제3계급뿐만 아니라 교회에도 과세를 시도했다. 교회에 과세를 하려는 이유는 간단했다. 교회는 영주, 국왕, 부호들의 기부금도 끊이지 않았고, 세금도 내지 않았기 때문에 돈이 많았다. 필리프 4세는 교회만 굴복시키면 돈이 생길 것이라 믿었다. 필리프 4세의 과세에 프랑스 교회는 강력하게 항의했다. 이 사실을 로마 교황 보니파시오 8세에게 알렸으나 필리프 4세는 오히려 교황에게 이단의 혐의를 건다. 게다가 필리프 4세는 교황을 납치하여 재판에 회부한다. 로마의 귀족들이 교황을 구출했지만 보니파시오 8세는 선종한다.

아비뇽유수를 기점으로 신권이 하락했다고 말하지만, 이전부터 신이 지배하는 세계가 무너지고 있었다. 흑사병이 창궐할 때 제대로 대처하지 못하면서 교회의 권위가 떨어졌다. 신권이 하락하는 것과는 달리 왕권은 강화된다. 흑사병 대유행을 끝낸 것은 신이 아니라 국가가 만들기 시작한 위생과 검역 절차였다. 검역에 대한 인식이 널리 퍼지면서 15세기 들어 유럽 각국은 방역 시스템을 갖추기 시작했다. 동시에 여행증명서도 발급했다. 일단 여행객이 다른 나라의 국경을 통과하려면 한 달 이상의 법적 검역 절차를 밟아야 했다. 흑사병을 경험한 사람들이 새로운 제도를 만들고 과학적인 생각을 발전시킨 것이다. 이탈리아의 베네치아에서는 외국에서 배가 오면 멀리 떨어진 섬에 선원들을 40일 동안 격리하고 흑사병에 걸리지 않았다는 것을 확인한 후에야 도시로 들어올 수 있게 허가했다.

쿼런틴은 현재에도 시행 중이다. 전 세계 모든 공항이나 항만에서 이뤄지는 검역은 흑사병이 시초가 되어 만들어진 것이다. 쿼런틴을 시행한 이후에도 전염병은 유럽을 휩쓸었지만 검역 덕분에 흑사병의 전염 속도는 현저히 둔화되기 시작했다.

파라셀수스
의학계의
마르틴 루터

흑사병에 대처하지 못한 의사들

흑사병이 유럽을 덮치는 광경을 보면서 프랑스 왕 필리프 6세는 참담한 마음을 감추지 못했다. 그는 파리에 있는 의사들을 불러서 흑사병의 원인에 관해 보고서를 쓰라고 말했다. 그가 받은 보고서엔 다음과 같이 기록돼 있었다.

"1345년 3월, 목성과 토성, 그리고 화성이 물병자리에서 서로 겹쳤습니다. 여기서 나쁜 공기가 나와 그 무서운 역병을 불러일으켰습니다." (파리에서 가장 유명한 의사 K 올림)

보고서를 읽은 왕은 심란했다. 흑사병이 외계에서 왔다면 그걸 막을 방법은 없는 것 아닌가? 그들이 내놓은 치료법도 황당하기 그지없었다.

"사람들로 하여금 남쪽에서 오는 나쁜 공기를 피하게 하십시오. 그리고 향료 같은 것을 태워서 나쁜 공기를 없애야 합니다. 또한 정기적으로 사혈을 하는 것이 좋습니다."(파리에서 가장 유명한 의사 K 올림)

파리에서 두 번째로 유명한 의사가 나섰다.

"폐하, 그것만으론 흑사병을 막을 수 없습니다. 아예 향주머니를 가지고 다니게 하십시오. 그 안에다 아시아에서 온 후추, 계피, 마늘, 갈렁가 같은 것을 넣고 다녀야 합니다."

왕은 물었다.

"향료들을 구하지 못하는 가난한 사람들은 어떻게 해야 하는가?"

두 번째로 유명한 의사는 머리를 조아렸다.

"황공하옵니다."

사정이 이랬으니 사람들이 의학에 더 이상 기대를 하지 않게 된다. 그 틈을 비집고 들어온 사람들이 바로 점성술사들이다. 별자리가 불길해지면 전염병이 만연한다는 그들의 말을 의학은 반박할 의지도 능력도 없었다. 오히려 의사들 중엔 적극적으로 점성술을 공부한 이도 있었다. 예컨대 이런 식이었다.

의사: 저기 있는 오리온자리가 기력이 떨어져 당신의 심장이 안 좋은 겁니다. 별자리가 원래대로 돌아가면 저절로 나을 겁니다.

환자: 다른 의사는 제 심장이 큰곰자리 영향을 받는다고 하던데요.

의사: 그 의사가 돌팔이입니다. 당신은 오리온자리가 맞다고요!

기독교의 재림

흑사병의 유행이 성직자들의 권위에 타격을 준 것은 맞지만, 의사들 역시 흑사병 앞에서 이렇다 할 역할을 하지 못했다. 때문에 흑사병을 기회로 종교의 시대를 연장하려는 사람들이 나타났다. 그들의 논리는 이렇다. 아무것도 믿지 못한다면 역시 신에게 의지하는 것이 가장 좋은 방법이다. 내가 아픈 이유도 따지고 보면 바르게 살지 못한 탓, 그러므로 해결책은 신에게 기도하는 것이다. 선교사들은 여기저기를 다니며 이렇게 외쳤다.

"믿음을 가지십시오. 우리 주 예수 그리스도를 믿으면 질병과 고통으로부터 구원을 받을 것입니다."

심지어 그들은 의사들의 치료행위까지 비난했다.

"의사 양반. 질병은 신의 뜻인데 당신은 질병의 원인을 따지면서, 치료를 통해 신의 처벌을 방해하고 있어요. 그러다 벼락 맞습니다."

원래 기독교는 흑사병 이전에도 환자 치료에 관심이 많았다. 병원의 기원도 중세의 기독교 수도원이었다. 수도원의 가장 큰 임무는 병자를 돌보는 일이었다. 병에 걸린 가난한 사람들을 돌보기 위해 호스피스를 마련했고, 아픈 수도승을 치료하기 위해 의무실을 운영했다. 수도원은 유럽의 병원과 빈민구호소의 모델이 됐다. 이는 분명 평가

받아야 할 부분이다. 아픈 환자를 데려와 잘 먹이는 것만으로도 환자 상태가 나아질 수 있으니 말이다.

게다가 그들 중에는 의학 지식이 뛰어난 수도승도 있었다. 12세기에 활동했던 힐데가르트 폰 빙엔(Hildegard von Bingen, 1098~1179)이 대표적인 예다. 수도원이 남성들만의 공간인 것에 불만을 품었던 그녀는 수녀들을 모아 독일의 '빙엔'에 수도원을 짓고 환자를 돌보았다. 《원인과 치료》, 《자연학》, 그 외 약초에 관한 여러 권의 저서를 봐도 그녀가 방대한 의학 지식을 가졌음을 알 수 있다.

하지만 대부분의 수도원에서 환자 치료는 열심히 기도하는 것뿐이었다. 시각장애인의 눈을 뜨게 해주고, 앉은뱅이를 일으키고, 죽은 이를 살리는 등 수도원의 역사에는 그들이 목격한 숱한 기적들이 나오지만, 전적으로 믿기는 어렵다. 역사책에는 당시 풍경이 다음과 같이 기록돼 있으니 말이다.

환자 1: 몸이 아파요. 배가 아프고 설사를 합니다.
기독교 의사: 당장 성지순례를 떠나세요. 성인 마태우스의 무덤에서 흙을 한 줌만 가져오면 당신의 병은 금방 낫습니다.
환자 1: 저, 설사가 심해서 오래 걷질 못하는데 어떻게 합니까?
기독교 의사: 그럼 뛰어가면 되잖소?

환자 2: 제 혓바닥을 좀 봐주세요. 종기가 났어요.
기독교 의사: 성지순례를 떠나세요. 지금 당장.

환자 2: 네? 전 설사하는 게 아닌데요?

기독교 의사: 성전의 손잡이를 혀로 핥으면, 병이 나을 겁니다.

의학과 종교 모두 질병에 속수무책이었지만, 그래도 기대할 곳은 역시 의학이었다. 종교는 아무리 발전해도 의학을 대신할 수 없으니 말이다. 하지만 의학 발전에도 커다란 걸림돌이 있었으니, 갈레노스처럼 질병에 대해 잘못된 학설을 주장한 선배 학자들의 아성을 후배 학자들이 뛰어넘을 생각을 못했다는 점이다. 그렇게 본다면 갖은 고초를 겪으면서도 갈레노스를 비판했던 파라셀수스의 등장은 의학이 라이벌이던 종교를 떨쳐내고 앞으로 나아가게 해준 원동력이었다.

파라셀수스, 바젤

"여긴 또 어디야?"

잠에서 깨어난 외치가 주위를 두리번거렸다. 처음 와본 곳이었다. 주위 사람에게 물으니 나라 이름은 스위스이고, 도시 이름은 바젤이라고 했다. 손등의 숫자를 보니 1526년이었다.

"이곳에서 가장 유명한 사람이 누구요?"

이 말을 대략 열 번쯤 했는데, 사람들의 대답은 한결같았다.

"파라셀수스요."

사람들은 파라셀수스에 얽힌 일화도 들려주었다. 다리를 절단해야 할 위기에 처한 출판업자가 있었다. 파라셀수스가 그를 고쳐줬는데, 이후 그 출판업자는 두 발로 잘 걸어 다닌다는 것이다. 그 소문이 나면서 바젤의 환자들이 모두 그에게 몰렸고, 파라셀수스는 그들의 병을 고쳐줬다고 했다.

"지금 가봐야 소용없겠네요? 제가 오래 기다릴 시간이 없어서요."

그러자 행인이 손사래를 치며 말했다.

"아닙니다. 파라셀수스의 치료 덕분에 바젤에는 아픈 사람이 없어요. 그래서 선생님의 진료소가 텅 비었다고 합니다."

혹시나 하는 마음으로 파라셀수스가 있다는 바젤대학교에 가보니 진짜로 그가 놀고 있었다. 사실 파라셀수스가 놀고 있는 건 다른 이유였지만, 외치는 정말로 그가 바젤 사람들을 다 고친 덕분이라고 믿었다. 외치는 자신을 소개한 뒤 환자가 없으면 집에 가서 쉬시지, 왜 여기 계시냐고 물었다. 그가 단호한 표정으로 답했다.

"의사가 있어야 할 자리는 집이 아니라 환자의 병상 옆이라네."

그의 말에 감동한 외치는 파라셀수스에게 시간이 있느냐고 물었다.

"시간이야 많지. 근데 왜?"

"제가 물어보고 싶은 게 좀 많아서요."

16세기 초 니콜라우스 코페르니쿠스가 지동설을 주장했다. 콜럼버스는 아메리카 대륙을 발견했고, 마젤란은 세계일주에 성공했다. 신학에 갇혀 있던 자연과학은 그 마수에서 벗어나는 데 성공했다. 새로운 시대를 만나 사람들은 그리스의 문명을 갈구했다. 학자들은 고대 문헌을 탐독하며 그 안에서 지혜를 찾고자 했고, 천당과 지옥 대신 우주의 신비로 시선을 돌렸다. 바야흐로 르네상스시대가 열린 것이다.

"그런데 말이야. 의학은 1500년 전 갈레노스로부터 한 발짝도 나아가지 못했어. 여전히 체액설을 믿고 사혈요법에 매달리니까. 의사라는 작자들은 전부 바보야. 자기 눈으로 본 것도 믿지 않으려 하거든."

의사 아버지를 둔 파라셀수스(Philippus Aureolus Paracelsus, 1493~1541)는 행복하지 못한 어린 시절을 보냈다(그림1). 그의 어머니는 우울증에 시달리다 다리에서 뛰어내려 자살했다. 그래서일까. 파라셀수스는 열네 살에 집을 나선다. '가출=탈선'으로 생각하는 이가 많지만, 파라셀수스는 가출을 유럽의 여러 대학을 오가며 지식을 쌓는 계기로 삼았다. 심지어 군의관으로 전쟁에도 참여해 외과 경험을 쌓기도 했다. 20년 가까운 유랑생활 동안 파라셀수스는 방대한 의학 지식을 갖게 됐고, 앞서 이야기처럼 출판업자를 고쳐준 덕분에 바젤대학교에 직장을 얻을 수 있었다.

그림1 〉 파라셀수스

갈레노스를 부정한 파라셀수스

당시에는 시체해부가 허용되던 시대였다. 직접 인체를 해부했을 때 알게 된 사실은 갈레노스가 한 말과는 달랐다. 그런데도 학자들은 자신이 본 것을 부정하고 갈레노스의 가르침에 어떻게든 끼워맞추려 했다. 파라셀수스는 갈레노스의 말에서 벗어나지 못하는 학자들의 태도에 분연히 항의했다.

"옛날 가르침을 믿지 말고 자신이 본 것을 믿어라. 지금 의사들은 히포크라테스, 갈레노스, 이븐 시나 같은 사람들의 말만 금과옥조처럼 따르느라 진실을 왜곡하고 있다."

심지어 파라셀수스는 갈레노스와 이븐 시나의 책을 벽난로에 집어넣기까지 했다. 결국 이런 언행이 문제가 돼서 파라셀수스는 2년 뒤 바젤대학교에서 쫓겨났다.

"그렇다면 당신은 갈레노스를 미워합니까?"

외치의 질문에 파라셀수스는 단호하게 그렇다고 했다. 하지만 갈레노스를 만난 적이 있는 외치로선 그의 말에 동의할 수 없었다.

"갈레노스는 그가 살던 시대의 기준으로 봐선 매우 뛰어난 의사예요. 그의 말이 사실과 달라도, 그건 시대적 한계였을 뿐 갈레노스의 잘못은 아니니까요. 진실을 찾기 위해 노력하는 갈레노스의 탐구정신은 의학 발전에 큰 주춧돌이 되었다고 생각합니다."

파라셀수스가 주먹으로 책상을 꽝 쳤다.

"뭐야? 그 돌팔이를 옹호하다니, 대체 당신이 뭘 안다고?"

"아, 이 양반 또 여기 있네!"

갑자기 경비원이 들어오는 바람에 이야기가 중단됐다. 그는 파라셀수스를 끌어내며 큰 소리로 외쳤다.

"당장 나가! 나가라고. 해고된 사람이 왜 여기 있어?"

파라셀수스는 안 나가겠다고 버텼지만, 경비원의 힘을 당해낼 수 없었다.

"많이 힘드시겠어요."

뒤늦게 사정을 들은 외치가 위로를 건넸지만, 파라셀수스는 흥분을 감추지 못하고 씩씩댔다.

"얼마든지 덤벼보라지. 누가 옳은지 이미 판가름이 났는걸."

그가 두 손을 올리는 바람에 찢어진 옷 사이로 가슴이 드러나 외치는 눈을 다른 데로 돌려야 했다. 거기에 아랑곳하지 않고 그는 이야기를 계속했다.

"당신이 계속 갈레노스를 옹호한다면, 난 더 이상 말하지 않겠소."

그 서슬에 눌려 외치는 하고픈 이야기를 속으로 삼켰다. '문제는 갈레노스가 아니라 그 후배 의사들이에요. 자기 자리를 지키기 위해 갈레노스를 신으로 모시면서 다른 목소리를 억누르고 있으니까요. 르네상스가 신학으로부터 과학을 해방시켰다지만, 의학은 해방의 길을 스스로 포기하고 또 다른 우상을 숭배하고 있네요. 이게 갈레노스의 잘못은 아니잖습니까?'

외치가 가만히 있자 파라셀수스가 주먹을 불끈 쥐고 소리쳤다.

"거대한 댐이 무너지는 것은 언제나 작은 균열에서부터 시작된다고. 어디 한 번 두고 보라지."

그의 말은 과장이 아니었다. 파라셀수스는 '지식은 관찰과 경험으로부터 비롯된다'라고 믿은 사람이었다. 체액의 불균형으로 인해 병이 생기므로 사혈로 질병을 치료해야 한다는 갈레노스와 달리, 파라셀수스는 인체가 화학물질로 된 조직이며 전염병이나 유전적 요인으로 인해 화학물질의 균형이 무너지는 것이 질병이라고 했다.

"그 균형을 바로잡기 위해선 납이나 안티몬, 수은 같은 금속 화합물이 필요하다. 하지만 이것들은 마구 쓰면 부작용이 생기므로 적정한 용량만큼 써야 한다. 정리하면 이렇다. 모든 물질에는 독이 있다. 그게 독이 되느냐 아니면 약이 되느냐는 오로지 용량에 달려 있다."

파라셀수스의 진가는 매독을 치료할 때 드러났다. 원래 유럽에는 매독이란 병이 존재하지 않았다. 신대륙을 발견한 콜럼버스가 유럽으로 돌아오면서 매독을 달고 오는 바람에 매독이 퍼지게 됐다. 유럽 의사들은 매독 치료에 신대륙에서 가져온 '구아약'이란 나무를 썼다. 여기에 무슨 근거가 있었을까? 놀랍게도 없다. 그저 '신대륙에서 가져온 나무여야 신대륙 질병을 고칠 수 있다'라는 허황된 믿음 때문이었다. 파라셀수스는 이렇게 일갈했다.

"그 무슨 말도 안 되는 소리냐? 그럼 변기에서 넘어진 사람에겐 변기 물을 먹일 테냐?"

구아약 대신 파라셀수스는 매독 치료제로 수은을 추천했다. 실제로 수은은 매독 치료에 효과가 있어서, 20세기 중반 페니실린이 나오기 이전까지 치료제로 쓰였다. 또한 파라셀수스는 정신병은 악마에게 점령당해서 생기는 병이라는 주장을 배격한 최초의 의사다. 말이 좀 심하긴 하지만, 그의 말을 들어보자.

"인간은 신성(神性)과 수성(獸性)을 동시에 가진 존재야. 사람이 사람다우려면 수성을 극복해야 하는데, 그러지 못한 이들이 바로 정신병 환자란 말이지. 정신박약자는 건강한 개, 정신질환자는 미친개. 그래서 정신병 치료가 그렇게 어려운 거야. 개를 어떻게 치료하나?"

그의 업적은 여기에 그치지 않았다.

"잘 모르는 사람들이 많은데, 세계 최초로 인공호흡을 시행한 사람도 나라고. 바람을 일으키는 풀무를 코에다 넣고 환자의 폐를 부풀리려 했다니까."

이 시도는 안타깝게도 실패하고 말았지만, 훗날 존 헌터(John Hunter)는 이 방법에서 아이디어를 얻어 인공호흡기를 발명한다. 사정이 이렇다면 파라셀수스를 '주술로부터 의학을 해방시켰다'고 해도 괜찮지 않을까.

아쉽다, 성격이여

파라셀수스보다 300년 후의 인물인 이그나즈 제멜바이스(Ignaz Semmelweis, 1818~1865)에 대해 잠시 얘기해보자. 19세기 후반 오스트리아 빈의 산부인과 의사였던 그는 산모들의 사망률이 높다는 사실에 주목한다. 사람들의 통념과 반대로 조산사보다 의사들이 아이를 받을 때 훨씬 더 산모의 사망률이 높았다. 두 집단을 세심하게 관찰한 결과 의사들은 죽은 시체를 부검한 뒤 손을 씻지도 않고 병실에 들어와 산모를 내진했다. 즉 자궁 경부가 얼마나 열렸는지 손가락을 넣어보는 것이다. 이때 의사의 손에 묻은 병균이 산모에게 그대로 감염된다. 반면 조산사는 시체를 직접 만지는 일이 없었으니, 감염이 일어나지 않았다.

게다가 제멜바이스의 동료 의사가 시체를 부검하던 도중 칼에 손가락을 찔렸는데, 얼마 후 고열로 사망했다. 이때 그에게 나타났던 증상은 죽은 산모들의 산욕열과 일치했다. 따라서 시체에서 나온 병균이 이 모든 것의 원인이었다.

그러나 의사들에게 손을 씻으라는 제멜바이스의 조언은 격렬한 반발을 불러일으켰다. 당시에도 미아즈마, 즉 나쁜 공기가 산욕열의 원인으로 알려져 있었기 때문만은 아니었다. 차분하게 자신의 관찰 결과를 얘기했더라면 의사들을 납득시킬 수도 있었을 텐데, 그는 그러지 않았다. 대신 의사들에게 "당신들은 살인자야!"라고 떠들어댔다. 이 때문에 의사들은 제멜바이스의 조언을 따르기는커녕 그를 따돌리는 것으로 되갚았다.

제멜바이스의 조언을 따랐을 때 산모 사망률이 극적으로 낮아졌지만, 그래도 의사들은 그를 인정하지 않았다. 결국 제멜바이스는 정신병원에서 쓸쓸히 생을 마쳤다. 이건 그에게도 비극이지만, 그의 이론이 인정되기까지 수많은 산모들이 애꿎은 죽음을 당해야 했던 일들이 더 큰 비극이었다.

파라셀수스도 마찬가지였다. 자신이 진리라고 믿으면 완고하게 밀어붙이며 타협하려 들지 않았다. 오만한 데다 화를 잘 내는 성격 때문에 그는 어디를 가도 환영받지 못하는 사람이었다. 그 스스로 지은 파라셀수스(Paracelsus)라는 이름도 로마시대의 위대한 의학자였던 켈수스(Celsus)보다 뛰어나다는 뜻이었으니, 그가 얼마나 거만했는지 짐작이 간다. 오죽하면 그가 죽고 난 뒤 400년이 지난 1941년, 영국 왕립의학협회가 다음과 같이 말했겠는가?

"그가 큰 소리로 남들을 모욕하고 다닌 게 의학 발전에 기여했다고 말할 수 있을까? 오히려 그는 의학 지식의 진보를 방해했다고 봐야 맞을 것이다."

외치 역시 파라셀수스의 거만함에 학을 뗐기에, 떠나면서 충고 한마디 했다.

"파라셀수스 선생님, 이야기 잘 들었습니다. 당신 말이 다 맞습니다. 하지만 그렇다고 해서 남들을 무시해선 안 되죠. 당신이라고 무오류의 인간일 수는 없잖아요."

하지만 외치는 말을 다 끝마치지 못했다. 파라셀수스가 몸을 부르르 떨더니 벤치에서 일어나버렸기 때문이다. 다음 여행을 위해 우주선에 탑승하면서 외치는 중얼거렸다.

"하여간 잘난 인간이 겸손하기는 참 어렵다니까."

　　대략 1000년간 이어진 중세가 근대로 넘어갈 수 있었던 계기는 바로 종교개혁이었다. 종교개혁은 마르틴 루터(Martin Luther)가 1517년에 로마 가톨릭교회의 부패와 타락을 비판하는 내용을 담은 〈95개조 반박문〉을 발표하면서 시작된다.

　1517년, 신성로마제국의 선제후 중 하나인 마그데부르크 대주교 겸 할버슈타인 주교인 알브레히트가 면죄부를 판매하기 시작한 것이다. 기존 지위에 만족하지 못하고 마인츠 대주교 자리까지 노렸던 그는 교황청에 막대한 공탁금을 내고 면죄부를 판매할 수 있는 권리를 사들였다. 이때 진 빚을 갚기 위해 알브레히트는 면죄부 판매에 열을 올렸는데, 보다 못한 루터가 반박문을 낸 것이다.

　가톨릭교회는 루터를 파문하고 영국 밖으로 추방하지만, 훗날 역사는 루터의 손을 들어준다. 하지만 종교개혁이 루터의 힘만으로 이루어진 것은 아니다. 스위스 취리히에 살던 울리히 츠빙글리(Ulrich Zwingli)도 동시대의 루터처럼 면죄부와 가톨릭교회의 부패를 비판한 사람이었다.

　츠빙글리는 루터와 마찬가지로 성경이 종교 활동의 근본이 되어야 한다고 생각했다. 교회의 위계화된 성직 제도를 부정하고, 성화와 성상을 파괴하며 수도원을 폐쇄했다. 사제의 독신제도 역시 불필요하다고 보아 철폐되었다. 여기에 중요한 인물이 한 명 더 등장하는데, 그는 프랑스에서 제네바로 망명을 온 장 칼뱅(Jean Calvin)이었다. 그의 사상은 곧 프랑스와 영국에까지 영향을 미쳐, 프랑스의 위그노와 영국 청교도가 탄생하는 계기를 마련한다.

　유럽 사회에 종교개혁이 일어날 때, 의학계에도 비슷한 바람이 불었다. 해부학의 창시자로 알려졌지만, 파라셀수스는 중세 우상의 파괴자로도 유명하다. 그는 고대에서 중세로 이어진 그리스 의학의 전통을 부정하고 새로운 의학의 전통을 세우려고 노력한다. 종교의 상징인 로마 교황청의 문서를 불쏘시개로 써버린 루터처럼 파라셀수스는 의학의 상징인 이븐 시나의 《의학정전》과 갈레노스의 교과서를 불태운다. 라틴어를 버리고 자신의 모국어인 독일어로 강의를 하고 책도 썼다.

　또한 면죄부를 팔아 배를 불리던 성직자에 대항해 오직 성서의 복음을 따르자고 호소한 루터처럼 그는 오직 경험에 따라 질병을 치료했다. 루터가 〈95개조 반박문〉을 쓴 지 10년 뒤인 1527년에 파라셀수스는 기존의 의학을 통렬히 비판한 문서 〈통보(Intimatio)〉를 의대 교수들에게 보냈다. 그 내용을 간략하게 정리하면 이러한 내용이다. "오늘날의 의사들은 가장 나쁜 방식으로 환자를 크게 해치고 있습니다. 그들은 히포크라테스, 갈레노스, 이븐 시나와 같은 의사들의 말을 노예처럼 추종하기 때문입니다. … 의사에게 필요한 것은 학위도, 능변도 아니고, 많은 독서도 아닙니다. 오직 필요한 것은 다른 모든 것을 능가하는 자연물과 자연의 비밀에 대한 깊은 지식뿐입니다. …" 이 문서는 고대 자연의학의 문을 연 히포크라테스의 선서처럼 근대의학의 문을 연 선언으로 보아도 손색이 없다.

퀴닌
신항로 개척시대가 발견한
말라리아 치료제

외치, 남미로 가다

"이게 뭐야!"

의식을 찾은 외치는 소스라치게 놀랐다. 그의 눈앞에는 집이라고 보기 어려운 움막들이 모여 있는 데다, 사람들은 동물 가죽으로 된 옷을 입고 있었다. 런던이나 파도바 같은 곳에 있던 외치로서는 자신이 왜 여기에 왔는지 이해할 수 없었다. '내가 다시 신석기시대로 온 건가?' 그제야 손등을 봤더니 1638년이었다. 장소는 '페루, 안데스산맥'이라고 적혀 있다.

'그러니까 내가 더 미래로 오긴 했지만, 시골마을에 온 모양이군.'

외치, 모기에 물리다!

마을 사람 한 명이 외치에게 손을 휘두르는 바람에 외치는 화들짝 놀랐다. 자신을 해치려는 줄 알고 공격 태세를 취하자, 그가 두 손을 내저으며 말한다.

"그 모기, 위험해요."

"뭐라고?"

"엉덩이를 든 모기, 위험해요. 열 나요."

말을 들어보니 외치의 몸에 모기가 붙어 있었는데, 그 모기가 위험한 모기라는 뜻이었다.

"엉덩이 드는 모기가 왜 위험한데요? 그저 모기인데?"

"열이 나다가 나중엔 의식을 잃고 죽을 수도 있어요. 그 병을 사람들은 말라리아라고 불러요."

어리숙했지만 그 사람의 이야기는 설득력이 있었다. 외치는 그에게 이름을 물었다. 그는 자신을 '음바무테'라고 소개했다. 그는 의학에 조예가 깊어 의사 노릇을 하는 사람인데, 외치가 누워 있는 모습을 보고 혹시나 싶어서 와봤다고 했다. 음바무테가 뭔가 좀 아는 사람 같아, 외치는 그늘로 자리를 옮겨 그와 이야기를 나누었다.

"아까는 없었는데 갑자기 나타났어요. 혹시 누가 내던졌나요?"

외치는 적당히 얼버무린 뒤 음바무테에게 물었다.

"근데 말라리아가 뭡니까? 처음 들어보는데."

"말라리아는 '나쁘다'는 뜻의 'mal'과 '공기'라는 뜻의 'aria'가 합쳐진 단어입니다."

말라리아는 인류가 아프리카에 살던 시절, 유인원에서 사람으로 전파됐다. 유인원의 피를 빨았던 모기가 사람의 피를 빨 때, 유인원이 가지고 있던 말라리아 병원체가 사람 몸으로 들어갔고, 이런 일이 반복되면서 인간의 말라리아가 된 것으로 추정된다. 그 뒤 인간이 아프리카를 떠나 세계 각지로 퍼져나가면서 말라리아도 같이 확산됐다. 말라리아를 전파하는 얼룩날개모기류(Anopheles sp.)는 세계 어디에나 있었으니, 결국 사람이 있는 곳에 말라리아도 있게 됐다.

다만 아메리카 대륙만은 예외였다. 인류가 최초로 아메리카 대륙에 발을 디뎠던 1만 년 전의 지구는 빙하기였다. 사람들은 시베리아에서 얼어붙은 베링해를 건너 아메리카로 갈 수 있었다. 그들 중 일부는 남쪽으로 내려와 지금의 칠레 부근에 정착해 친초로 문화(Chinchorro culture)를 만들었다. 이들이 베링해를 건널 때 말라리아는 추운 날씨로 인해 같이 건너가지 못했기에, 그 사람들은 말라리아에 걸리지 않고 행복하게 살 수 있었다.

남미에서 말라리아가 유행하기 시작한 것은 콜럼버스의 발견 이후 유럽인들이 건너간 뒤부터였다. 아메리카에 간 유럽인들이 말라리아를 가지고 간 것은 아니지만, 문제는 노예무역이었다. 아메리카에 정착한 유럽인들은 아프리카에서 사는 사람들을 노예로 부려먹었는데, 노예들의 혈액 속에는 말라리아 병원체가 들어 있었다. 외치가 안데스산맥의 한 마을에 갔을 때는 말라리아가 유행병이 된 뒤였다.

음바무테가 말했다. "사람들은 말라리아가 나쁜 공기 때문에 전파된다고 생각해요. 늪 주변에 사는 악령 때문이라고 믿는 이도 있어요. 하지만 저는 알아요. 그건 모기 때문이에요."

"왜 사람들은 당신 말을 안 믿죠?"

"모든 모기가 다 그런 건 아니거든요. 사람 피를 빨 때 엉덩이를 드는 모기만 문제가 되는데, 그런 모기는 아주 적거든요. 그래서 '나는 모기 많이 물렸는데 멀쩡하잖아'라고 말하는 사람들도 있는 거죠."

외치는 음바무테와 이야기를 나눌수록 그의 말에 신뢰가 갔다.

"나도 말라리아에 걸렸을지 모르겠네요. 아까 모기에 물렸는데."

"지켜봐야죠. 엉덩이 든 모기라고 다 말라리아를 옮기지 않는 것 같아요. 혹시 열이 나면 말하세요."

"의식을 잃고 죽는 병이라고 했잖아요. 걸리면 대책은 있나요?"

"있어요. 저기 보이는 산에 올라가면 나무가 있거든요. 그 나무껍질을 먹으면 나을 수 있어요."

"나무껍질요?"

외치는 그가 농담을 하나 싶었지만, 음바무테의 표정은 진지했다.

"나무껍질이라…."

음바무테가 말한 나무는 바로 기나나무였다(그림1). 기나나무는 원주민들 덕분에 말라리아 특효약으로 밝혀졌다. 어느 원주민이 안데

그림1 〉 기나나무

스산맥을 헤매다 갑자기 고열로 쓰러지고 만다. 잠시 후 눈을 뜬 그는 심한 갈증을 느꼈는데, 마침 근처에 물웅덩이가 있었다. 엉금엉금 기어가 물을 마셨는데, 물에서 쓰고 불쾌한 맛이 났다. 혹시 독이 든 물을 마신 게 아닌가 싶어 자세히 살펴봤더니, 근처 기나나무에서 떨어진 나무껍질이 물웅덩이에 둥둥 떠 있었다.

"아, 내가 나무껍질의 독 때문에 죽게 생겼구나."

그런데 뭔가 이상했다. 열이 떨어졌다. 그는 마을로 돌아가 사람들에게 이 사실을 전했다. "기나나무라고 있잖아. 그 나무껍질에 열을 내리게 하는 신비한 효능이 있어." 그 후 원주민들은 열이 날 때마다 기나나무 껍질을 물에 담가 마시곤 했다. 100퍼센트 효과가 있는 건 아니었지만, 심한 열이 나는 사람들은 대부분 효과를 봤다.

퀴닌을 유럽으로 전한 사람, 친촌

그 이야기를 듣고 나니 외치도 그 껍질이 든 물을 마시고 싶어졌다. 열을 내리게 하는 나무껍질이라면, 심장에도 효과가 있지 않을까? 그래서 그는 음바무테를 찾았는데, 사람들 말로는 그가 열이 난 환자를 치료하고 있다고 했다. 외치는 호기심이 일어 그가 치료한다는 천막을 찾았다. 하지만 칼을 든 병사들이 천막 주위를 지키고 있었다.

"누구냐?"

장교로 보이는 남자가 외치에게 물었다.

"나는 외치요."

"외치? 혹시 선교사인가?"

당시 남미에는 유럽에서 온 선교사가 제법 있었기에, 장교는 외치도 그중 하나인 줄 알았다. 외치는 선교사가 뭔지 몰랐지만, 부드러워지는 장교의 표정을 보며 그렇다고 대꾸했다.

"들어가 봐."

외치는 얼떨결에 천막 안으로 들어갔다. 커튼이 드리워진 공간에 여자 한 명이 누워 있었고, 주위에 시종이 두 명 서 있었다. 외치를 본 음바무테가 깜짝 놀랐다.

"여긴 웬일이오? 어떻게 들어왔소?"

"저도 모르겠어요. 얼떨결에 들어왔는데, 지금 뭘 하고 있는 거죠?"

음바무테는 누워 있던 부인을 소개하며 말했다.

"이분은 친촌(Chinchon)이라고, 스페인에서 온 백작부인이오(그림 2). 이곳을 통치하러 온 총독의 부인이지. 내가 보기엔 말라리아에 걸린 것 같아요."

음바무테는 기나나무 껍질을 건져내고 그 물을 백작부인에게 마시게 했다. 물이 쓴지 부인은 얼굴을 찡그렸다. 물을 다 마신 부인은 다시 자리에 누웠다.

"몸이 좋아졌어. 그 물이 효과가 있는가 보군."

그림 2 〉 친촌 백작부인

부인의 말에 음바무테가 고개를 숙였다.

"용하다는 의사를 그렇게 찾아다녀도 차도가 없었는데, 이렇게 금방 낫게 해주다니. 당신을 믿지 않았던 거, 미안해요."

"괜찮습니다. 그래도 깨끗이 나으려면 며칠은 더 이 물을 마셔야 합니다."

백작부인은 고맙다고 인사한 뒤 음바무테 옆에 있는 외치를 보며 물었다.

"당신은 누구요?"

외치가 머뭇거리는데, 천막 입구에 있던 장교가 대답했다.

"그는 선교사입니다."

선교사란 말에 백작부인의 얼굴이 부드러워졌다.

"이름은?"

"외치라고 합니다."

백작부인이 주위를 둘러보며 말했다.

"외치라, 내가 외치랑 긴히 할 말이 있으니 다들 나가 있으세요."

외치, 스페인에 가다

백작부인의 말은 이랬다. 지금 스페인은 말라리아라는 병 때문에 난리가 아니란다. 마땅한 치료약이 없어서 죽는 사람이 많은데 자신의 회복 속도를 보면 이 약이 스페인 사람들을 구할 수 있을 것이라고 했다. 그러니 자신과 함께 스페인에 가면 어떻겠느냐고 물었다. 외치는 난감했다.

"저는 의사도 아닌데 가봤자 뭐 하겠습니까? 차라리 치료를 해준 음바무테를 데려가시죠."

부인이 고개를 저었다.

"원주민을 데려가면 누가 저 사람에게 치료를 받으려 하겠습니까? 하지만 당신이라면 다르죠. 혹시 어느 나라에서 오셨나요?"

외치가 이탈리아라고 하자 부인이 고개를 끄덕였다.

"그럼 함께 가시죠. '르네상스의 본고장에서 온 외치, 말라리아 환자들에게도 르네상스를 가져오다.' 이런 콘셉트로 가면 괜찮겠네요."

외치는 르네상스가 뭔지도 몰랐지만, 무엇보다도 자신이 안 좋은 일에 엮이는 느낌이 들었다. 기본적인 의술은 익혀야겠기에 외치는 음바무테를 찾아가 말라리아에 대해 배웠다. 말라리아 환자는 왼쪽 배에서 뭔가가 만져진다는 것(비장이 커지기 때문이다), 말라리아에는 두 종류가 있는데 열이 이틀 간격으로 나는 것과 불규칙하게 나는 게 있는데 후자가 더 위험하다는 것, 기나나무 껍질에서 어떻게 약물을 추출하는지 등등을 배웠다. 외치는 스페인으로 가는 배에 올랐다. 음바무테와 마을 사람들이 채취한 기나나무 껍질이 외치의 가방 안에 가득 들어 있었다.

콘클라베를 위협한 말라리아

백작부인의 말처럼 유럽에선 말라리아가 골칫거리였다. 세계를 정복한 알렉산드로스 대왕을 비롯해 수많은 사람들이 말라리아로 죽었는데, 추기경들도 예외가 아니었다. 교황 선거(콘클라베)가 열리는 바티칸은 늪지대가 많아 모기가 서식하기 좋았다. 그래서 말라리아모기는 선거를 위해 바티칸에 온 추기경들을 신나게 물었다.

1048년 교황으로 선출된 다마소 2세는 당선 23일 만에 말라리아로 사망했고, 1590년에 선출된 우르바누스 7세는 2주를 못 넘기고 사망했다. 최대 비극은 1623년 콘클라베였다. 선거를 위해 모인 추기경 중 10명이 말라리아에 걸렸는데, 그중 8명이 사망했다.

일반인들의 경우엔 사정이 더 열악했다. 물 주변에 사는 사람들은 늘 말라리아의 공포에 시달려야 했다. 그래서 말라리아는 '늪 열병(swamp fever)'으로 불렸다. 1899년 영국의 로널드 로스(Ronald Ross, 1857~1932) 경이 '모기가 말라리아를 전파한다'라는 사실을 알아내기 전까지, 늪에서 나오는 나쁜 공기가 말라리아를 일으킨다고 믿었던 까닭이다. 말라리아의 큰 문제는 치료약이 없다는 것이었다. 말라리아에 걸린 이들은 열 발작에 시달리다 의식을 잃고 죽어갔다. 친촌이란 백작부인이 말라리아 약을 가지고 스페인으로 돌아온 시기가 바로 이때였다.

예수회의 가루

친촌 백작부인이 스페인에 기나나무를 가져다주었다고 하지만, 실제로 기나나무를 유럽에 소개한 사람은 스페인의 예수회 선교사들이었을 가능성이 높다. 예수회 선교사들은 16세기 페루의 원주민에게서 열병 치료법을 배웠다. 선교사들은 견본을 본국에 보냈고, 1650년경에는 정기적으로 기나피(기나나무의 껍질)를 보내게 되었다.

그러나 당시 유럽은 구교인 가톨릭보다 신교가 득세했다. 예수회가 아무리 좋은 약을 준비했다지만, 신교도들은 구교도에 대한 불신을 거둘 수가 없었다. 기나나무는 말라리아 특효약이었지만, 당시 유럽인들은 기나나무를 '예수회의 가루(Jesuit's bark)'라고 부르며 효과를 폄하했다.

17세기 유럽의 신교도들은 대부분 "예수회 선교사들의 기나피는 구교도의 음모"라며 배척했다. 런던에서는 짓이긴 기나피는 신교를 몰아내려는 구교도의 책략이라는 소문이 퍼졌다. 예수회 선교사들이 국왕을 독살하려고 모의하고 있다는 주장까지 나올 정도였다. 일부 의원들은 기나나무를 민간요법에 불과하다며 코웃음을 치기도 했다.

세간의 소문이 어떻든 효과는 분명했다. 1655년 교황을 뽑는 콘클라베는 무려 석 달 동안 열렸는데 당시 기나나무 덕분에 죽은 이는 아무도 없었다. 그 밖에도 기나나무는 영국으로 건너가 찰스 2세의 목숨을 구했고, 프랑스 왕 루이 14세의 아들에게도 은총을 내렸다. 훗날 식물학자이자 학명의 창시자인 린네(Carl Linnaeus)는 기나나무에 '싱

코나(Cinchona)'라는 이름을 붙였는데, 이는 이 나무껍질을 최초로 유럽에 가져온 친촌 백작부인을 기리는 취지였다. 그런데 기나나무는 도대체 어떻게 말라리아를 치료할 수 있었을까?

그건 바로 퀴닌일세

기나나무의 효능은 퀴닌(quinine)이라는 성분 때문이었다. 인체감염 시 말라리아는 적혈구 안에 산다. 달리 먹을 게 없는지라 말라리아는 산소를 운반하는 단백질 헤모글로빈을 먹고사는데, 다 먹고 난 뒤 찌꺼기를 처리하는 과정에서 문제가 발생했다. 그 찌꺼기에서 산소라디칼이 만들어져 말라리아 병원체를 위협한 것이다. 그래서 말라리아는 '헤모조인(hemozoin)'이라는 쓰레기봉투를 만들어 산소라디칼을 처리한다. 퀴닌은 헤모조인을 만들지 못하게 함으로써 말라리아를 죽게 만든다.

하지만 이 약이 항상 성공한 것은 아니다. 기나나무 껍질을 가져다 팔면 돈이 된다는 사실을 알게 된 상인들이 안데스산맥으로 달려갔지만, 그들은 기나나무와 다른 나무를 구별할 능력이 없었다. 물에 넣었을 때 쓴맛이 나면 다 약인 줄 알았는데, 그러다 보니 치료에 실패하는 경우가 제법 많았다. 또한 기나나무 껍질을 얼마나 넣어야 효과를 보는지도 알기 어려웠다. 기나나무에도 여러 종류가 있고, 나무마다 퀴닌의 함량이 달랐기 때문이다. 그 결과 부작용이 생겼다. 용량이

적으면 효과가 없었고, 용량이 과다하면 두통, 홍조, 땀 흘림, 구토, 이명, 어지러움, 청력 및 시력 저하 등의 부작용이 생겼다. 사람들은 과다 복용으로 인한 부작용을 '싱코니즘(cinchoism)'이라 불렀다.

기나나무의 효능이 알려지자 한바탕 난리가 났다. 짧은 기간 동안 수만 그루의 기나나무가 벌목되는 바람에 기나나무가 고갈되다시피 했으니 말이다. 어느 정도의 성공이었냐면 유럽 여러 나라들은 자기들이 기나나무를 키워보겠다고 어린 묘목을 가져다 재배하려고 했지만, 기나나무가 안데스산맥의 특이한 환경에서만 자라는 탓에 대부분 실패했다.

19세기 후반, 네덜란드는 인도네시아 자바섬에서 기나나무 재배에 성공한다. 1930년대에 이르자 자바섬에서 전 세계 퀴닌의 97퍼센트가 생산될 정도였다. 2차 세계대전이 발발하면서 퀴닌의 중요성은 한층 더 커졌다. 말라리아모기가 극성을 부리는 남방부에서 수많은 전투가 벌어졌기 때문이다.

전투에서 죽는 이보다 말라리아로 죽는 군인이 더 많다 보니 각국은 퀴닌을 확보하기 위해 총력전을 벌였고, 자바섬의 소유권을 놓고 강대국끼리 대결하기도 했다. 여기에 염증을 느낀 몇몇 나라는 퀴닌을 인공적으로 합성하기 위해 노력하는데, 1944년 미국에서 퀴닌을 만드는 데 성공한다. 그 뒤 퀴닌에 염소(chloride)가 붙어 클로로퀸이 되면 약효가 더 높아지는 반면 부작용은 적어진다는 사실이 알려지면서 1950년대 이후엔 클로로퀸이 대(對)말라리아 전선을 떠맡게 된다.

영국에 간 외치

스페인에서 얼떨결에 명성을 떨친 외치는 영국의 통치자 올리버 크롬웰의 부름을 받는다. 크롬웰은 말라리아에 걸려 사경을 헤매고 있었지만, 기나나무 껍질을 거부하고 있었다.

크롬웰: 말해보거라. 나무껍질이 어떻게 병을 치료한다는 것이냐?

외치: 저도 잘 모르겠습니다만 아무튼 치료가 됩니다. 나리.

크롬웰: 그 말을 나더러 믿으라고? 이 껍질에 뭐가 들었는지도 모르는데?

외치: 나리, 모른다고 해서 항상 틀린 것은 아닙니다. 어서 드시고 회복하십시오.

크롬웰: 모르는 데도 먹이려는 네놈은 첩자가 분명하다. 당장 저놈의 목을 베라!

청교도 혁명의 주역인 크롬웰은 사실 기나나무 껍질이 예수회 선교사들의 음모라고 믿고 있었다. 혹시나 하는 마음에 이름이 알려진 외치를 불러왔지만, 그가 횡설수설하자 자신의 생각이 맞다고 판단하여 외치를 죽인다. 외치는 목이 잘리기 전에 유언을 남긴다.

"이곳에 너무 오래 있었다. 심장을 고칠 수 없다면, 죽는 게 낫다."

예수회 선교사들에 대한 편견을 보여주는 좋은 예가 바로 영국 청교도 중의 청교도였던 올리버 크롬웰이다. 그는 끊임없이 재발하는 말라리아 때문에 고통에 시달리면서도 이른바 '악마의 분말'을 먹기를 거부하다 끝내 죽고 말았다.

불과 20년 뒤 영국 왕 찰스 2세는 당시 런던 사교계의 의사 로버트 톨보를 서슴없이 불러들였다. 그는 말라리아 요법 때문에 부자들 사이에서 유명해져 있었다. 교활한 톨보는 비록 공개석상에서는 예수회 선교사들을 업신여겼지만 자기 환자들에게 남몰래 예수회 선교사들이 기나피로 만든 조제약을 처방해주었다.

톨보는 말라리아에 걸린 국왕을 고쳐주었을 뿐만 아니라, 그 공으로 기사 작위까지 받고 이름 높은 왕립내과의사회 회원이 되었다. 톨보는 1679년에는 루이 14세의 부름을 받고 프랑스로 건너갔다. 왕위를 이어받을 왕자가 말라리아에 걸렸던 것이다. 루이 14세는 톨보에게 왕자를 낫게 한 보답으로 종신연금을 주었고, 그 처방을 가르쳐준 대가로 금화 3000크라운까지 하사했다. 죽을 때까지 그 처방을 비밀에 부치기로 약속했다.

1681년에 톨보가 죽고 나서야 루이 14세는 그 처방을 공개했다. 장미꽃잎 약 24그램과 레몬주스 약 57그램, 기나피 가루를 진하게 우려내어 포도주에 탄 것이었다. 기나피에 함유된 알칼로이드(식물 염기)가 물에는 녹지 않기 때문에 술에 타야만 했던 것이다.

결국 의사들은 이른바 예수회 선교사들의 치료법이라고 불리던 처방을 앞다투어 받아들이게 되었다. 1820년에 펠레티에(Pierre Joseph Pelletier, 1788~1842)와 카방투(Joseph Caventou, 1795~1877)가 이 과업에 성공했다. 그들은 기나나무 껍질에서 분리한 화합물에 '퀴닌'이란 이름을 붙였는데, 이는 남미 원주민들이 기나나무를 '퀴나-퀴나(quina-quina)'라고 불렀기 때문이다. 그로부터 100여 년이 지날 때까지 퀴닌은 말라리아에 대항하는 유일한 약이었다.

식물의 힘을 깨닫다

퀴닌은 불치병을 고칠 수 있는 효능이 식물에 있다는 사실을 알려줬다. 그 이전에도 식물을 이용해 병을 고친 사례가 있지만, 거기서 추출한 성분이 오늘날까지도 쓰이는 약은 퀴닌이 최초다. 그 뒤 식물은 약을 만드는 데 있어서 중요한 원료가 되고 있다. 몇 가지만 예를 들면 다음과 같다.

- 심전도 이상 때 사용하는 강심제(digoxin): 디기탈리스 라타나(*Digitalis lanata*)라는 꽃
- 기침을 억제하는 베르게닌(bergenin): 자금우라는 관목
- 진통제의 일종인 모르핀: 양귀비
- 말라리아 약인 아르테미시닌: 개똥쑥

민간요법도 식물을 가져다 병 치료에 쓴다. 그렇다면 이것과 현대 의학은 도대체 뭐가 다를까? 예를 들어 어떤 이가 췌장암에 효과가 있다면서 옻나무 추출물을 판다면, 이것도 믿어야 하는가?

이를 설명하기 위해 다시 퀴닌 이야기로 돌아가보자. '말라리아 치료에 기나나무 껍질을 썼더니 효과가 있더라.' 이건 민간요법이다. 그 안에 있는 어떤 성분이 치료 효과를 내는지, 얼마나 써야 하는지도 모르기 때문이다. 현대의학은 그 안에서 퀴닌이란 성분을 추출해냈고, 어느 정도 용량을 쓰면 병이 낫는지 매뉴얼로 만들어놓았다. 게다가 현대의학은 '이 약을 쓰면 당신이 나을 확률이 어느 정도다'라고 말해준다. 그 확률을 어떻게 아느냐고? 임상시험을 했기 때문이다. 동물과 일반인, 그리고 환자를 상대로 하는 임상시험은 다음을 알아보기 위함이다.

- 약이 안전한가.
- 몇 퍼센트의 환자에게 효과가 나타나는가.
- 기존 약보다 효과가 더 뛰어난가.

이런 조건들을 충족해야 식약처에서 약으로 만들 수 있게 허가를 내주고 약을 판매할 때 나을 확률과 부작용 등을 말해줄 수 있다. 시중에 나와 있는 모든 약은 다 이런 임상시험을 거쳤다. 이는 기나나무 껍질을 적당량 물에 넣고 그 물을 마시게 하는 과거의 치료와 확연히 구별된다. 이렇게 말할 수 있겠다. "이 식물을 먹어. 몸에 좋대"는 민간요법이고, "이 식물에서 추출한 A라는 성분을 먹으면 암이 나을 확률이 70퍼센트야"는 현대의학이라고. 의학이 민간요법의 시대에서 현대의학으로 발전한 것은 더 많은 생명을 구하기 위함이라고.

1532년 11월 16일 잉카 황제 아타우알파와 스페인의 정복자 피사로가 페루의 도시인 카하마르카에서 최초로 마주친다. 아타우알파는 신세계에서 가장 크고 발전한 국가의 절대군주였으나, 피사로는 168명의 오합지졸을 거느린 채 막 낯선 땅에 발을 들인 상황이었다. 약 8만 명의 대군이 그들을 에워싼 상태였으나 스페인군은 일당 500이라는 놀라운 성과를 발휘해 원주민 대군을 격파한다. 단 한 명의 전사자도 없이 말이다.

학자들은 스페인군이 원주민과의 싸움에서 절대우위를 누릴 수 있었던 원인으로 말(馬), 쇠무기, 총, 갑옷 등을 손꼽는다. 그러나 그만큼 알려지지 않은 원주민 정복의 결정적 무기가 있었으니 바로 질병이다.

유럽인이 몰고 온 천연두는 스페인 사람들이 콜롬비아에 도착한 후부터 남미 원주민들 사이에 퍼지기 시작했다. 1526년에는 잉카 황제 우아이나 카팍과 대부분의 신하들이 천연두로 죽었으며, 곧이어 그의 후계자인 니난 쿠유치까지 죽었다. 천연두와 더불어 홍역, 인플루엔자, 발진티푸스, 흑사병을 비롯한 유럽 고유의 전염병들은 대륙의 많은 민족들을 몰살시킴으로써 유럽인들의 정복에 결정적인 역할을 했다. 그렇게 죽어간 아메리카 원주민의 수는 콜럼버스 이전 인구의 95퍼센트로 추정된다.

신항로 개척시대 이후 유럽인들은 아메리카 대륙의 금, 은, 노예, 설탕과 같은 것들을 신항로를 통해 가지고 왔다. 뿐만 아니라 신항로를 개척하면서 안데스산맥에서 발견된 기나나무는 이후 유럽과 남미뿐만 아니라 아시아까지 건너온다.

1692년 청나라의 황제 강희제(康熙帝)가 말라리아에 걸린다. 그때 프랑스 선교사 장 드 퐁타네(Jean de Fontaney)가 인도에서 가져온 기나나무 껍질을 황제에게 보냈다. 영국의 크롬웰처럼 강희제도 처음부터 기나나무에 호의적이지 않았다. 말라리아에 걸린 다른 환자들에게 먹여본 후 효험을 확인하자, 강희제도 기나나무 껍질을 복용한다. 말라리아에 워낙 특효된 약이었기에 강희제는 금세 낫는다.

말라리아에서 회복한 강희제는 이후 서양 학문에 경도되었다. 예수회를 중심으로 한 선교사들로부터 서양의 학문과 기술을 도입하도록 명령하였으며, 퀴닌을 진상한 선교사를 위해 중국 역사상 처음으로 가톨릭 성당 짓는 일을 허가했다.

CANADA

UNITED STATES

미국
(1941년)

12

MEXICO

SWEDEN

IRELAND

영국
(1854년)

독일
(1900년)

UNITED
KINGDOM

9 10
영국
(1872년)

NETHERLANDS

11

GERMANY

BELGIUM

CZECH
REPUBLIC

LUXEMBOURG

LIECHTENSTEIN

AUSTRIA

FRANCE

SWITZERLAND

SLOVENIA

CR

ITALY

ANDORRA

SPAIN

PORTUGAL

MOROCCO

근대 1854년 ~ 1941년

3부 **발견의 시대:** 문명의 충돌, 질병과의 전쟁

ALGERIA

L

상하수도의 발견
해답은
물이다

외치, 한 남자를 만나다

크롬웰에 의해 첩자로 몰려 목이 잘리는 순간, 광선이 외치를 비추더니 그의 몸이 둥실 떠올랐다. 문어 모양의 외계인의 얼굴을 확인하자마자 외치는 그만 정신을 잃고 말았다. 얼마나 잤을까. 외치는 자신이 낯선 곳에 있다는 것을 알아차렸다.

"여기가 어디지?"

외치가 깨어난 곳은 배가 몇 척 떠 있는 강기슭이었다. 손등을 보니 '1854년, 런던'이란 글귀가 적혀 있다. "런던이라면?" 지난번 시간여행 때 하마터면 죽을 뻔한 곳이 아닌가. 갑자기 걱정이 됐다. '괜히 얼쩡거리다 잡혀 죽는 거 아냐?' 더운 날씨 탓인지 갈증을 느낀 외치는 강가로 가서 손으로 물을 떠서 연거푸 마셨다. 물은 참 시원하고 달았다. 내친김에 더 마시려는데 누군가가 달려와 외치를 심하게 밀쳐냈다. "안 돼! 마시지 마!"

안 그래도 아픈 심장이 바닥에 부딪혀 심한 통증을 유발했다.

"뭡니까?"

남자는 미안한 표정으로 쓰러져 있는 외치에게 손을 내밀었다. 여전히 화가 풀리지 않았지만, 이유를 듣고 나서 항의해도 늦지 않기에 외치는 그 손을 붙잡고 일어났다.

"당신은 누구요? 나한테 왜 그런 거요?"

사내는 자신의 이름을 존 스노라고 했다.

"그 물은 위험해요. 내가 아니었다면 큰일 날 뻔했소."

외치는 물을 마셨지만 아무 문제도 없지 않냐며 따지려다 이상한 사람 같다는 생각이 들어 갈 길을 가기로 했다.

"알겠소. 그럼 난 이만…."

돌아서는 외치를 스노가 붙잡았다.

"왜 저 물이 위험한지 궁금하지 않소?"

외치는 스노의 손을 뿌리쳤다.

"제가 지금 심장이 안 좋습니다. 용한 의사를 찾아가는 길인데, 물이 무슨 상관이 있겠습니까?"

스노가 외치의 손을 잡아끌었다.

"그렇다면 날 만난 건 행운이오. 내가 바로 의사니까요. 빅토리아

여왕의 분만을 담당한 사람이 바로 나요!"

외치는 깜짝 놀랐다. 여왕의 분만을 담당했다면 이 시대 최고의 의사가 아닌가. 외치의 표정이 환해졌다.

"진작 그렇게 말씀하시지. 전 또 이상한 사람인 줄 알았네요."

존 스노는 누구인가?

존 스노(John Snow, 1813~1858)는 의학에서 역학의 선구자로 잘 알려져 있다(그림1). 그는 원래 마취통증의학과 의사로서 효과적인 마취 방법 등을 연구하고 개발했다. 빅토리아 여왕의 출산을 직접 보조하기도 했던, 그야말로 '명의'였다.

런던에서는 콜레라가 주기적으로 창궐했다. 1854년 소호의 브로드가를 중심으로 콜레라가 퍼지기 시작하자 존 스노는 콜레라의 전염 양상을 관찰하기 위해 발병자 및 사망자가 발생한 집들을 지도에 표시하기 시작했다. 그 결과 어떤 거리의 특정한 펌프를 중심으로 콜레라 환자가 많이 발생한다는 사실을 알게 되었다. 하지만 펌프 물을 퍼올려 현미경으로 들여다봐도 특별히 이상한 점을 찾을 수가 없었다. 이는 당시 과학 발

그림1〉존 스노

전 상태가 미약했기 때문이다. 눈에 보이지 않는 작은 세균 입자가 사람 몸에 침투해 죽음에 이르게 한다는 사실이 전혀 받아들여지지 않았을 때였기 때문이다.

모든 병의 시작은 물

"그 물에는 말이오. 설사를 유발하는 나쁜 병원체가 들어 있소. 당신이 만일 그 물을 마셨다면, 화산이 폭발하는 것처럼 설사를 하다 죽을 것이오. 사람들은 이 병을 콜레라라고 부릅니다."

외치는 화산을 한 번도 본 적이 없었지만, 심각한 상황이 틀림없었다. 그는 강물로 가서 손바닥을 오목하게 만든 뒤 물을 떴다.

스노: 뭐 하는 거요?

외치: 강물엔 아무것도 보이지 않아요. 뭐가 들어 있다는 거요?

스노: 그건 너무 작아서 보이지 않습니다. 하지만 안 보인다고 해서 없는 건 아니에요. 틀림없이 그 속엔 뭔가가 있어요.

외치: 그럼 왜 저 물을 그냥 놔두는 거죠? 못 마시게 조치를 취해야 하는 거 아닙니까?

스노: (한숨을 푹 쉬며) 그러게 말입니다. 저도 그게 답답합니다만, 사람들이 제 말을 믿지 않으니 어쩔 도리가 없소.

외치: 당신 말을 왜 안 믿는 겁니까? 여왕을 치료한 의사라면서요.

스노: 말하자면 깁니다. 들어주시겠소?

외치: 듣는 거야 어렵지 않죠. 심장만 고쳐준다면요.

콜레라 시대의 질병

"그전에도 이 병으로 죽은 사람이 있겠지만, 콜레라가 처음 발생한 건 17세기 인도였어요. 사람들이 설사를 하다가 결국 탈수로 죽어갔지요. 이 병이 다른 지역으로 퍼져나가면서 문제가 커집니다. 1820년대 초반 콜레라는 인도에서 시리아, 동아프리카, 일본 등으로 전파됩니다. 이때까지만 해도 영국은 콜레라로부터 안전했어요."

존 스노의 말처럼 콜레라는 갠지스강의 풍토병이었다. 신항로 개척 시대에 문명을 따라 질병도 함께 퍼졌듯, 콜레라도 1831년 10월 영국 선더랜드에 배 한 척이 정박하면서 처음 발생한다.

당시엔 흑사병을 막기 위해 이미 쿼런틴(검역) 제도를 시행하고 있었다. 그 규정에 따르면 전염병 발생 지역에서 온 배는 40일간 승객과 물건을 내릴 수 없었다. 그런데 항구 관리가 그 조항을 제대로 지키지 않았다.

문제는 그 배의 선원 중 한 명이 콜레라에 걸려 있었다는 점이다. 이렇게 해서 1832년 2월 영국에 콜레라가 상륙한다. 첫번째 피해자인 한 여성은 발병한 지 여덟 시간 만에 죽었는데, 팔다리가 퍼렇게 변해 있었다. 이미 인도에서 맹위를 떨쳤던 병이었고, 인도에 주둔하던 영국 병사들이 이로 인해 피해를 봤기에 영국 의사들은 콜레라에 대해 알고 있었다. 하지만 그들은 이 병의 치료법을 몰랐고, 병의 확산을 막기 위해 어떻게 해야 하는지도 알지 못했다. 곧 또 다른 여인과 그녀의 딸이 콜레라로 죽었다.

당시 이 병에 대한 가설은 두 가지였다. 하나는 접촉에 의해 전파된다는 가설이었다. 그래서 의사는 환자가 발생하면 환자를 일단 격리시켰다. 이 가설에 따라 죽은 사람의 시체를 아주 깊은 땅속에 묻었다. 또 다른 가설은 그 유명한 미아즈마 이론으로, 나쁜 공기에 의해 콜레라가 전파된다는 것이다.

"또 미아즈마요?"

외치는 지겹다는 표정을 지었다.

"제가 이전에 갔던 곳에 말라리아라는 병이 유행했거든요. 모기가 옮기는 병인데, 그때도 사람들은 미아즈마 때문에 병에 걸린다고 주장했어요."

"그렇죠? 전염병만 생기면 무조건 미아즈마, 아주 지겨워 죽겠어요. 아무것도 모르면서."

급기야는 나쁜 냄새 때문에 병이 생긴다고 생각해서 냄새를 없앤답시고 길거리에서 타르나 식초를 태우는 촌극을 빚기도 했다. 하지만 아무런 소용이 없었다. 사람들은 구토와 더불어 엄청난 설사를 하다가 죽어갔다. 영국 전체에서 콜레라로 죽은 사람은 무려 3만 2000명에 달했다.

"마취의학의 역사에 이름을 남길 수 있었던 저를 콜레라로 이끈 게 바로 이 참극입니다."

스노는 탄광 인부들이 콜레라로 죽는 것을 보면서 미아즈마설이 잘못됐다고 생각했다.

"나쁜 공기가 콜레라를 일으켰다는 이론은 사실이 아니에요. 감기를 생각해봐요. 기침이 나고 목이 아프잖아요. 그러니 감기는 공기를 통해 전파되는 것이 맞습니다. 그런데 콜레라에 걸린 인부들의 증상은 구토와 설사였습니다. 입과 항문은 엄연히 소화기란 말이죠. 그렇다면 공기가 아니라 입으로 뭔가가 들어가서 소화기를 괴롭힌다는 얘기잖아요?"

스노의 논리적인 말에 외치는 빨려들기 시작했다.

콜레라의 전파 방법을 알아낸 스노

'콜레라는 어떻게 전파될까?'

이 의문이 오랫동안 스노의 머릿속을 떠나지 않았다.

"콜레라는 사람의 소화기관에 직접 작용하는 무언가에 의해 전파됩니다. 예를 들어 환자의 분비물에 병원체가 들어 있고, 그걸 다른 사람이 섭취한단 말이죠. 그러면 그게 그 사람의 장에 달라붙어 숫자를 불리고, 설사를 일으킵니다. 확실해요. 기생충도 알이 사람 몸속에 들어가 감염되는 것처럼 콜레라도 그런 식으로 전파되는 거예요."

여기까지는 잘 생각했지만, 스노도 '환자의 분비물이 건강한 사람

의 입으로 들어간다'라는 말이 도대체 어떤 상황인지는 알아내지 못
했다. 처음에는 성교가 아닌가 생각했지만 그러기엔 전파 속도가 너
무 빨랐고, 더구나 어머니와 딸 사이에 전염되는 현상을 설명하지 못
했다.

스노가 고민하는 사이 16년이 흘렀다. 1848년 런던에 두 번째 콜레
라 유행이 닥친다. 영국 전체에서 5만 명, 런던에서만 7000여 명의 사
망자가 나왔다. 이번 유행은 스노에게 자신의 가설을 증명할 기회였
다. 먼저 그는 영국을 5개 지역으로 나눈 뒤 지역별 콜레라 사망률을
조사했다. 그 결과 런던 서부는 주민 1000명당 1.77명이 콜레라로 죽
었고, 북부는 1.10명, 중부는 2.46명이었다. 반면 동부는 4.07으로 높
았고, 남부는 7.96명으로 가장 높았다(표1).

콜레라는 도시와 함께 자라난 전염병이다. 콜레라는 도시에서 기하
급수적으로 퍼졌기 때문이다. 원인은 상하수도 망의 부재였다. 100만

표1 〉 1848년 10월 23일~1849년 8월 25일 런던의 콜레라 사망률

런던 지역	1841년 인구	콜라레로 인한 사망자 수	1000명당 사망자 수
서부	300,711	533	1.77
북부	375,971	415	1.10
중부	373,605	920	2.46
동쪽	392,444	1,597	4.07
남쪽	502,548	4,001	7.96
합계	1,948,369	7,466	3.84

명 이상이 살면서도 골목마다 배설물이 넘쳐흐르고, 그 배설물이 그대로 지하수로 스며들어 우물물이 되었던 19세기 런던을 상상해보라. 배설물이 섞인 물을 먹은 사람들 사이에 콜레라가 급속도로 퍼져나갔다. 그럼에도 당시 사람들은 전염병의 원인을 배설물 자체보단 거리에서 나는 악취 때문이라고 막연히 믿었고, 보건당국은 악취의 원인인 배설물을 없애기 위해 대대적인 하수도망을 설치한다. 여기까지는 좋았다. 그런데 하수도망을 통해 배설물을 쏟아부은 곳이 템스강이었다. 지금으로 말하면 상수원에 하수도관의 끝을 연결해놓은 셈이다. 이런 어이없는 '방역' 때문에 콜레라는 더욱 빨리 퍼져나갔다.

'지역별로 사망자의 편차가 큰 이유가 뭘까?'

스노는 물 때문이라고 생각했다. 당시 런던 시민들은 길모퉁이마다 설치된 공동 펌프로 물을 길어다 사용했다. 템스강의 물이 지하수 형태로 흘러들어 우물로 들어가고, 시민들은 펌프를 이용해 우물에서 물을 펐다는 말이다.

그런데 지역에 따라 공급되는 강물의 원천은 달랐다. 템스강에 있는 복스홀 다리를 기준으로 할 때, 런던 남부는 복스홀 다리 아래의 물을 가져다 먹고, 다른 구역은 그 위쪽의 물을 사용한다. 그런데 당시는 상하수도 구분이 없었던 터라 런던의 오물이 다리 아래쪽 강으로 배출되고 있었다.

"그렇기 때문에 남부에서 콜레라 사망자가 많은 거야!"

더 확실한 해답을 얻기 위해 스노는 지역을 세분화한 뒤 환자의 감염 날짜와 집 주소를 기록했다.

첫 번째 환자: 7월 28일, 13번지.

두 번째 환자: 7월 30일, 8번지.

3~4번째 환자: 8월 1일, 6번지와 3번지…

5~7번째 환자: 8월 3일…

"저는 이 자료를 토대로 런던 지도에다 점을 찍기 시작했습니다. 그래서 이런 그림이 만들어졌지요."

스노는 가방에서 커다란 종이를 꺼내 외치에게 보여줬다(그림1). B 구역과 C구역은 상대적으로 환자가 적지만, A라는 펌프에서 물을 길어다 쓰는 집에서 환자가 많이 발생한 것을 알 수 있다.

"자, 이걸 보니까 확실해지지 않습니까?"

외치는 그림을 봐도 잘 이해가 가지 않았지만, 펌프별로 환자 발생 수가 다르다는 것은 알 수 있었다. 스노의 말처럼 콜레라의 원인은 '물'이었다.

"첫 번째 환자의 분비물이 지하수로 들어가 이틀 후 두 번째 환자가 쓰는 우물을 오염시킵니다. 그 환자의 분비물이 다시 지하수로 들어가 세 번째, 네 번째 환자가 쓰는 우물로 전달된 겁니다. 결국 원인은 물이죠."

스노는 지금 책을 쓰고 있고, 거의 완성 단계라고 했다.

"제목은 '콜레라의 전파 방식에 대해서'입니다. 미아즈마설을 믿는 멍청한 사람들에게 외치는 저 나름의 절규죠. 하하하."

그림1 〉 스노가 그린 1848년 콜레라 발생 지도

브로드가 펌프를 뽑다

"제가 들어도 선생님 말씀이 맞네요. 이제 어떻게 하실 생각이죠?"

스노가 눈을 빛내며 외치의 손을 잡았다.

"중요한 얘기는 이제부터요. 아까 당신이 템스강 물을 마실 때 제가 말렸잖아요? 올해 8월 31일 이후, 런던에 또 콜레라가 돌기 시작했단 말이죠. 이걸 3차 유행이라고 부를게요. 전파 속도는 무시무시하게 빠릅니다. 2주도 안 됐는데 벌써 500명이 죽었습니다. 그런데 2차 유행과 3차 유행 사이에 어떤 차이가 있을까요? 요즘엔 사람들이 공동 펌프에서 물을 길어다 먹지 않습니다. 수도회사에서 송수관을 집까지 놓아준 덕분에 집에서 물을 받아먹으면 됩니다.”

외치는 문득 신석기시대 생각이 났다. 물 한 통을 긷기 위해 수 킬로미터를 걸어갔던 그 시절, 갑자기 외치는 서러움에 눈물이 났다. 스노가 주머니에서 손수건을 꺼냈다.

“아직 울기엔 이릅니다. 더 감동적인 얘기가 남아 있으니까요.”

그 당시 런던에는 몇 개의 수도회사가 있었고, 사람들은 그중 하나와 자유롭게 계약할 수 있었다. 스노는 시청에 문의해서 사람들이 어떤 회사의 수돗물을 쓰는지를 알아냈고, 수도회사에 따른 감염자 수를 계산해보았다(표2).

“램베스사는 사망자 비율이 아주 낮군요!”

외치의 말에 스노가 고개를 끄덕였다.

“맞습니다. 이유가 있죠. 램베스사는 2차 유행 이후 물 긷어오는 곳을 템스강 상류로 바꾸었어요. 그곳은 오물이 흘러들지 않거든요.”

스노는 말을 이었다.

“저는 요 며칠 동안 사우스워크 앤드 복스홀 회사가 물을 공급하는 집들을 다니며 콜레라 여부를 확인했어요. 그랬더니 소호 지역, 특히 브로드가 근처에 환자가 집중됐더군요. 수도회사가 집집마다 물을 공급하지만, 거리에 있는 펌프가 중간 저장소 역할을 합니다. 그런데 브로드가에 환자가 많다면, 그곳 저장소가 오염됐다는 뜻입니다.”

표2 〉 1854년 수도회사별 콜레라 사망자 수

런던 지역	지역별 수도회사	가구 수	콜라레로 인한 사망자 수
1	사우스워크 앤드 복스홀	40,046	1,263
2	램베스	26,107	98
3	런던의 나머지 지역	256,423	1,422

스노는 잠시 쉬었다가 말을 이었다.

"방법은 하나뿐입니다. 브로드가 펌프를 폐쇄하는 거죠! 지금 당장 저랑 갑시다. 펌프 뽑으러!"

스노가 옳았다

스노는 결국 공무원들을 설득해 브로드가 펌프를 뽑게 만들었다. 그러자 놀라운 일이 생겼다. 그 뒤 콜레라 환자가 더 이상 발생하지 않았던 것이다. 3차 유행으로 전국적으로 1만 명이 죽었지만 런던의 사망자는 616명에 그쳤다. 이쯤 되면 공무원들이 스노에게 고마워하고 영웅 칭호를 붙여줘야 할 것이다. 현재 런던 브로드가에는 스노가 악의 원흉으로 지목했던 펌프를 그대로 보존해 그의 업적을 기리고 있다. 하지만 당시의 상황은 달랐다. 공무원들은 "콜레라의 유행이 사그라질 때가 됐기 때문에 환자가 더 발생하지 않았을 뿐, 펌프를 뽑은 것과는 무관하다"라며 끝까지 스노의 공을 인정하지 않았다.

상심한 스노는 집필에 전념해 《콜레라의 전파 방식에 대해서》(1855)라는 책을 내지만, 공무원은 물론이고 의사들도 그의 책에 별 관심을 보이지 않았다. 그해 보건국에 제출된 콜레라 발생 보고서를 보면 이렇게 돼 있다.

"1848년 8월 31일과 9월 1일, 단 이틀 사이에 환자 수가 늘어난 원인을 우리도 모릅니다. 다만 빈민들의 집이나 도축장에서 나오는 더러운 물이 수증기가 돼서 공기를 오염시킨 게 아닐지 조심스럽게 추정해봅니다. 과거에 비해 런던 인구가 늘었기 때문에 환자 수가 빠르게 늘어난 것 같습니다."

존 스노에 대해선 이렇게 언급하고 있다.

"스노란 작자가 물을 따라서 전파된다고 했는데, 저희가 조사한 바로는 환자 수가 많았던 지역의 물이 특별히 더럽진 않았습니다. 그자의 말은 경청할 가치가 없었습니다."

원인 분석을 이렇게 했으니, 수도회사 측에 물을 템스강 상류에서 끌어다 쓰라는 시정명령이 없었음은 물론이다. 선각자의 말을 무시하는 이런 태도는 결국 또다시 커다란 희생을 불러왔다. 1866년 다시 콜레라가 유행해 1만 4000명이 사망하는 사태가 일어난 것이다.

의학 발전은 혼자 힘으로 이루어지지 않는다. A가 지배적 이론에 반대하는 가설을 주장한다. 그는 여기저기서 욕을 먹는다. 그런데 B가 나타나 "A가 맞다"고 해주고, C와 D 등등의 학자들이 A가 옳다는 걸 입증해주면 여론이 순식간에 바뀌게 된다. 그제야 허황되게만 들리던 A의 가설은 기존의 이론을 밀어내고 '지배적 이론'이 된다. 그러니까 의학 발전은 진실에 다가가기 위한 여러 의학자들의 의도하지 않았던 연대에 의해 이루어진다는 말이다. 이 사태에서 A 역할을 한 게 스노라면, B는 화이트헤드(Henry Whitehead)라는 목사였다. 그는 1854년 브로드가를 강타한 3차 유행이 이전 두 차례보다 훨씬 빨리 끝난 것에 의문을 품고 조사에 착수했다. 그 결과 다음과 같은 사실이 드러났다.

"1854년 8월 28일, 브로드가 펌프 앞에 살던 5개월짜리 아이가 갑자기 설사를 하기 시작했다. 그의 엄마는 아이의 설사가 묻은 기저귀를 빤 다음 그 물을 집 앞에 있는 오수 구덩이에 버렸다. 그 아이는 이틀 후 죽었는데, 이번 유행의 첫 번째 희생자였다. 그녀의 남편도 설사를 하다 죽었다. 그녀가 기저귀를 빤 물을 버린 지 사흘 후인 8월 31일, 브로드가 펌프를 저장소로 쓰는 집들에서 환자가 다수 발생했다. 오수 구덩이의 오물은 지속적으로 펌프 저장소로 스며들었다."

물이 원인이라는 확실한 증거지만, 아쉽게도 화이트헤드의 가세만으론 지배적 여론이 바뀌지 않았다.

상하수도 시설이 만들어지다

살아생전 스노의 바람은 하나였다. 사람들이 깨끗한 물을 마시는 것. 스노가 먼저 죽는 바람에 혜택을 보지 못했지만, 이 꿈을 이루어준 사람이 바로 채드윅이다. 스노와 거의 동시대에 살았던 채드윅은 변호사였고, 빈민들의 생활 환경을 개선하는 데 관심이 많았다. 그가 거기에 관심을 가졌던 이유는 콜레라 등 각종 질병이 비위생적인 환경에서 발생한다고 생각했기 때문이다. 비록 콜레라의 원인이 미아즈마라고 굳게 믿긴 했지만, 그가 그 해법으로 내린 결론은 스노와 별반 다르지 않았다.

"위생 상태가 좋은 지역보다 청결과 배수 상태가 나쁜 지역에서 콜레라 발생률이 두 배로 높았다."

그래서 채드윅은 도시의 급수-배수 시스템에 주목했다. 집에서 나오는 오물이 하수관을 통해 따로 배출된다면, 그리고 그 물을 다시 강으로 보내는 대신 농지 등에 뿌려져 농업용수로 쓰일 수 있다면, 사람의 대변에서 나온 것이 다른 사람의 입으로 들어가는 일이 일어나지 않을 테니 말이다. 채드윅의 노력으로 1848년에 '공중보건법'이 만들어졌다. 이 법은 영국 정부가 위생에 관한 법적 체계를 구축하는 데 획기적인 이정표가 됐다. 기술상의 문제와 비용이 많이 든다는 점 때문에 상하수도 시설은 더 오랜 시간이 걸려서야 완성되지만, 이는 인류의 건강을 획기적으로 개선하게 된 계기였다.

콜레라뿐 아니라 나쁜 대장균, 장티푸스, A형 간염, 소아마비 등 수많은 질병이 물을 통해 전파된다. 가난한 나라들에서 이런 질병들이 쉽게 유행하고, 사망자도 많이 나오는 이유도 상하수도 시설을 제대로 갖추지 못한 탓이다. 선진국이라고 해서 늘 안전한 건 아니다. 1993년 미국 밀워키에서 발생한 와포자충이라는 기생충 질환은 40

만 명의 감염자를 낳았고, 그중 69명이 죽었다. 이 사태의 원인은 밀워키에 물을 공급하던 물탱크 둘 중 하나가 오염된 탓이었다. 그렇게 본다면 물 관리야말로 국가가 신경 써야 하는 중요한 일이다. 법적 토대를 마련한 채드윅도 큰일을 했지만, 집집마다 다니면서 콜레라 역학조사를 했던 존 스노가 아니었다면 인류는 훨씬 더 큰 희생을 치렀어야 했으리라. 그가 '공중보건학의 아버지'로 불리는 이유다.

브로드가 펌프가 폐쇄되고 콜라라 유행이 잦아들자 외치는 조심스럽게 말했다.

"저, 이제 제 치료도 해주셔야죠. 제가 어디가 아프냐면요."

말을 하던 중 외치는 설사가 나오려고 해서 급히 자리에서 일어났다. 잠시 후 돌아온 외치를 스노는 물끄러미 바라보았다.

"외치, 내가 말리기 전에 혹시 템스강 물을 마셨어요?"

외치가 고개를 끄덕였다.

"아, 이거 어쩌죠. 콜레라 같은데."

"뭐?"

흥분한 외치가 스노의 멱살을 잡았다.

"이게 다 당신 때문이야! 당장 고쳐놔!"

하지만 드잡이는 오래가지 못했다. 다시 화장실이 급했기 때문이다. 돌아온 외치에게 스노가 말했다.

"미안합니다. 콜레라의 전파 방식은 알지만 치료약은 모릅니다."

외치는 깜짝 놀랐다. 심장을 고치기는커녕 항문이 헐도록 설사만 하게 생겼으니, 이를 어쩐담? 그 생각을 하다 외치는 다시 화장실로 달려갔다. 그리고 인간의 한계를 뛰어넘는 강력한 설사를 했다. 외치는 결국 탈수로 쓰러진다. 점점 가물거리는 의식 속에서 외치는 중얼거렸다.

"아, 항문이 쓰리니까 심장이 덜 아픈 것 같아요."

　　　　　　1850년대 오스만제국의 국력이 조금씩 하락할 때였다. 유럽의 세력 균형이 흐트러지면서 전쟁의 기운이 감돌았다. 영국, 프랑스, 러시아 이 세 나라가 크림반도를 두고 서로의 영향력을 확장시키려고 준비 중이었다.

　이때 유럽에 영향력을 확장하고, 겨울에도 얼지 않는 항구를 원했던 러시아가 남하를 시도했다. 영국은 1838년 오스만 제국과 불평등한 통상협정을 맺어 러시아의 남하를 견제했다. 영국 때문에 '얼지 않는 항구'라는 꿈을 포기한 러시아는 프랑스가 오스만제국으로부터 예루살렘 성지 관할권까지 얻어내자 참을 수 없게 된다. 결국 러시아는 영국, 프랑스, 오스만제국 연합군과 전쟁을 벌이는데, 이것이 바로 크림전쟁이다.

　크림전쟁은 엄청난 인명피해 때문에 잘 알려져 있다. 러시아만 해도 최소 14만 명에서 최대 50만 명에 가까운 사상자가 발생했으며, 오스만제국이 10만~17만 명, 프랑스가 10만 명, 영국이 2만 명에 가까운 피해를 입었다.

　크림전쟁이 발발하던 시기만 해도 전투로 사망하는 사람보다 부상이나 전염병, 불결한 위생상태로 감염되어 죽는 경우가 훨씬 많았다. 런던에서 콜레라가 발생할 때 존 스노가 지도에 직접 표시하며 콜레라의 원인을 조사했다면 크림전쟁에서는 나이팅게일이 그 역할을 하고 있었다.

　나이팅게일의 눈에 영국군 부상병들을 치료하는 야전병원은 심각한 위생문제를 갖고 있었다. 병사들이 입은 옷과 침대시트는 한 번도 빨지 않은 경우가 많았고, 침대도 부족해 부상병들은 오물로 뒤덮인 짚을 깔고 누워야만 했다.

전쟁 중 병사들의 사망 원인을 위생에서 찾은 나이팅게일은 전쟁터뿐만 아니라 병원에서 사망한 병사의 수를 세기 시작했다. 병원으로 후송된 부상병마다 입원의 이유, 부상의 수준, 질병과 사망 시기에 대해서 매일 기록한다. 결국 나이팅게일은 전쟁에서 죽지 않아도 되는 병사들이 위생 때문에 사망한다는 사실을 밝히고, 영국 정부의 지원을 받아낸다.

프랑스군의 병력이 30만 명, 영국군이 10만 명이었으니 프랑스군이 더 사망할 수밖에 없었다고 생각할지 모른다. 그러나 크림전쟁 당시 전염병을 비롯해 질병으로 인한 사망자의 수는 나이팅게일이 활약한 영국이 1만 6천 명이며, 프랑스는 최대 6만 명에 달한다. 간호위생 시스템이 두 나라 간에 사망자 차이를 만든 것이다.

백신도 없고, 영국을 제외하고는 위생학도 발달하지 않은 상황에서 도시든 전쟁터든 전염병에 대한 대처 방법이 중요했다. 콜레라는 과거의 질병이 아니다. 지금도 제3세계에서는 해마다 130만~400만 명의 콜레라 환자가 발생하고, 그중 2만에서 14만 명이 사망한다고 한다.

천연두 백신
인도의 풍토병이
전 세계로 퍼진 까닭은?

백신을 맞는 외치

"또 런던이네!" 외치는 주위를 둘러보며 외쳤다. 손등의 숫자는 1872년을 가리키고 있었다. 콜레라 때문에 죽을 뻔한 지 채 20년이 지나지 않은 때였다. 콜레라균이 있는지 모르겠지만 템스강은 여전히 푸르렀다. 외치는 낙담했다. 날로 쇠약해지는 심장을 여기서도 고치기 힘들 것 같았다. 여왕의 분만을 도왔다는 명의 스노만 해도 자신의 병명조차 모르지 않았던가?

"저, 이게 무슨 줄입니까?"

외치 앞의 남자가 외치를 위아래로 쏘아봤다.

"뭔지도 모르고 줄을 섰단 말이오?"

하지만 외치가 같이 째려보자 남자의 표정은 누그러졌다.

"미안하오. 요즘 내가 좀 예민해서요."

자신을 길버트라고 소개한 그 남자는 백신접종을 맞으려는 사람들이 줄을 길게 선 것이라고 말했다. 외치가 백신이 뭐냐고 묻자 길버트는 특정한 병원체에 감염되지 않기 위해 그 병원체를 미리 주입하는 것이라고 설명했다.

"네? 균을 피하려고 미리 균을 집어넣어요? 그게 말이나 됩니까?"

"사실 나도 아주 정확한 건 모릅니다. 하지만 이것만은 알아요. 백신을 맞지 않으면 당신은 천연두에 걸려 죽을 수가 있습니다."

"천연두? 천연두가 뭐지요?"

천연두의 정체

천연두(smallpox)는 천연두바이러스에 의해 생기는 병이다. 환자가 기침을 할 때 퍼뜨리는 바이러스가 들어와 감염되기도 하지만, 숨 쉴 때 공기 중에 떠다니던 바이러스가 몸속에 들어와 감염될 수도 있다. 천연두의 가장 큰 특징은 피부를 파괴한다는 점이다. 처음에는 붉은색 반점이 생기다 점점 커져 물집이 잡히고, 나중에는 고름이 잡힌 물집(농포)으로 변한다. 결국 회복되지만 딱지가 생겼다가 떨어진 자리에 흉터가 남는다. 평생 지속되는 이 흉터가 얼굴을 비롯한 전신에 남는다는 게 이 병의 치명적인 후유증이다.

천연두의 다른 이름인 버라이올라(variola)는 '피부에 흉터가 있다'라는 뜻인 'varius'에서 비롯됐다. 치사율도 상당히 높아 감염자의 20~60퍼센트가 죽었다. 영아 사망률은 80퍼센트를 넘었다.

심지어 '전 세계인의 10퍼센트가 천연두로 죽는다'는 통계가 있을 정도였다. 우리나라에서는 천연두 또는 마마라고 불렀다. 마마는 집집마다 찾아다니며 천연두를 앓게 만드는 여신을 '별성마마'라고 불렀던 데서 연유한다. 지금은 구시대의 유물이 되었지만 비디오테이프를 틀 때마다 나오는 문구가 "불법비디오가 호환마마보다 더 무섭다"였을 정도로 천연두는 공포의 대상이었다.

"영국에선 천연두가 수시로 유행했습니다. 1719년부터 1746년까지, 최소 다섯 차례나 유행했어요. 정말 많은 사람들이 죽거나 얼굴에 패인 흉터가 남았습니다. 그 대부분이 아이들이었고요."

길버트의 눈에 눈물이 고였다.

"정말 무서운 병이군요!"

외치는 모르는 병이 이렇게나 많다는 사실에 놀랐다.

'내가 살던 시대에는 천연두가 없었는데, 새로 생기는 병이 참 많구나!' 하지만 외치의 생각과 달리 천연두는 신석기시대에도 이미 존재하는 병이었다. 다만 천연두는 인구가 많아야 유행하는데, 외치는 채집·수렵 부족에 속해 있었기에 천연두를 만나지 않은 것이었다. 천연두의 가장 오래된 증거는 이집트에서 발견됐다.

기원전 1600~1100년, 그러니까 지금으로부터 3000여 년 전의 이집트 미라 세 구엔 천연두의 흔적이 뚜렷이 남아 있다. 그중 가장 유명한 미라가 이집트의 파라오 람세스 5세다. 이 밖에도 인도의 산스크리트 의학서를 보면 기원전 1500년에 천연두가 유행했다고 적혀 있고, 기원전 1122년의 중국에서도 천연두에 대한 기록이 있다. 중국의 천연두는 훈족에 의해 전파된 것으로 보이는데, 이는 중국에서 천연두를 'Hunpox(勾痘)'라 부르는 것에서 짐작할 수 있다.

천연두의 세계정복 연대기

천연두는 전염력이 아주 높은 바이러스 질환이다. 이집트에서 유행하다 기원전 1000년경에 이집트 상인들을 따라 인도에 상륙했다. 그후 인도에서 천연두는 2000년간 풍토병으로 맹위를 떨쳤다. 힌두교의 시탈라마타 여신 등 여러 종교의 신들이 천연두와 관련된 신으로 추측된다. 기원전 1세기경에는 서남쪽으로 이동해 중국을 강타했고, 한반도를 거쳐 6세기경에는 일본으로 퍼졌다. 735~737년 일본에서는 천연두로 인해 인구의 3분의 1이 죽었다고 한다.

천연두가 유럽과 동남아시아에 도달한 시기는 다소 불분명하다. 구약성경이나 신약성경, 그리스·로마시대 문헌들에는 명확히 천연두라고 판단할 만한 기록이 없다. 그러나 혹자는 아테네 역병(에티오피아와 이집트에서 유래했다고 한다)이나 기원전 396년 카르타고가 시라쿠사와 공성전을 벌일 당시 결국 시라쿠사의 포위를 풀게 했던 전염병이 천연두라고 추측하기도 한다. 하지만 천연두 같은 심각한 질병이 당대 지중해 세계에 존재했다면 히포크라테스가 언급하지 않을 리 없다는 점에서, 165~180년에 로마제국을 휩쓴 안토니우스 역병이 유럽 최초의 천연두일 것으로 추측하기도 한다. 또 다른 학자들은 7~8세기 아랍 군대가 아프리카로부터 남·서유럽으로 천연두를 옮겨왔다고 추측한다. 천연두에 관한 최초의 기록은 9세기 아랍의 의사 알라지의 저서 《두창과 홍역의 서》인데, 그는 이 책에서 천연두(두창)가 수두나 홍역과는 다른 질병임을 명확히 기록했다.

유럽에 상륙한 천연두는 이따금씩 유행하는 정도에 그쳤지만, 인구가 증가한 16세기엔 유럽의 거의 모든 나라에서 나타난다. 유럽의 천연두 유행이 역사적으로 중요한 이유는 신항로 개척시대, 즉 유럽인들이 세계 여러 곳으로 진출하면서 천연두를 퍼뜨렸기 때문이다.

유럽인들의 탐험이 시작되기 전인 15세기까지 아메리카 대륙에는 천연두가 존재하지 않았다. 그러다 1509년 캐리비안의 히스파니올라 섬에 천연두가 처음 전파됐고, 1520년 히스파니올라의 스페인 사람들이 멕시코에 천연두를 가지고 감으로써 아메리카 대륙에 퍼졌다. 오랫동안 천연두와 접촉해 면역이 생긴 유럽인과 달리 아메리카 원주민들에게 천연두는 낯선 질병이었기에 치사율도 높았다. 천연두 감염자의 80~90퍼센트가 목숨을 잃었을 것으로 추정되는데, 이는 스페인 사람들의 아스텍, 잉카 정복에 중요한 변수로 작용했다.

예컨대 스페인이 아스텍제국을 멸망시킨 결정적 무기는 천연두였다는 것이 통설이다. 천연두는 북미에서도 맹위를 떨쳐, 1633년 플리

머스에 상륙한 후부터 북미 원주민들의 인구 감소를 야기했다. 오스트레일리아에는 1789년과 1829년에 천연두가 전파됐다. 천연두는 오스트레일리아 대륙의 풍토병으로 자리 잡는 데는 실패했지만, 1789년부터 1870년 사이 애보리진들의 주요 사망 원인이었다.

18세기 중반이 되자 천연두는 오스트레일리아와 여러 작은 섬들을 제외한 전 세계 모든 지역의 풍토병으로 자리 잡았다. 유럽에서 천연두는 18세기까지 주요 사망 원인의 하나로 맹위를 떨쳤으며, 매년 40만여 명의 유럽인이 천연두로 죽었다. 이집트 왕 람세스 5세, 로마 황제 마르쿠스 아우렐리우스, 청나라의 순치 황제, 프랑스의 루이 15세 등 수많은 통치자들이 천연두에 걸려 사망했다. 천연두는 1980년 세계보건기구가 공식적으로 박멸을 선언하기까지 전 세계적으로 약 5억 명의 목숨을 앗아간 병이었다.

제너와 천연두

"저는 제너가 영국인이라서 자랑스럽습니다. 전 세계 누구도 해내지 못한 일을 했으니까요."

길버트의 말에 외치가 물었다.

"제너? 그게 누굽니까?"

"아니, 제너도 모릅니까? 에.드.워.드. 제.너.요."

외치가 여전히 멍한 표정을 짓자 길버트가 다시금 설명했다.

"이제부턴 꼭 알아야 합니다, 제너가 얼마나 훌륭한 분인지. 때는 1774년으로 거슬러 올라갑니다."

18세기 영국에서 천연두는 사람들을 공포에 떨게 한 원흉이었다. 그로부터 자유로운 사람은 없었기에, 사람들은 천연두에 걸려 죽거나 아니면 얼굴에 흉이 남거나 둘 중 하나였다. 그런데 그 와중에 천연두로부터 자유로운 이들이 있었으니, 바로 소젖을 짜는 여인들이었다. 소젖을 짜다 보면 소의 천연두, 즉 우두에 걸린 소와 접촉하게 되는데, 그 경험이 그들로 하여금 방어력을 갖게 만든 듯했다.

농가 사람들 사이에서 이런 말이 나돌기 시작했다. "우두에 걸린 소의 젖을 짜다가 손에 물집이 생긴 여자는 천연두 환자와 접촉해도 천연두에 걸리지 않는다." 이 소문을 흘려듣지 않고 적극적으로 나선 사람이 있었다.

1774년 한 농부는 소의 농포에서 고름을 짜낸 뒤 바늘을 이용해서 아내와 두 아이의 팔에 주사했다. 이들은 팔이 붉어졌다 붓는 등 약간의 증상을 보였지만 곧 회복했고, 천연두가 유행해 다른 사람들이 죽어나갈 때도 무사했다. 그 후 닥친 몇 번의 천연두 유행에도 그들은 멀쩡했고, 건강하게 장수할 수 있었다.

"그 농부가 제너군요!"

외치의 말에 길버트가 두 손을 내저었다.

"아닙니다. 그 사람은 벤저민 제스티(Benjamin Jesty)라는 농부예요. 제너는 이제부터 나옵니다. 제너는 의사가 되기 위해 의과대학에 들어갔습니다. 아주 수준 높은 교수들한테 배웠고, 백신으로 유명해지기 전에도 이미 훌륭한 외과의사였습니다. 그러던 중 제너는 '소젖을 짜는 여인들은 천연두에 안 걸린다'라는 소문을 듣게 됩니다."

소젖을 짜는 여인들은 어쩌다 우두에 걸린 소와 접촉했는데, 그다음에는 희한하게도 천연두에 안 걸리더라는 소문이었다. 그래서 에드워드 제너(Edward Jenner, 1749~1823)는 이런 생각을 한다(그림1). 우두는 천연두로부터 사람을 보호해줄 뿐 아니라, 우두의 이 보호능력이 사람에서 사람으로 전파될 수 있다고 말이다.

1796년 5월 제너는 세라 넬름스(Sarah Nelms)라는 소젖 짜는 여인을 만난다. 얼마 전 우두에 걸린 탓에 그녀의 손등엔 농포가 하나 있었는데, 제너는 그 농포를 긁어서 자기 하인의 아들인 제임스 핍스에게 찔러 넣는다. 그 뒤 핍스는 열이 났고, 겨드랑이에 약간의 불편함이 느껴진다고 하더니 곧 회복됐다.

1796년 7월 제너는 핍스를 다시 불렀고, 이번엔 천연두를 앓는 사람의 농포를 긁어 그에게 찔러 넣었다. 과연 소문대로 핍스는 천연두

그림1 〉 에드워드 제너

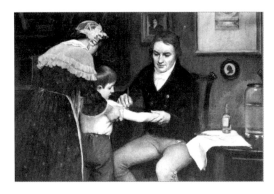

에 걸리지 않았다. 만약 소문이 사실이 아니었다면 어땠을까? 지금 기준으로 보면 제너의 행위에는 심각한 윤리적 문제가 있지만, 계급사회였던 그 당시엔 아무 일도 아니었던 모양이다.

제너는 왕립협회에 자신의 발견을 편지로 보내지만, 거절당한다. 이에 굴하지 않고 제너는 사례를 더 추가해 논문으로 발표한다. 여기서 제너는 처음으로 백신(vaccine)이란 말을 쓴다. 소를 라틴어로 바카(vacca)라고 하고, 우두가 바키니아(vaccinia)였기에, 우두를 이용해 면역을 획득하는 과정을 '바키네이션(vaccination)'이라고 부른 것이다.

제너의 주장이 수용되기까지는 상당한 진통이 뒤따랐다. 보수적인 의학계가 제너의 이론을 받아들이지 않았기 때문이다. 하지만 제너는 여러 환자를 통해 자신의 이론을 입증했고, 결국 우두를 이용한 백신접종은 영국뿐 아니라 유럽 여러 나라에 전파됐다. 1872년, 영국 정부는 천연두에 대한 백신접종을 의무화했다.

정말 제너가 최초일까?

길버트의 말을 들으며 외치는 한 가지 의문을 가졌다.

"백신을 과연 제너 덕분으로 돌려도 되나요? 제너 스스로 발견했다기보다 농부들한테서 얻은 지식을 그대로 실천한 것에 불과하잖습니까? 사람에게 가장 먼저 접종을 시도한 사람도 아까 말한 그 농부죠. 그것도 무려 20년이나 더 이른 시기인데요."

제너를 폄하하는 외치의 말에 길버트는 영 불쾌했다.

"이것 보세요. 당신이 오늘 천연두 백신을 맞을 수 있게 된 것도 다 제너 선생님 덕분이라고요. 그 농부가 주장했다면 누가 그 말을 믿었겠습니까? 제너의 위대한 점은 또 있습니다. 백신 맞을 때마다 특허를 주장하며 단돈 얼마씩이라도 받았다면 떼돈을 벌었겠지만, 제너는 그러지 않았다는 거죠."

길버트의 목소리가 커지자 외치는 어색하게 웃으며 사태를 수습했지만, 제너가 최초의 백신접종자인가에 대해서는 아직도 이견이 있다. 영국은 몰랐지만, 우두가 아닌 사람의 천연두를 일부러 가볍게 앓게 함으로써 더 심각하게 앓는 상황을 예방하는 기법(variolation. 여기선 마마접종이라고 하겠다)은 아프리카, 인도, 중국 등 여러 나라에서 이미 시도되고 있었기 때문이다. 이들은 천연두 환자의 고름을 긁어 정상인에게 주사해서 면역을 얻곤 했다. 이 과정에서 멀쩡한 사람이 천연두에 걸려 희생되기도 했고(접종자의 2~3퍼센트가 사망했다), 그러다가 난데없는 천연두 유행이 생긴 적도 있지만, 마마접종으로 천연두를 막으려는 시도는 그 뒤에도 계속됐다. 1670년 마마접종은 무역상에 의해 오스만제국에 전해졌고, 18세기 초 이스탄불에서 온 여행자는 마마접종을 유럽에 전파했으니, 제너의 공을 폄하하는 사람이 있는 건 당연한 일이다.

영국에 마마접종이 전해진 데는 메리 몬터규(Mary Wortley Montague)라는 여성의 공이 컸다. 영국 대사의 아내였던 몬터규는 천연두를 앓아 원래 아름다웠던 얼굴이 흉터로 뒤덮인 데다, 그녀의 남동생마저 스무 살에 천연두로 죽고 말았다. 그러던 차에 몬터규의 남편이 오스만 대사로 부임한다. 몬터규는 오스만에서 마마접종이 행해지는 걸 보고 깊은 감명을 받았고, 의사를 시켜 자신의 아들과 딸에게 천연두 고름을 접종하게 한다. 1718년의 일이었다.

또한 찰스 메이틀랜드(Charles Maitland)는 1721년 수감 중인 죄수 6명에게 마마접종을 시행했는데, 그 뒤 죄수들은 천연두에 노출돼도 감염되지 않았다. 여기에 고무된 메이틀랜드는 고아들에게도 시행하여 성공하자 웨일스 공주의 두 딸에게도 성공적으로 마마접종을 시행한다. 공주의 딸이 접종했다는 사실은 긍정적인 기류를 만들어낸 계기가 되었다. 게다가 마마접종으로 인해 천연두에 걸리더라도 기존 천연두 감염보다 사망률이 훨씬 더 낮았다.

한 학자의 연구에 따르면 그냥 천연두에 걸렸을 때는 사망률이 14퍼센트였지만, 마마접종으로 인해 천연두에 걸린 사람의 사망률은 2퍼센트에 불과했다. 그래서 영국에선 아이들에게 천연두 고름을 접종하는 일이 비교적 흔했고, 그중 한 명이 1757년 8세의 나이로 접종을 받은 에드워드 제너였다.

그 뒤 마마접종은 미국으로 건너가는데, 다음 사건이 계기가 됐다. 1766년 아직 영국의 식민지였던 미국은 퀘벡 지역을 놓고 벌인 영국과의 전쟁에서 크게 패하는데, 천연두가 유행해 병사들이 죽어나간 게 결정적인 원인이었다. 그에 반해 영국군은 모든 병사가 마마접종을 받은 덕분에 환자가 하나도 없었다. 뒤늦게 이 사실을 안 조지 워싱턴은 그때부터 미군들에게도 마마접종을 시행한다.

제너가 역사에 이름을 새긴 이유

천연두 고름을 주사하는 마마접종이 나름의 장점은 있지만, 종두법
(vaccination)에 비할 바는 아니다(그림2). 그런 의미에서 우두를 이용
한 백신을 정착시킨 제너의 공을 무시할 필요는 없을 것 같다. 하지만
이것도 최초가 아니라면 어떻게 될까?

여기서는 논란이 있는 인물들을 몇 명만 보자. 위에서 언급한 농부
벤저민 제스티는 세계 최초로 우두 백신을 접종한 인물이다. 하지만
제스티는 자신의 가족에게만 접종을 시행했고, 그걸 논문으로 발표하
지도 않았다. 이 때문에 '최초'라고 떠받들기엔 조금 부족하다. 존 퓨
스터(John Fewster, 1738~1824)는 어떨까. 외과의사였던 퓨스터는 마
마접종의 효과를 알고 감명받은 나머지 마마접종센터를 열어서 사람
들에게 천연두 고름을 주사했다.

그러던 중 퓨스터는 아이 한 명이 마마접종에 전혀 반응하지 않는
것을 알았다. 물어보니까 이전에 천연두에 걸린 적은 없지만 우두에

그림2 〉 천연두 백신

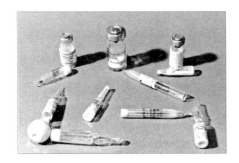

는 걸려 봤다고 답하는 게 아닌가. 퓨스터는 "그렇다면 우두도 천연두를 막아주는 게 아닌가?"라는 생각을 하게 됐고, 동료들에게도 그 생각을 전한다. 그 동료들 중 한 명이 바로 제너였다. 여기에 그치지 않고 퓨스터는 1765년 '우두는 천연두를 막아주는 효과가 있다'라는 내용의 논문을 썼지만, 아쉽게 발표하지는 않았다.

아마도 그는 마마접종으로 돈을 버는 일에 더 관심이 있었지, 우두를 이용한 백신에 대해 연구할 마음은 없었던 것 같다. 제너가 우두접종의 효능을 확인하기까지 30여 년간, 사람들은 천연두에 걸리거나 부작용이 있는 마마접종에 의존해야 했다.

제스티는 제너보다 22년 먼저 종두법을 시행했다. 퓨스터는 우두가 천연두를 막아준다는 사실을 알았다. 하지만 그 누구도 이게 진짜인지 추가적인 실험을 하지 않았다. 반면 제너는 영국 전역을 돌며 자신의 이론을 증명하려 애썼고, 논문을 발표함으로써 이 사실을 다른 의사들에게도 알렸다.

제너가 아니었다면 영국 정부가 백신접종을 의무화하기까진 더 오랜 시간이 걸렸을 것이다. 그 사이 희생된 사람의 숫자도 훨씬 더 많았을 것이다. 물론 제너는 우두접종이 어떻게 천연두를 막아주는지 그 이유를 밝히지 못했지만, 그 당시는 천연두가 바이러스라는 것도 모르던 시절이고, 면역에 대한 개념도 없었으니, 그 이유를 몰랐다고 해서 제너의 공을 폄하할 수는 없지 않을까?

종두법, 그 이후

그 후 만들어진 백신들은 종두법처럼 행운이 따르지 않았다. 따라서 학자들은 끈기와 인내로 백신을 만들어야 했다. 일단 분리가 가능한 데다 배양도 쉬운 세균이 목표가 됐다. 파스퇴르가 콜레라 백신의 기초를 닦은 1890년부터 만들어지기 시작한 백신은 흑사병, 파상풍, 디프테리아, 백일해까지 이어졌는데, 모두 세균에 의한 질환이다.

우리도 익히 아는 결핵 예방접종 BCG도 이 시기에 만들어졌다. 결핵을 일으키는 마이코박테리움 튜버클로시스(*Mycobacterium tuberculosis*)도 세균이다. 바이러스가 백신으로 만들어진 것은 1950년대 들어 바이러스 배양이 가능해지면서부터다. 조너스 소크(Jonas Salk, 1914~1995)가 만든 소아마비 백신을 필두로 홍역, 볼거리, 풍진 등에 대한 백신이 만들어졌다. 지금은 아이가 태어나면 백신을 맞게 하는 건 당연한 일이 됐다.

아직 모든 병원체에 대한 백신이 다 만들어진 것은 아니지만, 백신의 개발이야말로 인류의 수명이 비약적으로 늘어난 비결 중 하나다. 지금 태어나는 이들은 천연두와 소아마비에 걸릴 걱정을 하지 않아도 되니 말이다.

그런데 아이러니한 일이 일어난다. 사람들이 백신을 거부하기 시작한 것이다. 이 운동에 불을 지핀 이는 영국의 의사 앤드루 웨이크필드(Andrew Wakefield)다. 그는 자신이 만난 자폐증 환자 8명 중 5명이 생후 일주일 이내에 MMR(Measle, Mumps, Rubella: 홍역, 볼거리, 풍진)에 대한 백신을 맞은 적이 있다는 논문을 유명 학술지에 발표했다. 자폐증의 원인이 아직 밝혀지지 않았고 또 치료법도 없는지라 그의 발표는 자폐증 환자의 부모들을 자극했고, 많은 부모들로 하여금 백신에 대한 공포감을 갖게 했다. 백신 반대운동이 일어난 것이다.

백신 반대운동이 먹히는 이유

사이비이론이 다 그렇듯, 백신 반대운동도 그럴듯한 통계를 동원해 자기주장을 정당화한다. 사이비 책의 대표라 할 《병원에 가지 말아야 할 81가지 이유》의 한 구절을 보자.

"사실 전 세계 대부분의 나라가 세계보건기구의 발표와는 달리 오래전부터 천연두와 소아마비의 의무접종을 중단했는데 그 이유는 백신이 면역효과가 없을 뿐만 아니라 백신 자체로 인해 더 심각한 질병과 부작용이 일어났기 때문이다. 영국에서는 1853년에 천연두 의무접종을 시행했지만 1907년에 중단했다. 예방접종을 시행하기 전 1851~1852년 사이에 천연두로 2000명이 사망했지만, 예방접종 시행 후인 1857~1859년에는 1만 4244명이 천연두로 사망했다."

이런 자료를 보면 깜짝 놀라겠지만, 저 통계를 이해하려면 먼저 1800년대 유럽의 상황을 알아야 한다. 일단 당시 백신제조 과정이 상당히 비위생적이었다. 두 번째로 당시에는 천연두 발생률과 사망률에 대한 보고 시스템이 제대로 갖춰지지 않았기에 조사결과가 연구자마다 들쑥날쑥할 수밖에 없었다.

또한 국가가 백신접종을 의무화한 것도 대중에게 거부감을 주었다. 복지체계가 갖춰지지 않아 '국가＝수탈'의 이미지가 박혀 있는 판에, 사람들한테 백신접종을 의무화한다면 반발하게 되는 건 당연한 일이니까. 저 책에 나온 자료가 과학적 사실이라면, 1960년대만 해도 흔했던 소아마비 환자들이 우리나라에서 사라진 이유가 도대체 뭐란 말인가? 조금만 생각해보면 저들의 주장이 사실이 아님을 알 수 있지만, 백신 반대운동이 힘을 얻는 이유는 다음과 같다.

첫째, 백신 첨가제

백신의 원리는 약해진 혹은 죽은 병원체를 사람의 몸에 넣음으로써 면역계가 그 구조를 기억하게 하여 추후 같은 병원체가 침입하는 것을 막아준다는 것이다. 우리 몸이 병원체를 제대로 기억하려면 병원체가 오래 면역계에 노출될 필요가 있는데, 백신을 만들 때 면역증강제와 보존제를 사용하는 이유가 바로 여기에 있다. 과거에는 수은 성분이 들어 있는 티메로살이 주로 쓰였는데, 유해성 논란이 일어 요즘은 백신을 만들 때 티메로살을 사용하지 않는다. 지금은 알루미늄을 증강제로 쓰고 있지만, 반대론자들은 여전히 수은을 언급하며 불안감을 조성하고 있다.

둘째, 효과와 부작용 사이

앞서 말한 것처럼 백신 첨가제가 부작용을 일으킬 수 있다. 또한 바이러스 일부가 죽지 않음으로써 사람에게 병을 일으키기도 한다. 백신으로선 억울한 것이, 인생은 두 번 살 수 없는지라 그 효과를 입증할 길이 없다는 점이다. '내가 홍역백신을 안 맞았다면 과연 홍역에 걸렸을까?' '걸릴 확률이 낮다면 굳이 맞을 필요가 없지 않을까'라고 생각하는 것도 이해가 간다. 게다가 주위에 홍역에 걸린 사람이 많다면 겁이 나서 백신을 맞겠지만, 백신 덕분에 홍역 자체가 없어지다시피 했으니 홍역에 대한 경각심이 떨어질 수밖에 없다. 이렇게 백신의 효과는 측정할 수 없는 반면 부작용은 바로 나타난다. 그럴 가능성이 단 0.1퍼센트일지라도 자기 아이에게 부작용이 나타나면 '괜히 맞았다'는 생각을 하게 될 것이다. 그리고 백신을 접종시키려는 다른 부모들에게 부정적인 영향을 미친다.

셋째, 백신의 효과는 100퍼센트가 아니다

"독감백신을 맞았는데 독감에 걸렸어요"라고 하소연하는 사람이 있다. 이건 독감과 감기를 혼동한 데서 기인하는 것이지만, 결핵을 생각하면 얘기가 좀 다르다. 우리 모두는 분명 BCG라는 결핵 예방백신을 맞았지만, 그럼에도 결핵에 걸리는 사람이 있다. 그래서 'BCG가 오히려 결핵을 일으킨다'라고 선동하는 단체가 생긴다.

실제로 BCG는 다른 백신과 달리 결핵을 100퍼센트 막아주지 못하며, 예방효과가 51퍼센트에 불과하다. 그럼에도 BCG가 필요한 이유는 결핵균이 뇌로 가거나, 전신에 퍼지는 등 치명적인 합병증을 막아줌으로써 사망률을 낮추기 때문이다. BCG를 맞았는데 왜 결핵에 걸리느냐는 주장은 BCG에 대해 잘못 안 결과일 뿐이다. 또한 우리나라가 BCG 접종률이 높음에도 결핵에 많이 걸리는 것은 BCG가 결핵을 유발해서가 아니라, 청소년들이 좁은 공간에 갇혀 하루의 대부분을 보내는 환경적 요인이 더 크게 작용한다.

넷째, 새로운 백신의 등장

홍역, 결핵, 디프테리아, 파상풍 등 10여 종류만 아이에게 접종하면 평생 전염병 걱정은 안 해도 될 줄 알았건만, 신기하게도 새로운 백신이 자꾸만 생겨난다. 폐렴구균 백신, 수두 백신, 자궁경부암 백신 등은 어릴 적에 들어보지 못한 것들이다. 게다가 새로 나온 백신은 죄다 비싸서, 자궁경부암 백신은 스케줄대로 맞으려면 40만 원가량이 소요된다. 제약회사의 음모라는 생각이 들 수도 있다.

하지만 새 백신의 등장은 우리 삶이 나아진 결과다. 우리가 어릴 적 맞는 백신은 생명에 직결되거나 치명적인 후유증을 남기는 병원체에 대한 백신이다. 그래서 그 백신들은 우선적으로 개발됐고, 국가는 이 백신접종에 재정적 후원을 한다. 하지만 대상포진 백신은 어떨까? 일단 대상포진은 걸릴 확률이 그리 높지 않다. 부모님과 2남 2녀인 우리 집에서 대상포진에 걸린 사람은 남동생뿐이다. 게다가 이 병은 걸렸다고 해도 죽을 확률이 극히 낮다. 다만 통증이 아주 심해 그로 인한 고통이 있을 뿐이다.

걸릴 확률이 낮고 생명에 지장이 없다면, 백신을 맞을지 말지를 망설일 수밖에 없다. 독감이야 워낙 많은 사람이 걸리니 국가가 개입하지만, 정부 입장에서는 자궁경부암 백신까지 재정지원을 하고 싶진 않을 것이다(국가의 재정지원에 대해서는 나라마다 사정이 다르다. 예를 들어 우리나라는 개인의 선택에 맡기고 있지만 캐나다에서는 자궁경부암 백신이 무료다). 당연히 가격이 비싸진다. 안 그래도 맞을까 말까 망설이는데, 비싸기까지 하면 더 맞기 싫다. 음모론은 이 망설임을 파고든다.

다섯째, 인터넷의 등장

과거에는 의사들이 전문가로 존중받았다. 의사가 하라면 했고, 하지 말라면 안 했다. 하지만 인터넷의 발달은 의사의 권위에 흠집을 냈다. 의사의 말보다 인터넷을 더 신뢰하는 현상이 생긴 것이다. 자기 아이에게서 요충이 나온다고 호소하는 여성이 있었다. 구충제를 아무리 먹여도 계속 나온다고 했다. 요충은 구충제에 내성을 갖지 않기에 집안이나 아이가 다니는 어린이집에 감염원이 있어서 자꾸 재감염된다고 말해주었다.

하지만 그녀는 내 말보다 댓글에 달린 말을 더 믿었다. "우리나라에선 요충을 고치지 못합니다. 최근 미국에서 개발된 약이 있는데 그게 수입허가가 나지 않았습니다. 그 약을 개인적으로 구매해서 쓰세요." 전문가보다 다른 이의 말을 믿는 이유는 전문가는 뻔한 소리를 하는 데 비해 다른 이들은 그럴듯한 말을 하기 때문이다. 게다가 인터넷은 전파 속도가 빨라서, 음모론이 퍼지는 데 적합한 토양을 제공한다. 인터넷이 없던 시절엔 백신을 무조건 맞아야 한다고 믿었던 걸 생각하면, 백신을 거부하는 현재의 풍토는 조금 황당하기까지 하다.

정리하면 이렇다. 어릴 적 맞는 것들은 매우 중요하니 무조건 맞아야 하지만, 새로 나온 것들은 자기 선택에 달려 있다. 굳이 모든 국민이 다 맞을 필요는 없다. 하지만 새로 나온 것들을 빌미로 생명을 좌우할 수 있는 백신접종을 거부하는 건 부모의 직무유기다. 제너와 파스퇴르 등 백신을 만들려고 애썼던 학자들이 지금 상황을 본다면 어떤 생각이 들까?

드디어 외치의 차례가 왔다. 외치는 팔을 걷은 채 앞으로 내밀었다. 백신을 맞고 밖으로 나왔을 때, 광선이 외치를 비추더니 그를 끌어올렸다. 몽롱한 의식 속에서 외치는 생각했다.
'백신까지 나온 걸 보면 내 병을 고칠 날도 머지않았어.'

종두법의 발견 이후 각 나라들은 천연두에 대한 백신 접종을 의무화했다. 모든 사람이 백신을 맞는 바람에 숙주를 찾지 못하게 된 천연두 바이러스는 서서히 멸종의 길로 접어든다. 1980년 세계보건기구는 천연두가 지구상에서 사라졌다고 선언했다. 천연두 박멸에 기여한 공 이외에 제너의 발견이 가져온 또 다른 성과는 전염병을 백신으로 막을 수 있다는 점을 사람들이 알게 됐다는 것이다.

이 과정은 쉽지 않았다. 백신을 만들려면 일단 병원체를 분리할 수 있어야 하는데 당시 기술로선 거의 불가능했다. 제너가 종두법으로 천연두를 물리치던 시절에도 미아즈마설, 즉 나쁜 공기 같은 사이비 학설이 지배하던 시대였다. 그러니 분리된 병원체가 해당 질병을 일으킨다는 사실을 납득시키려면 엄청난 에너지를 쏟아야 했으리라.

여기서 끝이 아니다. 병원체를 백신으로 만들어 사람에게 주사하려면 그 병원체를 죽이거나 약독화, 즉 병원성을 없애는 과정을 거쳐야 한다. 예컨대 알렉산더 글레니(Alexander Glenny, 1882~1965)는 파상풍 백신을 만들 때 파상풍을 포르말린에 넣어서 죽였는데, 이건 제너의 발견으로부터 무려 100년도 더 지난 1923년의 일이었다.

이쯤에서 의문이 생길 것이다. 백신 개발이 그리 어렵다면, 세균보다 훨씬 분리하기 어려운 바이러스가 원인인 천연두가 세계 최초의 백신이 된 비결은 무엇일까? 천연두에겐 자기와 비슷한, 하지만 자기보다 덜 나쁜 동생을 뒀다는 치명적인 약점이 있었다. 사람에게 훨씬 가벼운 증상을 일으키는 우두라는 동생이 있으니 굳이 천연두바이러스를 분리하고 이를 약독화하는 과정을 거치지 않아도 됐다는 얘기다.

외치가 다시 돌아온 1872년 런던은 경제적으로 어려웠던 시기를 지나고 있었다. 거리는 실업자와 가난한 사람들로 가득 찼고, 시시때때로 유행하던 천연두는 사람들의 고통을 더욱 가중시켰다.

지구상에서 가장 많은 사람을 죽인 질병을 조사한 통계가 있다. 순위별로 나열하면 에이즈(후천성면역결핍증)가 4위(사망자 수 4000만 명), 스페인독감(사망자 수 5000만~1억 명)이 3위, 흑사병(사망자 수 7500만~2억 명)이 2위였다. 그렇다면 1위는 무엇일까? 바로 천연두(사망자 수 3억~5억 명 이상)다. 세계 최초의 백신이 천연두 백신이라는 것은 많은 인류를 구했다는 점에서 정말 다행스러운 일이 아닐 수 없다.

**영상의학
해부 없이 인간의 몸
들여다보기**

독일에 간 외치

"구텐 모르겐!"

낯선 인사말에 외치는 눈을 떴다. 그의 눈에 띈 것은 신식 건물이 빽빽이 들어선 도시의 풍경이었다. 손등의 숫자를 보니 '1900'이라고 쓰여 있다. '드디어 1900년대에 도착했구나!' 자리에서 일어나려던 외치는 갑자기 숨 쉬기가 거북한 느낌이 들어 다시 주저앉고 말았다. "괜찮으세요?" 한 남자가 외치에게 다가왔다. 외치는 괜찮다고 말하고 싶었지만, 말이 나오지 않았다. 남자가 주위에 손짓하자 사람들이 다가왔다. 외치는 그대로 정신을 잃었다.

"정신이 드십니까?"

외치의 눈에 흰 가운을 입은 남자가 보였다. 그는 자신을 내과의사라고 소개했다.

"갑자기 쓰러지셨다는데, 평소 심장에 문제가 있지 않았나요?"

외치는 고개를 끄덕였다.

"역시 그렇군요."

의사는 책상 위에 있던 기구를 꺼냈다. 위에는 두 줄, 아래는 한 줄로 된, 희한한 기구였다.

외치는 불안감에 휩싸였다.

"그건 뭡니까? 제 심장을 어떻게 하려는 거죠?"

외치의 말에 의사가 빙긋이 웃었다.

"이건 청진기라는 겁니다. 심장의 소리를 잘 듣기 위한 기구죠. 뉴욕의 내과의사인 조지 캠맨(George P. Camman, 1804~1863)이 만들었는데, 제법 쓸 만합니다."

그래도 외치가 불안해하자, 의사는 다시금 외치를 안심시켰다.

"가슴에 살짝 대고 심장 소리를 듣는 겁니다. 전혀 아프지 않으니 걱정하지 마세요."

의사는 외치의 윗옷을 올린 뒤 거기다 청진기를 댔다. 한참을 듣던 의사는 귀에서 청진기를 뺐다.

"심장 소리가 좀 약해졌어요. 심장이 보통 사람처럼 힘차게 뛰지 못한다는 뜻입니다. 게다가 심장이 불규칙하게 뛰고 있어요. 아무래도 심장이 전반적으로 약해져 있는 것 같습니다. 심장이 혈액을 제대로 공급하지 못하니 피곤할 수밖에요."

외치는 이제 어떻게 해야 하느냐고 물었다. 그래도 1900년인데 치료약이 있지 싶었다. 하지만 의사의 대답은 뜻밖이었다.

"지금으로선 저희가 해드릴 수 있는 게 없습니다. 다만 정확한 진단을 위해 가슴 사진을 찍어보길 권합니다."

"가슴 사진이요?"

외치는 의사가 무슨 농담이라도 하는 줄 알았지만, 의사의 표정은 진지했다.

"최근 뢴트겐이란 학자가 우리 몸 내부를 볼 수 있는 장치를 개발했어요. 그걸로 당신 심장을 보면 어디가 잘못됐는지 알 수도 있습니다."

해부를 하지 않아도 내 몸속을 들여다볼 수 있는 장치가 있다니! 외치는 1900년은 역시 다르다고 생각했다. 치료법이 없다는 의사의 말은 저 멀리 사라지고, 병을 고칠 수 있다는 희망이 샘솟았다.

"가르쳐주시오. 뢴트겐이라는 사람을 어디 가면 만나볼 수 있소?"

뢴트겐, 엑스레이를 발견하다

1895년 11월, 물리학자인 빌헬름 뢴트겐(Wilhelm Conrad Röntgen, 1845~1923)은 크룩스관으로 실험을 하고 있었다. 크룩스관은 유리관의 양 끝에 금속으로 된 양극과 음극의 두 전극을 붙인 뒤 공기를 뽑아내 안쪽이 진공이 되도록 한 관으로, 여기에 전압을 가하면 음극에서 전자가 나와 양극 쪽으로 방사된다고 한다.

어느 날 뢴트겐은 기발한 생각을 한다. 크룩스관을 검은색 마분지로 둘러싸 빛이 통과할 수 없게 만들면 어떻게 될까? 당시 사람들이 보기엔 참 바보 같은 생각이었지만, 이 장난은 뜻밖의 발견으로 이어진다. 전압을 걸어주자 크룩스관에서 몇 미터 떨어진, 책상 위의 형광 스크린이 밝게 빛나는 게 아닌가? 무엇인가가 마분지를 뚫고 형광 스크린에 도착한 것인데, 전자는 마분지를 뚫지 못하니 이건 분명 크룩스선에서 나온 정체불명의 물체였다.

훗날 뢴트겐은 이 물체에 뭔지 잘 모른다는 뜻의 엑스(X)선이란 이름을 붙였다. 사람은 뭔가 새로운 걸 발견하면 이것저것 실험해보기 마련이다. 뢴트겐은 우선 엑스선의 투과성을 시험해본다. 나무판자? 통과했다. 헝겊조각? 통과했다. 심지어 1000쪽에 달하는 두꺼운 책도 통과했다. 하지만 1.5밀리미터 두께의 납은 통과하지 못했다.

다음으로 뢴트겐은 엑스선의 흔적을 포착하려면 어떻게 해야 할지 고민하다가 사진 인화에 쓰는 감광물질을 이용하기로 한다. 셀룰로이드 같은 불투명한 판에 감광물질을 바르고 전압을 걸면 거기서 나온 엑스선이 감광판에 나타나지 않겠는가? 이것저것을 가지고 실험해보던 뢴트겐은 엑스선이 지나가는 곳에 자기 손을 넣어봤다.

놀라운 일이 벌어졌다. 자기 손의 모습이 스크린에 비춰진 것이다. 특히 뼈의 형태가 아주 적나라하게 드러났는데, 엑스선이 뼈는 잘 통과하지 못하다 보니 감광판에서 하얗게 나온 탓이었다. 여기에 흥분한 뢴트겐은 그때부터 밥도 실험실에서 먹고 잠도 실험실에서 자면서 엑스선 연구에 푹 빠져버렸다.

그렇게 2주가 지났을 무렵, 뢴트겐은 아내의 손을 엑스선이 지나가는 곳에 놓는다. 감광판에 비춰진 자신의 손을 본 아내는 깜짝 놀라 이렇게 말한다. "나는 내 죽음을 봤어요!" 넷째 손가락에 결혼반지를 낀, 뢴트겐 아내의 손 사진은 역사에 길이 남는 유명한 사진이 됐다 (그림1). 그해 12월 뢴트겐은 자신의 발견을 논문으로 발표했다. 그 내용이 신문에 대서특필되면서 뢴트겐의 명성은 전 세계로 퍼져나갔다. 독일 황제는 '과학의 승리'라는 축전을 뢴트겐에게 보냈다.

"뢴트겐 씨죠? 저는 외치라고 합니다."

외치는 자신이 오래전부터 심장이 좋지 않으며, 심장 사진을 찍어보면 확실한 진단을 할 수 있지 않을까 해서 왔다고 설명했다. 그의 말에 뢴트겐이 난감한 표정을 지었다.

"일단 저는 의사가 아닙니다. 환자 보는 것과 전혀 관계없는 물리학자지요. 제가 당신을 위해 가슴 사진을 찍어줄 수는 있습니다. 하지만 제가 발견한 엑스선은 뼈나 이물질 같은 건 볼 수 있어도, 심장을

그림1〉뢴트겐이 엑스선으로 찍은 그의 아내의 손

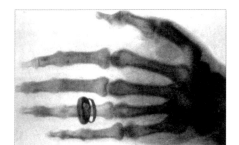

들여다볼 수는 없습니다."

엑스선과 의학

뢴트겐이 엑스선을 발견했을 때 누구보다 열광한 사람들은 바로 의사였다. 그 이전까지 의사가 환자를 진단하기 위해서는 외부에서 관찰하는 일이 전부였다. 신체 내부에서 벌어지는 일들은 그저 상상할 뿐이었다. 그런 판국에 신체 내부를 볼 수 있는 길이 생겼으니, 이 얼마나 획기적인 일인가?

의학에 적용되는 엑스선의 원리를 간단히 설명해보자. 크룩스관에서 만들어진 엑스선은 신체를 통과해 반대편에 있는 필름에 도착한다. 그런데 엑스선이 우리 몸의 모든 곳을 다 통과하는 것은 아니다. 뼈나 물처럼 엑스선을 거의 통과시키지 않는 부위를 지나가면 엑스선이 반대편에 도착하지 못하는데, 이 경우 감광되지 않아 하얗게 보인다. 폐와 같이 엑스선을 많이 통과시키는 부위를 지나면 엑스선이 반대편에 많이 도착하며, 감광되어 까맣게 보인다. 그 밖의 장기 역시 밀도에 따라 엑스선의 통과량이 달라진다. 예컨대 근육이나 지방 같은 조직은 어느 정도 엑스선 투과를 막기 때문에 회색으로 나타난다.

이런 원리 덕분에 엑스선 촬영을 하면 사람 몸 안쪽이 어떤 상태인지 알 수 있다. 예컨대 폐렴으로 인해 폐에 물이 찼다면 원래 까맣게 보여야 할 폐가 하얗게 보일 것이며, 신장에 칼슘 성분이 함유된 돌이 생겼다면 그 돌이 있는 곳이 하얗게 보일 것이다. 외부에서 이물질이 들어왔을 때도 마찬가지다. 개가 단추를 삼켰을 때 엑스선 촬영을 하면 개의 위 안에 있는 단추가 그대로 보인다.

하지만 엑스선이 특히 유용한 것은 바로 뼈에서 사건이 일어날 때다. 뼈에 실금이 갔다면, 그 틈으로 엑스선이 통과해 하얀 뼈 사이에 검은 줄이 생긴다. 뼈의 칼슘 성분이 소실되는 골다공증이라면, 뼈가 보통 사람처럼 하얗게 보이는 대신 조금 어둡게 보일 것이다. 정형외과에서 아직도 엑스선이 필수인 것은 엑스선만큼 간단하고 유용한 장비가 없기 때문이다. 역시 칼슘으로 된 치아를 다루는 치과에서도 엑스선은 필수적이다.

엑스선이 유용한 이유는 또 있다. 인체의 해부학적 구조와 각 부위별로 생길 수 있는 질병을 어느 정도 안다면, 약간의 훈련만 받아도 엑스선 필름을 판독할 수 있기 때문이다. 그래서 엑스선은 나오자마자 환자를 진료하는 데 사용될 수 있었다.

1896년 1월 20일, 그러니까 뢴트겐이 엑스선을 발견하고 두 달이 지났을 때, 베를린의 한 의사는 손가락에 박힌 유리 파편을 엑스선을 이용해 찾아냈다. 그로부터 한 달 뒤 영국 리버풀의 의사는 소년의 머리에 총알이 박혔으며, 어디에 있는지 엑스선을 통해 알아냈다. 훗날 엑스선은 조영제와 결합해 훨씬 다양한 용도로 쓰이게 된다.

뢴트겐은 엑스선을 발견한 공로로 1901년 제1회 노벨물리학상을 받았다. 그 후 엑스선 덕분에 치료에 도움을 받은 수많은 사람들을 생각하면 노벨의학상을 추가로 줘도 반대할 사람은 없을 것 같다.

"심장이 좀 커져 있네요."

내과의사는 외치에게 정상인의 사진을 보여주었다.

"이 환자를 보세요. 심장이 당신 것만큼 크지 않잖아요? 이게 정상 크기예요."

외치가 물었다.

"심장이 크다고 나쁠 건 없지 않습니까? 크면 그만큼 더 일을 잘할 테고요."

의사는 고개를 저었다.

"그게 아니죠. 당신 심장은 너무 많은 일을 하다가 과중한 업무를 이기지 못하고 퍼져버린 것 같아요. 피를 많이 짜내야 하는데 못 짜내면 심장에 피가 쌓이고, 결국 심장이 커지지 않겠어요?"

'여기서도 고칠 수 없다는 말이구나'라는 생각에 외치는 침통해졌다. 사진을 보면, 그래서 심장이 안 좋은 원인을 알면 고칠 수 있을 줄 알았는데. 외치는 쓸쓸히 자리에서 일어났다.

"내 시간여행은 당분간 계속되겠구나."

초음파의 발견

초음파는 사람이 들을 수 있는 한계를 넘어선 주파수를 가진 음파를 말한다. 인간은 20~2만 헤르츠 정도의 주파수만 들을 수 있는데, 초음파는 2~18메가헤르츠로, 가청 주파수보다 100배가 더 크다. 엑스선처럼, 초음파도 원래 의학적 목적으로 개발된 것은 아니었다.

초음파에 처음 주목한 사람은 1794년 라차로 스팔란차니(Lazzaro Spallanzani, 1729~1799)였다. 그는 밤중에 비행하는 박쥐들을 관찰하던 중 그들은 인간이 들을 수 없는 소리로 서로를 길잡이 한다는 이론을 발표했는데, 그들이 내는 소리가 바로 초음파였다. 그렇게 만들어진 초음파는 다양한 용도로 쓰인다. 예컨대 잠수함에서 쓰는 음향 탐신기는 초음파를 발사하여 이것이 물체에 부딪친 뒤 되돌아오는 데 걸리는 시간을 측정해 물체까지의 거리를 측정한다.

1912년 침몰한 타이타닉호의 선체를 탐사한 것도 초음파였다. 또한 초음파는 물체 표면에 붙어 있는 이물질을 제거하는 데 쓰이기도 하고, 모기 같은 해충을 퇴치하는 데도 그 능력을 발휘한다. 의학 분야에서도 초음파는 굉장히 중요하다.

인체에 대고 초음파를 발생시키면 어떻게 될까? 초음파는 음파이므로 매개체(매질)가 필요한데, 매질(媒質)이 무엇이냐에 따라 음파의 속도가 달라진다. 공기 중에서는 거의 전달되지 않지만 액체나 고체 등에서는 전달이 잘 된다. 그리고 서로 다른 매질이 만나는 경계면에서는 음향의 반사가 일어난다. 반사되는 음파의 양을 측정하고, 이를 토대로 반사된 곳까지의 거리를 계산한다면 우리 몸 안의 모습을 영상으로 구현할 수 있다.

이게 이해가 안 된다면, 결코 여러분 탓은 아니니 자책하지 마시라. 이 글을 쓰고 있는 나 역시 그다지 이해가 깊은 건 아니니 말이다. 아무튼 이렇게 좋은 초음파를 의학계에서 진단에 사용하기로 한 건 당연한 일이다. 1942년 오스트리아 빈대학교의 신경정신과 의사인 카를 두시크(Karl Dussik, 1908~1968)가 그 시초였다. 그는 뇌암 환자를 대상으로 초음파 진단을 시행했다(그림 2).

그 후 의사들이 앞다투어 초음파를 진단에 이용하기 시작했다. 1948년에는 한 의사가 환자의 담석을 초음파로 진단했고, 1958년에는 이언 도널드(Ian Donald, 1910~1987)라는 의사가 산부인과에서 초음파를 쓰기 시작했다. 현재 초음파는 의료의 거의 모든 영역에서 활용되고 있다. 심지어 혈액의 흐름을 관찰할 수 있게 되면서 심장의 이상을 찾아내는 것도 가능해졌다.

초음파의 발견이 더 의미 있는 점은, 인체에 전혀 해가 되지 않는다는 것이다. 엑스선만 해도 DNA에 암의 강력한 원인이기도 한 돌연변이를 일으킬 가능성이 있다는 게 알려졌다. 물론 가능성이 있다는 말일 뿐 인체에 쓰는 엑스선의 강도는 매우 미약하다. 평생 엑스선 촬영을 해도 과연 암이 생길까 싶지만, 손톱만한 가능성이라도 꺼려지는 것이 인지상정이다. 임신한 사실을 모른 채 엑스선 촬영을 한 여성이

그림 2 〉 두시크가 쓰던 초음파

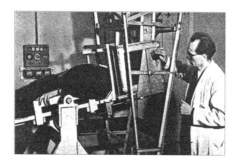

있다면, 뒤늦게 그 사실을 안 그 여성은 임신을 계속 유지할지 고민하지 않을까? 초음파가 축복이라는 건 바로 이런 이유에서다.

초음파가 아니었다면 임산부의 산전관리, 즉 아이가 잘 자라고 있는지를 어떻게 알 수 있었을까? 뒤에 나올 CT는 엑스선보다 암을 일으킬 가능성이 조금 더 높고, MRI는 암과는 완전히 무관하다고 알려졌지만, 찍을 때 기분이 영 찜찜하다. 하지만 배에다 대기만 하면 태아의 움직임을 볼 수 있는 초음파는 임산부에게 가장 효율적인 기구다. 최근 들어서는 환자 치료에도 초음파가 쓰이고 있다. 다음 기사를 보자.

"전립선암은 초음파 치료가 수술이나 방사선 치료와 효과는 같으면서 부작용이 적다는 임상시험 결과가 나왔다. … 5년 생존율은 수술이나 방사선 치료와 같은 100퍼센트로 나타났다. 그러나 전립선암 치료의 최대 부작용인 요실금과 발기부전 발생률은 수술 또는 방사선 치료보다 낮았다."

그러니 우리가 박쥐한테 양다리를 걸치니 마니, 비난해선 안 된다. 초음파로 소통하는 박쥐가 아니었던들 초음파의 발명이 더 늦어졌을지도 모른다.

CT의 발명

"환자의 단면을 볼 수 있으면 좋을 텐데."

1970년대 외과의사들이 가끔씩 내뱉던 한탄이다. 그 당시 의사들은 암 환자를 수술할 때마다 딜레마에 빠질 수밖에 없었다. 엑스선은 그 자체로 놀라운 발견이었지만, 한계가 있었다. 우선 2차원 영상만 제공하다 보니 중첩되는 조직의 문제를 해결하지 못했다. 폐 가운데 동그란 물체가 있어서 "암이다!"라며 난리가 났지만, 알고 보니 환자가 차고 있던 목걸이였다면 허탈하지 않겠는가?

췌장같이 후미진 곳에 위치한 장기에 암이 생겼을 때도 마찬가지다. 주변에 다른 장기들도 여럿 있다 보니 2차원 영상으로는 도대체 문제를 발견할 수가 없었다. 그래서 의사들은 '이 환자의 암이 정확히 어느 부위에 있으며, 크기는 얼마인지, 주변에 전이가 됐는지, 혹은 먼 곳까지 전이가 됐는지' 등을 전혀 모른 채 수술에 들어가야 했다. 환자 배를 열었다가 암이 너무 퍼져 있어서 수술을 포기한 채 절개부위를 다시 꿰맸던 슬픈 경험이 그 당시엔 드문 일이 아니었다. 병을 알고 전략을 세우는 것과 모르는 채 임기응변으로 임하는 것은 천지차이다. 그러니 의사들이 환자의 단면사진을 원하는 건 너무도 당연한 일이었다.

그런데 실제로 의사들의 바람은 고드프리 뉴볼드 하운스필드(God-frey Newbold Hounsfield, 1919~2004)에 의해 이루어졌다. 물리학 교수인 하운스필드는 엑스선을 사람 앞에서만 찍는 대신, 인체를 빙 돌면서 모든 방향에서 엑스선을 쪼인다는 아이디어를 낸다. 인체 각 장기는 엑스선을 흡수하는 정도가 다른 만큼, 컴퓨터로 흡수량을 계산한다면 인체의 단면을 볼 수 있게 된다. 엑스선 촬영에서 그랬던 것처럼 뼈나 칼슘이 들어간 돌은 하얗게, 물이 있으면 뼈보다는 덜하지만 그래도 하얗게 보이게 된다. 그래서 뇌 CT에서 동그랗고 하얀 원이 발견된다면 이런 진단이 가능하다.

"여기 돌이 생길 리는 없으니 이건 물이라고 봐야겠지? 뇌에 물이 있는 경우가 출혈 말고 뭐가 있겠나?"

게다가 CT(Computed Tomography)는 한 곳에서만 찍지 않고 위에서 아래로 내려가면서 사람의 몸을 0.5~1밀리미터 간격으로 찍으니, 어느 부위가 이상한지 정확히 알 수 있다. 1971년 처음 병원에 설치된 CT는 일정 기간의 연구를 거쳐 1972년에 드디어 첫 환자를 촬영했다. 이 환자는 뇌에 종양이 있지 않을까 의심되는 환자였다. CT를 본 의사들은 이구동성으로 말했다. "종양 맞네!"

CT의 부작용도 존재한다. 더 확실히 구별하려고 투여하는 조영제가 부작용을 일으킬 수 있다. 구토나 구역 정도면 금방 낫겠지만, 조영제에 알레르기가 있는 사람이라면 심각한 증상이 나타날 수 있다. 다음 기사를 보자.

"CT나 MRI 검사를 받기 전에, 조영제라는 수액주사를 맞죠. 그런데 이 조영제 부작용 사고가 끊이질 않고 있습니다. 25명이 목숨을 잃었습니다. 편두통으로 내과를 찾은 42세 김모 씨. 뇌 CT 촬영을 한 뒤두 시간 만에 숨졌습니다. 조영제에 의한 과민성 쇼크였습니다."

이건 조영제 알레르기 여부를 사전에 테스트하지 않은 병원 측의 잘못이므로, 이에 대한 엄격한 규제를 마련함으로써 해결될 수 있다. 사람들은 CT가 암 발생률을 높이지 않을까 하는 점을 걱정한다. 엑스선만 해도 암을 일으킨다며 난리를 쳤는데, CT는 엑스선보다 100~

1000배나 더 센 엑스선을 쪼이는 것이니, 공포감을 갖는 것도 무리가 아니다. 하지만 한 연구에 따르면 머리를 다쳐서 CT를 여러 번 찍은 환자들을 조사한 결과 일반인과 비교해서 암 발생률이 쥐꼬리만큼 높아졌는데, 그 정도는 통계적으로 의미가 없는 수준이었다.

이처럼 단점보다 장점이 훨씬 많다 보니 CT의 사용 빈도는 갈수록 늘어나고 있고, 요즘엔 3차원 CT 장비도 생겼다. CT를 찍으면 컴퓨터가 영상을 3차원으로 보여주어, 입체적으로 사람 몸을 들여다보는 것과 같은 효과를 낸다. 이제는 의사들이 "암이 어디 있는 거야?"라고 투덜거릴 필요가 없다는 얘기다. CT 개발의 일등공신이라 할 하운스필드와 컴퓨터로 CT 영상을 볼 수 있게 해준 앨런 매클라우드 코맥(Allan MacLeod Cormack, 1924~1998)은 1979년 노벨생리의학상을 받았다.

MRI 발명과 다마디안 논란

1952년 에드워드 퍼셀(Edward Purcell, 1912~1997)이란 학자는 핵자기공명(Nuclear Magnetic Resonance: NMR) 이론을 발표해 노벨물리학상을 받았다. 물질을 구성하는 수소(H)의 핵은 자기장을 걸어주면 잠깐 방향을 바꿨다가 원래 방향으로 돌아가는데, 이때 고주파 신호를 방출한다고 한다.

물질 A와 물질 B는 함유한 수소의 양이 다르므로 방출하는 고주파 신호의 양도 달라진다. 퍼셀로부터 이 강의를 들은 레이먼드 다마디안(Raymond Vahan Damadian)은 이걸 인체에 적용할 수 있지 않을까 생각했다. 우리 몸의 각 장기도 수소 농도가 다르니, 사람을 거대한 자석 안에 들어가게 해서 방출되는 고주파 신호를 측정한다면 우리 몸 내부 장기를 구별할 수 있고, 그 안에 있는 암 같은 이물질도 찾아낼 수 있다! 결국 다마디안은 MRI(Magnetic Resonance Imaging: 자기공명영상) 촬영기를 직접 만들었고, 1977년엔 건강한 사람을, 1978년에는 암환자를 세계 최초로 촬영한다.

막상 써보니 MRI는 CT에 비해 장점이 많았다. 첫째로 CT는 우리몸을 빙 둘러서 찍는지라 횡적인 단면밖에 볼 수 없지만, MRI는 어느 각도든지 모든 단면이 가능했다. 둘째, 이것이야말로 MRI의 가장 큰 장점인데, 지방과 물, 근육, 기타 부드러운 조직을 구별하는 데 있어서 MRI는 CT와 비교할 수 없을 만큼 탁월했다. 다음의 기사는 CT만 있었다면 나오기 힘들었을 것이다.

"LA에인절스의 투타겸업 선수 오타니 쇼헤이의 팔꿈치가 탈이 났다. 오타니는 오른 팔꿈치에 대한 MRI 진단을 받았고 그 결과 내측측부인대(UCL)에 새로운 손상이 발견됐다."

셋째, MRI는 엑스선을 이용하는 게 아니므로 암을 유발할 위험성이 전혀 없다. 그럼에도 불구하고 MRI는 일반인에게 공포감을 주었는데, 그 원리인 '핵자기공명'이 꼭 방사선이 나올 것 같은 느낌을 주기 때문이다. 초창기 NMR로 불리던 이 기계가 MRI로 이름을 바꾼 것도 이 때문이다. MRI도 단점은 있다. CT와 마찬가지로 조영제로 인한 문제가 생길 수 있고, 인체가 통 안에 들어가야 해서 폐소공포증이 있는 사람에게는 MRI 촬영이 힘들 수 있다. 전자는 사전 검사를 의무화되면 해결되고, 후자는 수면 상태를 취함으로써 극복이 가능하다. 이제 MRI는 현대의학에서 빼놓을 수 없는 중요한 장비가 됐다.

이처럼 훌륭한 장비를 개발했으니 관련된 이들이 두루 복을 받아야 마땅하지만, 노벨상 수상에서 아쉬운 대목이 있었다. 앞서 언급했듯이 MRI의 아이디어를 떠올리고 이를 실현한 사람은 다마디안이다. 피터 맨스필드(Peter Mansfield)와 폴 라우터버(Paul C. Lauterbur)는 고주파 신호를 분석해 2차원 화면으로 구성하는 방법을 개발했는데, 덕분에 MRI를 사람에게 적용하는 게 가능해졌다.

셋 다 큰일을 했지만, 그래도 가장 먼저 아이디어를 떠올린 다마디안이 일등공신 아닐까? 그런데 노벨위원회는 2003년 노벨생리의학상을 라우터버와 맨스필드에게만 줌으로써 논란을 일으켰다. 이에 대해 다마디안은 서운함을 감추지 않았다. "내가 태어나지 않았다면 MRI가 존재할 수 있을까? 난 그렇게 생각하지 않는다. 라우터버가 태어나지 않았다면? 이 경우 그래도 언젠가는 MRI가 만들어졌을 것이다." 심지어 다마디안은 그 두 사람에게 "나랑 같이 받지 않을 거면 차라리 노벨상을 거부하라"고 말했지만, 라우터버와 맨스필드는 둘만 스웨덴에 가서 노벨상을 받았다.

두 사람을 비난할 이유는 없지만, 어차피 노벨상은 3명까지 공동수상이 가능한데 다마디안을 뺀 노벨위원회의 결정은 아쉬움이 남는다. 수상에서 제외된 이유를 굳이 찾자면 다마디안은 암과 정상조직을 구별하는 자신의 노하우에 특허를 내걸었고, 이를 바탕으로 회사까지

차렸다는 것이다. 이는 자신의 발견에 어떤 특허도 거부했던 뢴트겐과 비교되는데, 이것이 문제라면 노벨위원회가 진즉에 규정으로 만들었어야 했다.

먼 훗날 심장 때문에 MRI를 찍게 된 외치는 그 순간을 이렇게 기억한다.

"우리 몸을 세밀하게 들여다보는 기구가 있다는 게 정말 신기했어요. '혹자는 찍으면 안 된다', '이런저런 부작용이 있다', 이러는데 배부른 소리죠. 원시시대로 가면 말입니다. 애들이 아파서 우는데 왜 아픈지를 몰라서 속상해 죽어요. 과거와 미래를 연결하는 통로가 있다면, 거기 사람들 데리고 와서 MRI 찍어주고 싶어요."

19세기 독일에는 유명한 의사들이 많았다. 세포병리학을 연구한 요하네스 뮐러(Johannes Peter Muller)와 그의 제자인 루돌프 피르호(Rudolf Virchow), 병리학자인 프리드리히 헨레(Friedrich Henle), 헬름홀츠(H. Helmholz), 브뤼케(E. Brcke) 등의 활약으로 독일은 세계의학을 주도하는 위치로 나아간다. 의사는 아니지만 뢴트겐의 발견도 독일 의학이란 용의 눈에 점을 찍은 쾌거였다.

엑스선은 에너지를 가진 전자가 개체와 충돌할 때 방출되는 빛(전자기파)이다. 그 파장은 같은 전자기파에 속하는 전파·적외선·가시광선·지외선보다는 짧고, 감마(γ)선보다 길다. 병원에서 환자를 진단할 때 찍는 엑스선 촬영은 물론이고, 컴퓨터단층촬영(CT)도 엑스선이 인체를 통과하면서 감소하는 양을 측정해 컴퓨터로 분석하여 영상으로 만든다. 그래서 뢴트겐을 진단방사선학의 아버지라고 한다. 의학뿐만이 아니다. 기계와 재료, 건물의 비파괴 검사나 공항 검색대, 가짜 예술품 감식 등에도 엑스선이 사용된다.

뢴트겐은 1845년 프로이센의 레네프에서 직물 판매업자의 외아들로 태어났다. 1861년에서 1863년까지 네덜란드의 위트레흐트 기술학교에 다녔다. 그는 학교 선생의 초상을 불경하게 그린 친구가 누군지 말하기를 거부했다는 이유로 퇴학을 당했을 뿐만 아니라 이후로도 네덜란드나 독일의 다른 김나지움에 입학할 수 없었다. 뢴트겐은 취리히의 연방 기술전문학교는 시험만 통과하면 입학할 수 있다는 이야기를 듣고 그곳에서 기계공학과 학생으로 공부를 시작했다. 1869년 취리히대학교에서 박사학위를 받았다.

1901년 뢴트겐은 엑스선의 발견으로 제1회 노벨물리학상을 받았다. 그는 상금을 뷔르츠부르크대에 과학 발전과 장학금을 위한 기금으로 기부했다. 이후에도 뢴트겐에게 엑스선으로 특허를 내자는 독일 기업의 제안도 거절했다. 엑스선은 자신이 발명한 게 아니라 원래 있던 것이니 모든 인류가 공유해야 한다고 말했다. 특허라는 제약이 사라지자 누구나 자유롭게 엑스선에 관해 연구를 할 수 있었다. 그 결과 엑스선 관련 연구로 노벨상을 받은 사람들이 20명이 넘는다.

페니실린
2차 세계대전의
진정한 승리자

1941년, 장미 덤불

"으악!"

사다리를 내려가던 외치는 갑자기 오른쪽 무릎에 통증을 느끼고 굴러 떨어졌다. 위에서 외계인이 소리쳤다.

"괜찮아요?"

"아이고, 나 죽네."

그 말을 '괜찮다'로 알아들었는지, 외계인은 황급히 문을 닫더니 이륙해버렸다.

외치가 떨어진 곳은 장미 덤불이었다. 가시에 긁혔는지 몸에 긁힌 자국이 여기저기 나 있었다. 특히 장딴지 상처는 제법 컸다. 갑자기 과거의 기억이 떠올랐다.

'내가 살던 시대에 이런 상처를 입은 사람이 있었지.'

멧돼지를 쫓다가 가시덤불에 떨어진 그 남자는 며칠 후 온몸에서 열이 나더니 그만 죽고 말았다. 용하다는 의사를 불러 몸에 문신을 새겨봤지만, 아무런 소용이 없었다. 그 생각을 하며 외치는 애써 몸을 일으켰다.

"당신 누구요? 거긴 도대체 왜 들어간 거요?"

온순하게 생긴 농부가 외치를 보고 있었다.

"어쩌나. 다리를 긁힌 것 같은데…."

농부의 말에 외치는 바지를 걷어 올렸다. 족히 5센티미터는 긁힌 것 같았다. 농부는 심각한 표정을 지었다.

"이 정도면 상처가 꽤 심각하네요. 저희 외삼촌도 장미 가시에 찔려 돌아가셨습니다. 그때도 상처가 딱 이 정도였지요."

외치는 심란했다. 여기서 해야 할 일도 못했는데 부상까지 입다니.

"덕담은 감사합니다만, 어쩌겠습니까? 지켜보는 수밖에요."

농부가 외치 앞으로 다가앉았다.

"아직 젊어 보이는데, 이깟 일로 죽기라도 하면 안 되지 않소? 그러지 말고 내 말을 좀 들어보세요. 지금은 저세상 사람이 됐지만, 제 외삼촌은 앨버트 알렉산더라는 경찰관이었습니다. 알렉산더도 당신처럼 저 장미 덤불에 굴렀죠."

알렉산더는 괜찮다며 집까지 걸어갔지만 상황은 악화된다. 원래 상처가 생기면 그 틈으로 세균이 들어온다. 곧 세균과 면역계의 전쟁이 시작되고, 그 잔해는 고름으로 흘러나온다. 면역계는 최선을 다했지만 빠른 속도로 증식하는 세균을 상대하는 것은 역부족이어서, 결국 알렉산더는 다친 쪽의 눈을 도려내야 했다. 이후에도 감염은 여기저기로 퍼졌다. 감염이 폐로 퍼지자 알렉산더는 살 가망이 없었다.

"우린 그가 틀림없이 죽었다고 생각했지요. 그런데 의사가 그에게 페니실린을 투여했어요."

"페니실린? 그게 뭡니까?"

농부가 대답했다. "정말 마법 같은 약이지요. 알렉산더에게 그 약을 투여하자 고열이 떨어지고 고름도 없어졌어요. 가장 놀라운 점은 그가 자리에서 일어나 식사를 한 것이었습니다. 죽어가던 사람이 살아나는 것, 기적이자 마법이지요."

페니실린의 발견

워낙 유명한 이야기이지만, 페니실린의 발견은 순전히 우연이었다. 미생물학자였던 알렉산더 플레밍(Alexander Fleming, 1881~1955)은 배양접시에서 세균을 키우는 실험을 하고 있었다(그림1). 세균이 어떤 조건에서 자라며, 어떻게 성장이 억제되는지를 알아보려는 것이었다. 1928년 플레밍이 여름휴가를 다녀온 사이에 세균을 키우던 배양접시가 곰팡이에 오염돼 있었다. 대부분 '에이, 망했다'며 배양접시를 버렸겠지만, 플레밍은 왜 곰팡이 주위에선 세균이 자라지 않는지 의문을 품었다. 그 뒤 플레밍은 다음과 같은 결론을 내린다.

"곰팡이에 세균의 성장을 억제하는 물질이 있을지도 모른다."

곰팡이에 의해 성장이 억제된 그 세균은 상처만 났다면 잽싸게 달려와 인명을 살상하던 포도상구균이었으니, 그 물질이 분리돼 약으로 만들어진다면 당시 40대 언저리에 머물던 인류의 평균수명을 20년쯤 늘려줄 터였다. 그러니 플레밍은 인류의 운명을 뒤바꿀 엄청난 발견을 한 셈이었다. 여기에는 운도 따랐다. 푸른곰팡이는 흔하게 볼 수 있는 곰팡이가 아니다. 그런데 아래층에 있던 동료 과학자가 푸른곰팡이를 가지고 실험을 하고 있었는데, 창문을 통해 날아와 플레밍이 키우던 세균의 배양접시로 들어간 것이다. 여기엔 배양접시를 배양기에 넣어두지 않고 휴가를 가버린 플레밍의 부주의도 한몫을 했다. 또 다른 행운은 푸른곰팡이는 원래 낮은 온도에서 자라는데, 그해 여름 런던의 날씨가 그다지 덥지 않았던 것이다.

그림1 〉 알렉산더 플레밍

하지만 플레밍은 자신의 발견을 항생제로 발전시킬 생각을 하지 못했다. 푸른곰팡이에서 페니실린을 추출해 약으로 만든 사람은 따로 있었다. 바로 하워드 플로리(Howard Florey, 1898~1968)와 에른스트 체인(Ernst Chain, 1906~1979)이었다. 이들은 세균과 싸울 수 있는 항생제를 만들기 위해 동분서주한 끝에 페니실린을 만들어냈다. 그럼에도 '페니실린=플레밍'의 등식이 성립하게 된 건 플레밍이 자신의 발견을 논문으로 썼기 때문이다.

논문은 학자들이 자신의 업적을 동료들에게 알리면서, 후배 과학자들에게 '내 발견을 발판으로 삼아 더 대단한 뭔가를 만들어달라'는 부탁이기도 하다. 과학자들은 서로 경쟁도 하지만, 공동의 목표를 위해 협력하는 측면이 더 많다. 어지간한 발견은 영업비밀이나 특허로 만드는 기업들과 달리, 과학자들이 논문에 자신의 '연구 방법'에 대해 자세히 쓰는 이유는 협업 때문이다.

플레밍이 체인과 플로리에게 직접 부탁한 것은 아니지만, 그는 누군가가 자신의 논문 〈푸른곰팡이 배양 시 나타나는 항균작용〉(1928)을 딛고 올라가 위대한 발견을 하길 바랐으리라. 1938년 그의 바람대로 체인과 플로리는 항생제의 후보물질들을 찾아 헤매던 끝에 플레밍이 쓴 논문을 찾아냈고, 결국 페니실린을 만들었다. 두 사람이 아니더라도 언젠가 페니실린은 나올 수밖에 없었겠지만, 플레밍이 아니었다면 페니실린은 지금까지도 나오지 않았을 수 있다. 플레밍이 노벨상을 받으면서 "나는 (페니실린 발명에) 아무것도 한 일이 없다"라고 한 수상 소감은 지나친 겸손이다.

페니실린 생산의 문제

"그런데 말입니다. 아까는 외삼촌이 죽었다고 하지 않았나요?"

농부는 잠시 말을 멈췄다가 다시 입을 열었다.

"맞습니다. 페니실린은 마법의 약이지만, 한계가 있었습니다."

외치는 농부의 말을 가로막았다.

"뭔지 알 것 같네요. 그 약에는 치명적인 부작용이 있어서 세균과 더불어 사람도 죽였군요?"

농부는 고개를 가로저었다.

"아닙니다. 제가 알기에 페니실린은 인체에 치명적인 부작용 같은 건 없었습니다. 말 그대로 기적이라니까요."

포도상구균은 세포벽이라는 튼튼한 갑옷을 갖고 있어서 외부의 공격으로부터 자신을 보호한다. 그런데 페니실린의 주성분인 베타락탐(beta-lactam)은 세포벽을 만드는 효소의 기능을 없애버린다. 세포벽이 없어지면 그 무서운 포도상구균도 연약한 균에 불과해져, 면역계가 해볼 만한 상대가 되는 것이다.

세포벽은 한스 크리스티안 그람(Hans Christian Joachim Gram, 1853~1938))이 고안한 그람염색에 보라색으로 염색이 되는지라 세포벽을 가진 세균을 그람양성균이라 부르는데, 해로운 세균의 절반 이상이 그람양성균이고, 이들은 페니실린에 의해 제압될 수 있다. 반면 사람의 세포에는 세균벽이 없어서 페니실린으로부터 아무런 해도 입지 않는다. 효과는 좋고 부작용은 없으니, 이처럼 완벽한 약이 또 있을까.

"부작용이 아니라면 알렉산더는 왜 죽은 겁니까?"

"페니실린의 양이 부족했습니다. 푸른곰팡이는 빨리 자라는 놈들이 아니었습니다. 거기서 얻을 수 있는 페니실린의 양으로는 한 사람도 고칠 수 없었습니다."

5일째 되던 날 페니실린이 떨어졌다. 페니실린을 더 이상 주지 못하자 알렉산더의 상태는 다시 악화됐다.

"그로부터 한 달 뒤 알렉산더는 결국 저세상으로 갔어요. 그가 제손을 쥐고 했던 말이 기억에 남습니다. 웨인, 그래도 마법의 약 덕분에 한 달 이상을 더 살았어. 이 정도면 충분히 감사한 일 아닌가?"

인류는 페니실린 대량생산에 사활을 걸었다. 그 결과 페니실린은 점점 더 많이 생산됐고, 더 많은 사람을 죽음으로부터 구해냈다. 페니실린이 구한 사람 중엔 등에 10센티미터가량의 거대한 고름집이 생긴 사람도 있었다. 그동안 세균에게 속수무책으로 당하기만 했던 인류가 드디어 강력한 무기를 갖게 된 것이다.

안타깝게도 페니실린이 만능은 아니었다. 페니실린은 세균벽을 가진 세균에만 효과가 있을 뿐, 세균벽이 없는 세균에는 효과가 없었다. 그래서 인류는 페니실린의 뒤를 이을 항생제를 찾아나섰다. 페니실린을 발견하고 대량생산에 성공한 경험이 있었기에 그 과정은 그리 어렵지 않았다. 지구상에 존재하는 각종 미생물들을 키우면서 거기서 항생물질이 나오는지 여부만 확인하면 됐다. 항생물질을 내는 미생물이 있다면, 대량으로 키우면서 항생물질을 뽑아내면 되었다. 실제로 그 이후 나온 항생제들 상당수가 그런 식으로 발견됐다.

여기서 궁금한 점이 생긴다. 그 미생물들은 도대체 왜 항생물질을 내는 것일까? 아마도 그 미생물들은 다른 세균들로부터 생존의 위협을 받았을 테고, 항생물질로 그들을 없애버리려고 했을 것이다. 이런 행동이 인간을 위한 것은 아니지만, 이들의 행동은 결국 인간에게 이득을 주었다. 생각해보라. 나쁜 세균 때문에 죽은 사람이 땅속에 묻힌다면 그 세균은 곧 흙속으로 들어가 증식할 것이며, 이런 일이 계속된다면 흙은 나쁜 세균들로 뒤덮일 것이다. 이 경우 우리는 흙장난만 해도 쉽게 나쁜 세균에 감염될 수 있다.

하지만 항생물질을 내는 세균 덕분에 나쁜 세균들이 모두 죽는지라 흙속에는 인간에게 해롭지 않은 세균만 남아 있게 된다. 아주 오랫동안 아이들은 흙장난을 하면서 심신을 배양했다. 인터넷도, TV도 없던 그 시절, 흙장난마저 못했다면 삶이 얼마나 심심했겠는가?

2차 세계대전의 진정한 승자, 페니실린

하워드 플로리는 오스트레일리아 애들레이드 의과대학을 졸업한 뒤 영국 옥스퍼드와 케임브리지에서 연구생활을 했다. 1935년에 셰필드대학교에서 옥스퍼드대학교 병리학교수로 자리를 옮겼고, 이듬해 생화학자 체인을 고용했다. 에른스트 체인은 베를린 출생의 유대인으로 1933년 나치가 정권을 잡자 영국으로 탈출했다. 그는 케임브리지대학교에서 박사학위를 딴 뒤 지도교수의 추천으로 플로리 연구

실로 온 것이다.

플로리는 체인에게 라이소자임(lysozyme)이 어떻게 세균을 녹이는지 규명하는 연구를 맡겼다. 라이소자임은 우리 몸 대부분의 조직에 들어 있는 효소인데, 연구 결과 세균의 세포벽을 구성하는 다당류를 절단시켜 분해한다는 사실이 밝혀진 바 있다. 이를 최초로 밝힌 사람이 바로 플레밍이었기에 체인은 자연스럽게 플레밍의 페니실린 논문도 읽게 되었다. 체인은 플로리에게 이렇게 말했다.

"페니실린이란 물질이 세균을 억제하는군요. 페니실린도 라이소자임의 일종인 것 같은데, 제가 한 번 연구해보겠습니다."

사실 라이소자임은 단백질로 만들어진 효소라 페니실린과는 다른 물질이었지만, 이 사실을 전혀 몰랐던 플로리는 선뜻 승낙했다.

"그래. 열심히 해보게."

1938년 여름 체인은 페니실린을 분리하는 실험을 하기 시작한다. 1940년 3월 중순까지 얻어진 것은 고작 100밀리그램, 그것도 불순물이 많이 섞인 분말이었다. 그해 5월 플로리는 이것을 악성 연쇄상구균에 감염된 생쥐에게 투여했다.

효과는 놀라웠다. 1940년 8월 그들은 이 연구 결과를 논문으로 발표한다. 그들은 이제 사람을 대상으로 페니실린을 시험하고 싶었다. 그러려면 다량의 페니실린이 필요했다. 결국 플로리의 연구실은 소규모 공장으로 변했고 연구원들은 밤낮으로 일했다. 새로 도입된 크로마토그래피는 페니실린을 더 순수하게 분리하는 데 도움을 주었다.

이렇게 얻어진 페니실린은 1941년 2월 포도상구균에 감염된 43세의 경찰관 알렉산더에게 처음 투여됐고, 곧 다른 환자들에게도 쓰였다. 이제 남은 것은 이를 약으로 출시하는 것이었다. 이를 위해선 제약회사의 도움이 필수적이었지만, 영국의 제약회사는 별 관심을 보이지 않았다.

미국에서 연락이 왔다. 1941년 6월 27일 아침, 독일 폭격기가 영국 도시를 폭격할 때, 플로리와 노먼 히틀리는 록펠러재단의 지원을 받아 미국으로 향했다. 결국 페니실린은 미국 제약회사에서 대량생산됐다. 부상자 치료에 탁월한 페니실린은 전쟁의 승패를 좌우했다.

결핵과 왁스먼, 그리고 스트렙토마이신

항생제를 찾는 방법을 알았으니, 새로운 항생제 생산은 시간 문제였다. 그중에는 세포벽이 없는, 이른바 그람음성균에 잘 듣는 것도 있었다. 이제 장미 가시에 찔렸다고 해서 목숨을 잃을 일은 없었다. 이들 항생제의 이름을 다 나열할 필요는 없겠지만, 그래도 스트렙토마이신만큼은 언급하고 넘어가야 한다.

스트렙토마이신이 인류의 적이라 할 결핵에 효과를 보인 첫 번째 항생제였기 때문이다. 결핵은 오래전부터 악명을 떨쳤다. 히포크라테스는 기원전 460년에 이런 말을 했다. "결핵이야말로 요즘 가장 유행하는 질병이다. 게다가 걸리면 모두 사망한다. 의사들이 할 수 있는 일이라고는 감염되지 않도록 환자로부터 떨어지는 것밖에 없다." 결핵은 기침을 하고 피가 섞인 가래를 뱉다가 결국 죽게 되는 병이다. 결핵의 별명이 '백색 흑사병', '죽음의 대장'인 것만 봐도 결핵이 얼마나 공포의 대상이었는지 알 수 있다.

결핵균이 침입하면 어지간한 병원체는 다 집어삼켜 분해하는 든든한 대식세포가 결핵균을 먹어치운다. 문제는 그다음이다. 몸 안에 들어온 결핵균을 분해 효소가 있는 방에 가둬야 균이 죽을 텐데, 그 과정이 일어나지 않는 것이다. 그래서 결핵균은 병원체의 무덤이라 할 대식세포 내에서 여유롭게 살아가며, 심지어 증식까지 한다! 성격도 느긋한 편이라 사정이 열악하면 숙주세포 안에서 몇 년이고 죽은 척하며 때를 기다리다 숙주의 면역이 약해지면 다시금 공격을 개시한다. 이런 세균과 싸우는 일이 어디 쉽겠는가?

1882년 세균학의 아버지라 불리는 로버트 코흐(Robert Koch, 1843~1910)는 결핵균을 분리하는 데 성공했고, 1941년 최초의 항생제 페니실린이 개발됐음에도 불구하고 결핵은 여전히 인류의 넘을 수 없는 벽으로 남아 있었던 건 바로 그 때문이었다. 기껏 할 수 있는 일이 산속에 요양소를 지어 환자를 격리함으로써 추가적인 전파를 막는 게 고작이었다. 치료약이 없다 보니 흑역사도 있었다. 프랑스 왕이 환자를 직접 만졌더니 치료가 됐다는 믿지 못할 에피소드로 인해 "왕족의 손에는 결핵을 치유하는 능력이 있다"라는 소문이 퍼졌고, 그 덕분에 유럽 왕들은 결핵 환자를 만지느라 바쁜 나날을 보내야 했다. 사정이 이랬으니 누군가 결핵약을 만든다면 그건 아주 대단한 업적이 될 테고, 노벨생리의학상은 떼어놓은 당상이었다.

이 어려운 일을 해낸 이가 바로 셀먼 왁스먼(Selman Waksman, 1888 ~1973)이다. 왁스먼은 농장에 구덩이를 파고 거기 있는 미생물을 관찰하길 좋아했다. 땅을 파고들어 갈수록 세균의 군집이 달라졌고, 곰팡이 등 다른 미생물도 이따금씩 발견되곤 했다. 얼마나 여기에 심취했으면《토양 미생물학의 원리》라는 책을 썼을까?

어느 날 왁스먼은 세균도 아니고 곰팡이도 아닌, 제3의 물질을 발견했다. 곰팡이처럼 몸이 실 모양으로 된 방선균(actinomyces)이었다. 여기서 무슨 항생물질을 찾을 수 있지 않을까 싶었는데, 회녹색의 방선균으로부터 나온 물질은 놀랍게도 결핵균을 죽였다. 이 물질은 스트렙토미세스 그리세우스(Streptomyces griseus)라는 방선균으로부터 나온 것이어서, 왁스먼은 여기에 스트렙토마이신(streptomycin)이란 이름을 붙였다.

결핵 치료가 가능해지다

스트렙토마이신이 사람에게 최초로 사용된 것은 1944년이다. 퍼트리샤라는 21세 여성이 그 대상이었다. 그녀는 요양원에 격리되었지만 증상은 더 악화돼, 이제 죽을 일만 남은 것 같았다. 의사는 그녀에게 스트렙토마이신을 주사했다. 매일 놓던 주사는 10일 만에 중단됐다. 통증과 고열, 두통 등의 부작용 때문에 더 이상 환자가 견딜 수 없었던 까닭이다.

주사를 그만둔 뒤 의사는 퍼트리샤의 흉부를 엑스선 촬영을 했다. 폐의 병변은 그대로였다. 결핵균이 포도상구균 따위와는 질적으로 다른, 까다로운 놈이었던 탓이다. 다행스럽게도 이전보다 훨씬 더 정제된, 그래서 부작용이 덜한 스트렙토마이신이 만들어졌다. 의사는 환자의 동의를 받아 45일간 매일같이 약을 주사했다. 퍼트리샤의 상태는 점점 나아졌고, 엑스선 촬영에서도 병변이 상당히 사라진 것을 볼 수 있었다.

마침내 결핵으로부터 완치된 퍼트리샤는 결혼해서 아이 셋을 낳으며 행복한 삶을 살았다. 만약 그녀가 10년 일찍 태어났더라면 절대 불가능한 일이었다. 이제 결핵은 치료 불가능한 병이 아니었다. 이 공로로 왁스먼은 1952년 노벨생리의학상을 받았다. 수상 이후 그가 했던 말은 시사하는 바가 크다. "당신의 구원은 대지로부터 도래하리니."

드디어 결핵과 싸울 무기를 만들었지만, 추가적인 무기가 시급했다. 치료를 위해 약을 오래 쓸 경우 결핵균이 여기에 대해 저항성을 발현할 확률이 높았다. 실제로 스트렙토마이신으로 장기간 치료를 하다 보면 결핵균의 일부에서 내성이 생겨 환자 상태가 다시 나빠졌다.

이를 막기 위해서는 두세 가지 약을 동시에 써서 결핵균을 혼란시킬 필요가 있었다. 또한 스트렙토마이신은 아무리 정제를 열심히 해도, 귀가 멀거나 평형감각을 상실하는 등의 치명적인 부작용을 부를 수 있었다. 부작용을 줄이려면 약의 용량을 줄이고, 그러려면 두세 가지 약을 동시에 써야 했다. 과연 가능할까? 스트렙토마이신도 어렵게 찾은 결핵약인데, 이런 행운이 인류에게 또 찾아올까?

단서는 《사이언스》에 실린 짧은 논문으로부터 왔다. 해열진통제인 아스피린을 결핵균에 조금 떨어뜨렸더니 이유는 모르겠지만 산소 소모량이 크게 증가했다. 아무래도 아스피린이 결핵균으로 하여금 산소를 못 쓰게 막는 것 같았다. 그 논문을 읽은 요르겐 레만(Jörgen Erik Lehmann, 1898~1989)이란 의사는 이를 이용해 결핵 치료를 하자는 아이디어를 냈다. 이 아이디어는 당연히 묵살됐다. 어지간한 항생제에 끄덕도 하지 않는 결핵균이 아스피린 따위에 죽는다니, 누가 믿겠는가?

하지만 스트렙토마이신으로 치료받은 55명의 환자 중 32명이 사망하는 등 내성균 발현의 문제가 점차 심각해지자 결국은 레만의 주장을 수용할 수밖에 없었다. 결과는 획기적이었다. 스트렙토마이신과 레만이 만든, 아스피린을 살짝 변형한 PAS라는 약을 환자에게 같이 쓴 결과 내성균 발현이 크게 줄어들었고, 결핵 환자의 생존율은 80퍼센트로 껑충 뛰었다. 그 후 이소니아지드(isoniazid)와 리팜피신(rifampicin)이란 약물이 추가로 개발되면서, 결핵 치료는 세 가지 약을 같이 쓰는 게 원칙이 됐다. 이 약제들로 2년간 치료하면 거의 모든 결핵이 완치될 수 있었다.

세균, 반격의 시작

"페니실린은 정말 굉장한 발견이네요."

농부로부터 페니실린 이야기를 들은 외치는 진심으로 감탄했다. 덕분에 앞으로 몇 년 후엔 나쁜 세균이 지구상에서 사라지리라. 그래도 외치는 아쉬움을 감출 수 없었다. 비행기가 하늘을 날아다니는 1941년에도 의학이 자신의 심장을 고쳐줄 만큼 발달하지 못한 것이 이해가 안 가서였다. 도대체 이 여행은 언제 끝이 날까. 이제 다른 시대로 떠나야 할 때였다.

"그동안 잘해주셔서 고맙습니다. 큰 도움이 됐습니다."

농부는 다친 장딴지는 좀 어떠냐고 물었다. 외치는 바지를 걷어서 장딴지를 보여주었다.

"괜찮을 것 같습니다. 아직 좀 쓰리긴 하네요. 하하."

농부가 아쉬워하며 물었다. "그래, 이젠 또 어디로 가나요?"

"사실 저는 제 심장을 고쳐줄 의사를 찾기 위해 전 세계를 여행하고 있는 중입니다. 여기선 못 찾았지만, 다른 나라 어딘가에는 그런 의사가 있겠지요." 외치가 말했다.

하지만 외치가 몰랐던 사실이 있다. 세균이 보기보다 훨씬 더 강한 녀석들이라는 점이다. 페니실린과 스트렙토마이신이 개발된 이후 20년은 항생제 개발의 전성기였다. 흙속 미생물로부터 클로람페니콜(chloramphenicol), 테트라사이클린(tetracycline), 반코마이신(vancomycin) 등이 만들어졌다. 이 약들을 조금 변형하면 효과가 더 크고 사용 범위가 넓은 신약이 만들어졌다.

예컨대 페니실린은 그람양성균, 즉 세포벽이 있는 세균에만 효과가 있지만, 이를 변형한 암피실린(ampicillin)은 그람음성균에도 두루 효과가 있었다. 1960년대 개발된 세파계 항생제는 페니실린처럼 곰팡이에서 추출했고, 세균으로 하여금 세포벽을 못 만들게 해서 효과를 내는 것도 페니실린과 똑같았다.

하지만 이를 변형한 이른바 3세대 세파계 항생제(세포벽 합성을 억제하는 항생제)는 오히려 그람음성균에 훨씬 더 효과가 좋았다. 단순히 효과만 좋아진 게 아니었다. 인체에 더 잘 흡수되고, 혈중 농도를 더 높게 유지할 수 있는 방법이 고안됐다. 부작용이 있는 약물은 효과는 같으면서 더 안전한 약으로 교체됐다. 당시만 해도 외치의 생각처럼 '이제 곧 나쁜 세균은 지구상에서 사라지겠구나' 하는 전망이 압도적이었다.

최초의 반격은 포도상구균으로부터 왔다. 1950년대 들어 포도상구균 일부는 페니실린을 분해하는 효소를 만들어냈다. 이때만 해도 인류는 세균을 무시했다. "어쭈, 니들이 이런 짓을 해? 좋다. 바로 응징해주마"가 인류가 보인 반응이었을 것이다.

1960년 인류는 페니실린을 조금 변형한 메티실린(methicillin)을 만들어냈다. 이 항생제는 페니실린 분해효소에 분해가 안 됐다. 메티실린을 출시하면서 인류는 이런 마음이었으리라.

"음하하하. 또 저항해봐라. 바로 응징해주마."

1961년, 메티실린이 나오고 불과 1년이 지났을 무렵, 영국에서 메티실린에 듣지 않는 포도상구균(methicillin-resistant *Staphylococcus aureus*: MRSA)이 나왔다. 인류는 처음으로 당황했다. 하지만 아무리 페니실린을 변형해도 MRSA를 막아낼 수는 없었다.

할 수 없이 반코마이신이라는 약을 투입해 위기를 넘겼는데, 이 약제에 저항하는 포도상구균(vancomycin-resistant *Staphylococcus aureus*: VRSA)이 보고되고 있다. 이들은 세포벽을 아주 두껍게 함으로써 반코마이신의 효과를 무력화했다. 그래서 이런 의문이 들 수밖에 없다. 앞으로는 포도상구균을 어떻게 치료해야 하지?

슈퍼박테리아의 등장

하지만 20세기 말 인류는 페니실린의 발견이 신의 가호였는지, 재앙의 씨앗이었는지 의심해볼 상황에 처하게 되었다. 슈퍼버그라고 불리는 슈퍼박테리아가 등장했기 때문이다(그림2).

슈퍼박테리아는 1996년 일본에서 처음으로 발견되었다. 다른 항생제가 모두 듣지 않을 때 최후의 수단으로 사용해온 강력한 항생제인 반코마이신에 내성을 가진 포도상구균이 발견됐다. 슈퍼박테리아는 하나의 균이 아니라, 항생제에 내성을 가진 여러 균들을 총칭하는 말

그림2 〉 슈퍼박테리아

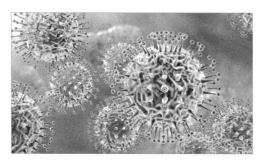

이다. 포도상구균 외에 방광염을 일으키는 대장균 등 다른 균에서도 내성이 강한 변종이 늘고 있다.

폐렴이나 중이염 등을 일으키는 폐렴구균의 페니실린에 대한 내성률은 일본, 미국, 유럽 각국에서 1980년대 초에 비해 크게 30~60퍼센트까지 증가했다. 슈퍼박테리아의 등장으로 간단한 투약으로도 나았던 환자가 중환자실에 입원해 고가의 항생제를 쏟아부어야 겨우 낫고, 그마저도 듣지 않아 사망하는 경우가 늘고 있다.

세균은 노화로 약해지면 다른 세균으로부터 자신을 보호하기 위해 독성물질을 만들어낸다. 항생제는 세균이 만든 독성물질을 기반으로 만들어진다. 다시 말하면 세균은 항생제를 만들 능력과 이에 대항하는 능력을 동시에 갖고 있는 것이다. 따라서 한 번 항생제 투여를 받은 세균은 DNA 변이를 통해 다음에 그 항생제를 다시 만났을 때 견뎌낼 수 있도록 진화한다. 무분별한 항생제 투여가 21세기 새로운 재앙이 될지 모를 슈퍼박테리아의 출현을 부추긴 것이다.

세계보건기구는 일찍이 항생제 내성으로 발생하는 문제가 '전쟁보다 무서운 재앙'이라고 규정한 바 있다. 각국에서 세계보건기구와 함께 항생제 내성 감시 기구를 설립, 운영하고 있으며, 인간과 동물에 대한 항생제 오·남용을 막기 위해 애쓰고 있다.

그러나 슈퍼박테리아 정복은 험난한 길이 될 것으로 보인다. 우선 현재까지 개발된 항생제 중에 내성균이 발견되지 않은 것이 하나도 없다. 1928년 페니실린의 개발로 포도상구균과의 전쟁에서 승리한 것처럼 보였으나, 대량으로 사용되기 시작한 지 1년이 지난 1941년 페니실린에 내성을 가진 포도상구균(PRSA)이 발견됐다.

1년 뒤인 1942년에는 전체 포도상구균의 30퍼센트, 1950년엔 70퍼센트가 내성을 갖게 되었다. 의학계는 여러 항생제의 복합 투여 방식으로 균에 대항했으나 이미 1950년대 후반에 치료 불가능한 균이 등장했다. 이후 개발된 메티실린 역시 메티실린 내성 포도상구균(MRSA)이 보고되었고, 1960년대 후반 유럽을 중심으로 확산됐다.

오래전에 개발했으나 부작용에 대한 우려 때문에 사용하지 않던 강력 항생제 반코마이신을 이용해 항생제를 치료해왔으나 이에 내성을 가진 슈퍼박테리아가 발견됐다. 인류는 지금까지의 항생제와는 전혀 다른 방식으로 작동하는 '항생제'를 필요로 하게 되었다.

끝없는 싸움, 그리고 암담한 미래

포도상구균의 사례에서 보듯 인간과 세균의 싸움은 세균에게 일방적으로 유리했다. 인류가 심혈을 기울여 약을 만들어내면, 세균은 그 약에 대한 내성을 발현시켰다. 땅속 미생물에서 새로운 약을 찾는 데는 한계가 있고, 새로운 약을 합성하기까지는 시간이 걸린다. 1990년대 이후 새로운 항생제가 거의 나오지 않은 현실이 이 주장을 뒷받침하는 증거다.

원래 우리 몸은 면역계가 있어 대부분의 감염을 항생제 없이도 처리할 수 있다. 다만 우리 몸이 감당하기 어려운 균(예컨대 결핵균)이 들어왔다거나, 세균이 몸 전체에 퍼지면 반드시 항생제가 필요하다.

하지만 페니실린이 개발된 이후 수십 년 동안 우리는 항생제를 과신했고, 항생제를 남용했다. 항생제에 계속 노출되면 내성을 가진 세균이 만들어지고, 그런 세균의 비율이 점점 높아지는데 말이다. 감기에 걸렸을 때를 생각해보자. 감기는 바이러스 질환이므로 항생제를 쓸 필요가 없다.

바이러스 감염이 있으면 평상시보다 세균이 침투하기 쉬워진다. 여기서 선택의 문제가 생긴다. 첫째, 세균이 침투한 뒤에 항생제를 쓴다. 둘째, 세균이 침투할지 모르니까 미리 항생제를 써서 그 여지를 없애버린다. 우리의 선택은 후자였다. 아쉽게도 실제로 세균이 침투할 확률은 5퍼센트 이하다. 5퍼센트에게만 추후 항생제를 주면 될 일을 95퍼센트에게까지 항생제를 주었던 선택이 쌓이고 쌓여 더 이상 쓸 항생제가 없어지는 사태를 부른 것이다.

외치가 언젠가 다다를 인류의 미래가 결코 장밋빛이 아닐 것 같은 건 이 때문이다.

　　　　　1939년, 나치독일이 폴란드를 침공한다. 독일의 막대한 화력을 견디지 못한 폴란드는 한 달 만에 항복을 선언한다. 나치독일은 왜 폴란드를 침공한 것일까? 히틀러가 집권하던 시기 독일은 대공황으로 경제 상황이 매우 어려웠다. 그래서 히틀러는 독일의 대공황을 극복하기 위해 군수 산업을 팽창시켰다. 사회 인프라 구축도 군수 업무를 위주로 진행했다.

　민간의 인프라 구축이 아닌 생산성이 거의 없는 군수 방면에만 사업을 진행한 결과, 독일 정부는 다시 재정 위기를 겪게 되었다. 적자 예산을 꾸려가다 보니 결국 국가 파산의 위기가 닥쳐온 것이다.

　히틀러가 권력을 계속 유지할 수 있는 방법은 전쟁이었다. 재정을 확보하기 위해 나치독일군은 다른 나라를 점령하면 우선 그 나라의 중앙은행을 털어서 금괴를 독일로 운송하곤 했다. 재정 파탄, 이것이 영국-프랑스의 개입 우려에도 불구하고 폴란드 침공을 강행하게 된 한 이유였다. 사람들은 이를 2차 세계대전이라고 불렀다.

　2차 세계대전은 연합군의 승리로 끝났다. 그런데 연합군이 승리할 수 있었던 비결은 무엇일까? 미국이나 소련의 놀랄 만한 기술력이라는 예상과 달리, 과학자들은 페니실린이야말로 연합국이 전쟁에서 승리할 수 있었던 비결이라고 말한다.

　페니실린의 대량 생산은 전쟁의 판도까지 바꾼다. 폐렴 등 감염질환과의 전쟁에서 승리한 페니실린이 특히 위력을 발휘한 곳은 전쟁터였다. 사소한 부상에도 감염 등으로 죽음의 위기를 맞던 군인들에게 페니실린은 고마운 약이었다. 그래서 2차 세계대전에는 '페니실린 덕분에 집에 갈 수 있을 것'이라고 적힌 포스터가 발행된 적도 있었다.

페니실린의 등장과 함께 인류의 평균수명은 1950년대 50대에서 현재 80대 이상으로 늘었다. 혹자는 페니실린이 없었다면 현재 인구 수가 절반 이하일 거라고도 말한다. 페니실린의 위력은 다음에서 알 수 있다. 영국문화원이 전 세계 1만 명을 대상으로 '최근 80년간 세계를 바꾼 사건'을 꼽아달라고 요청했는데, 1위는 'www', 2위가 바로 '페니실린 대량생산'이었다. PC 보급, 원폭 투하, 소련 붕괴보다도 앞선 순위라니, 놀랍지 않은가?

그러나 페니실린 이후 항생제의 시대를 맞은 현재, 인간은 슈퍼박테리아를 막지 못해 누군가의 죽음을 무력하게 바라봐야 할지도 모른다. 어떤 항생제도 듣지 않는 바이러스가 출현한다면 인류의 생존은 크게 위협받을 것이다. 모든 내성균의 반란을 잠재웠던 카바페넴(Cabapenem)에 안 듣는 세균이 출현했다는 뉴스는 슈퍼박테리아의 출현이 머지않았다는 경각심을 준다.

CANADA

미국
(2000년)
16

미국
(2001년)
17

UNITED STATES

MEXICO

SWEDEN

IRELAND

영국
(1978년)
15

UNITED
KINGDOM

NETHERLANDS

독일
(1961년)
13

GERMANY

BELGIUM

CZECH
REPUBLIC

LUXEMBOURG

LIECHTENSTEIN

14

FRANCE

SWITZERLAND

오스트리아
(1962년)

SLOVENIA

ITALY

CROA

ANDORRA

SPAIN

MOROCCO

현대 1961년 ~ 현재

4부 **예방의 시대:** 나는 너의 병을 알고 있다

ALGERIA

탈리도마이드
입덧방지제가 탄생시킨 의학의 윤리

기형아를 안은 여인

시간여행에서 깨어난 외치는 습관적으로 손등을 봤다. "1961년!" 외치는 지난번에 갔던 1941년에서 불과 20년만 지났다는 사실에 놀랐다. 시간여행 우주선은 의학사의 커다란 진보가 있을 때마다 외치를 내려주었다. 그래서 외치는 매번 '이번에는 꼭'이란 기대를 가지고 의사들을 수소문했다. 초반과 달라진 점은 시간여행의 주기가 점점 짧아지고 있다는 것이었다. 이는 의학의 진보가 짧은 간격으로 더 자주 일어난다는 뜻이다. 그렇다면 자신의 심장을 치료할 날도 결국엔 만나게 될 터였다.

위치정보를 확인한 결과 외치가 내린 곳은 '본'이라는 독일 도시였다. 외치는 독일이 생각보다 번화하지 않아서 놀랐다. 외치는 모르고 있었지만 2차 세계대전으로 인해 독일이 쑥대밭이 된 시기가 불과 10여 년 전이었기 때문이다.

"아니, 저 여인은 왜 울고 있지?"

심장을 고치기 위해 병원으로 가던 외치는 한 여인이 길가에 주저앉아 우는 장면을 봤다. 주위엔 사람들이 잔뜩 서서 여인을 바라보고 있었다. 의협심 강한 외치는 여인을 돕고자 했다.

"저 여인이 왜 울고 있는지 아시오?"

외치가 묻자 서 있던 남자가 답했다.

"애가 태어났는데, 문제가 있소."

그제야 외치는 여인의 품에 안긴 아이를 볼 수 있었다. 저절로 비명이 흘러나왔다.

"헉! 저게 뭐야?"

아이는 팔과 다리가 지나치게 짧았고, 발가락이 하나도 없었다. 자신이 살던 시대에는 들어본 적도 없는 기형이었다.

"어쩌다 그랬답니까?"

남자는 자신도 모른다며 고개를 저었다. 그때 줄 앞쪽에 있던 여성이 외치를 보고 말했다.

"그 약 때문이랍니다. 탈리도마이드. 벌써 몇 명째인지, 아주 난리가 아니에요(그림1)."

"탈리… 뭐라고요?"

팔다리가 짧은 아이의 모습에 놀라서인지, 숨이 찬 증상이 말끔히 사라졌다.

탈리도마이드

입덧이라는 게 있다. 임신 중에 구역과 구토를 느끼는 증상으로, 아침에 심해서 아침병(morning sickness)라고도 불린다. 임신부의 70~85퍼센트가 입덧을 경험하며, 주로 임신 초기에 발생한다. 드라마에서 여자 주인공의 임신을 시청자들에게 알리는 전령 역할을 한다.

입덧이 심할 때는 하루 종일 아무것도 먹지 못한다. 그래서 필경 임신부들은 이런 생각을 했으리라. '입덧을 좀 줄일 수는 없을까?' 1950년대 출시된 탈리도마이드(thalidomide)는 진정제, 수면제로 만들어진 약이지만, 임신부의 입덧을 줄여주는 효과가 있다고 알려지면서 전 세계의 임신부들로부터 열렬한 환영을 받는다.

1956년 크리스마스 날, 함부르크대학교의 소아유전학자 비두킨트 렌츠(Widukind Lenz, 1919~

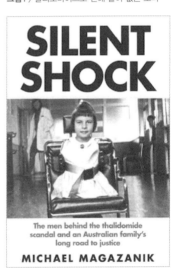

그림1 〉 탈리도마이드로 인해 팔이 없는 소녀

1995)는 그날 태어난 여자아이의 팔다리가 유난히 짧은 것을 목격했다. 이때는 이유를 몰라서 넘겼지만 비슷한 사례가 점점 늘었고, 1961년이 되자 더 이상 간과할 수 없을 정도로 많아졌다.

렌츠는 기형아를 출산한 엄마들이 하나같이 탈리도마이드를 먹었다는 사실을 알아냈다. 그는 이 사실을 제약회사에 알린 뒤 판매를 중단하도록 요구했다. 하지만 렌츠에겐 엄마들의 증언만 있었을 뿐 확실한 증거가 없었기에, 제약회사의 약 판매를 제지하지 못했다. 이때만 해도 임산부의 태반은 어떤 약도 통과할 수 없다고 여겨졌다. 의사들은 탈리도마이드가 태아의 기형을 유발할 만큼 나쁜 약이라면 신모가 먼저 죽었을 것이라고 생각했다.

비슷한 시기 오스트레일리아의 산부인과 의사 윌리엄 맥브라이드(William McBride, 1927~2018)도 탈리도마이드 복용과 기형아 출산의 관계에 관심을 가졌다. 사지가 없는 기형아를 출산한 임산부 3명이 모두 임신 중 탈리도마이드 말고 다른 약은 먹은 적이 없다고 증언했기 때문이다. 그는 병원을 설득해 임산부에게 이 약을 처방하지 못하도록 한 뒤 유명한 의학 학술지 《랜싯》에 다음과 같은 글을 보낸다.

"태어나는 아이들 중 15퍼센트 정도가 기형입니다. 그런데 탈리도마이드를 복용한 산모들의 경우 이 비율이 20퍼센트로 증가하더군요. 사지에 기형이 나타나는 것으로 보아 아무래도 이 약이 뼈와 근육이 만들어지는 시기에 영향을 주는 모양입니다. 다른 선생님들은 이런 현상을 보신 적이 있는지요?"

이 편지 덕분에 의사들은 탈리도마이드 처방을 덜하게 됐다. 하지만 그때는 이미 46개국에서 1만 명의 기형아가 태어난 뒤였다. 한 가지 주목할 점은 미국에서는 그런 사례가 거의 없었다는 것이다. 이는 전적으로 프랜시스 켈시(Frances Kelsey, 1914~2015)라는 미국 식품의약품안전청(FDA) 심사관의 공로였다.

이 약이 미국에 상륙했을 때는 이미 다른 나라들에서 판매되고 있던 터라, 금방 승인이 떨어질 것으로 보였다. 하지만 켈시는 허가를 내주지 않았다. 그 당시엔 안전성 검사를 위해 쥐를 갖고 실험했는데, 탈리도마이드는 임산부에게 쓰는 약이었음에도 임신한 쥐를 가지고 테스트를 한 적이 없었기 때문이다.

이 약의 제조사는 전방위 로비를 펼치며 켈시를 압박했지만, 켈시는 물러서지 않았다. 탈리도마이드가 기형아를 유발한다는 사실이 알려지면서 켈시가 옳았음이 입증되었다. 덕분에 미국에서는 이 약으로 인해 태어난 기형아가 17명에 그쳤다. 이들은 시판 전 제약회사가 의사들에게 나누어준 샘플로 인한 희생자들이었다. 이 사건으로 다른 나라들은 미국의 식품의약품안전청 같은 기구의 필요성을 절감했고, 약 시판을 허용함에 있어서 임상시험이 얼마나 중요한지 깨달았다.

외치, 임상시험을 공부하다

이 이야기를 듣고 난 외치는 가슴이 철렁했다. 자신도 시간여행을 하면서 여러 가지 약을 먹지 않았던가? 그 약들이 안전하지 않았다면 자신도 어찌될지 모르는 일이었다.

"아니, 탈리도마이드 같은 약을 만들면서 테스트도 한 번 안 했다고요? 이건 신석기시대에서 온 저도 납득이 안 가는군요."

외치의 말에 한 사람이 격하게 공감했다.

"그러게 말입니다. 제대로 된 임상시험을 거쳤다면 막을 수 있었을 텐데요."

외치는 임상시험이란 말을 처음 들었기에 그게 뭐냐고 물었다. 그러자 그는 자신이 지금 바쁘고 말주변도 없다면서 차라리 도서관에 가서 책을 읽으라고 제안했다. 그 말이 맞는 것 같아 외치는 도서관에 가서 《임상시험의 역사》를 읽기 시작했다.

"임상시험은 제약회사가 의약품의 허가를 받기 위해 개발하는 과정에서 안전성과 유효성을 확증하기 위해 시행하는 연구 절차를 의미한다. 어떤 물질이 약으로 만들어져 출시되려면 효과가 있어야 하고 또 사람에게 해가 없어야 한다. 이게 증명이 돼야 식품의약품안전청 같은 기관에서 약의 제조와 판매 허가를 내주는데, 이를 위해 필요한 절차가 바로 임상시험이다. 새로운 치료법을 개발한 뒤 그 효과를 알아보는 것 역시 마찬가지다. 임상시험에서 대조군의 존재가 중요하다. A라는 약이 B보다 더 효과가 좋다는 사실을 증명하려면, 사람들을 두 집단으로 나눠서 한 집단에는 A를 주고 다른 집단에는 B를 준 뒤 얼마나 좋아졌는지를 비교해야 한다. 여기서 B라는 약을 먹은 집단을 '대조군'이라고 부르며, 대조군이 있어야 '임상시험'이라 할 수 있다."

탈리도마이드가 임상시험에 대한 경각심을 주긴 했지만, 임상시험은 그 이전에도 존재했다. 약이 안전한지도 모른 채 사람에게 쓸 수는 없기 때문이다. 임상시험에 관한 최초의 기록은 기원전 500년에 선지자 다니엘의 행적과 예언을 담은 책에 등장한다. 다니엘은 야채와 물만 먹는 사람과 고기와 포도주를 먹는 왕 중 누가 더 건강한지 알아보고자 했다. 그래서 그는 자신과 세 동생들에게 물과 야채만 먹게 했는데, 나중에 보니 물과 야채만 먹은 자신들이 훨씬 더 건강했다.

이 연구 결과가 나오자 왕은 식단을 바꾸기로 했다. 매우 초보적이긴 해도 사람을 두 집단으로 나누어 그 결과를 관찰했으니 임상시험이라 우길 만하다. 하지만 인류 최초의 임상시험으로 공인된 연구는 그로부터 2000년이 지난 1537년에 있었다. 당시는 전쟁에서 총상을 입은 군인을 지혈할 목적으로 해당 부위에 끓는 기름을 부었다. 그런데 프랑스군 외과의사였던 앙브루아즈 파레(Ambroise Paré, 1510∼1590)는 끓는 기름이 군인들에게 엄청난 고통을 유발할 뿐이라는 것을 알았다.

"끓는 기름이라니!" 외치는 이 대목에서 피식 웃었다. 신석기시대에서 온 자신도 이게 말이 안 된다고 생각하는데, 16세기에 어떻게 이럴 수가 있을까? 지혈할 다른 방법을 찾던 파레는 달걀노른자, 장미유, 테레빈유를 혼합해 상처에 바르는 획기적인 방법을 고안해낸다. 그랬더니 부상자들이 훨씬 덜 아파했고 끓는 기름을 부은 군인들보다 상태도 더 좋아졌다. 파레가 등장한 것은 다행이었다.

치밀하게 설계되지는 않았지만, 지혈의 효과를 알기 위해 끓는 기름과 자신의 방법을 비교했으니, 이쯤 되면 임상시험이라 봐줄 만하다. 그 뒤 지혈을 목적으로 혈관을 묶는 방법이 고안됐고 이를 발판으로 사지절단술도 나왔으니, 임상시험이야말로 환자의 안전을 지키면서 의학을 발전시키는 획기적인 방법이다.

17세기 벨기에 의사였던 밥티스트 반 헬몬트(Baptist van Helmont, 1579~1644)는 열이 나는 환자에게 상처를 내서 피를 빼내는 전통적인 치료법이 말도 안 된다고 생각했다.

"환자를 다루는 의사는 환자에게 최대한 해를 주지 않고 증상을 개선시킬 방법을 생각해야지, 이게 뭡니까?"

다른 의사들은 그에게 물었다.

"좋소. 그렇다면 당신은 피나게 하는 것 말고 어떤 대안이 있는데? 열을 어떻게 내리냐고?"

헬몬트는 이렇게 대답했다.

"당장 대안은 없습니다만, 이것만은 말할 수 있습니다. 새로운 치료법이 있다면 기존의 치료법과 공정하게 비교한 뒤 더 나은 것을 선택해야 한다고요. 의학이란 모름지기 이래야 합니다."

헬몬트가 말한 '공정한 비교'는 그로부터 100년이 지난 1747년, 제임스 린드(James Lind, 1716~1794)라는 외과의에 의해 이루어졌다. 당시 선원들은 괴혈병을 많이 앓았다. 우리 몸의 성분인 콜라겐 합성이 안 돼서 생기는 병으로 피부가 건조해지고 멍이 잘 들며, 잇몸에서 피가 나는 등의 증상을 보인다. 해마다 수천 명의 선원들이 이 병으로 죽었지만, 아무도 이 병의 원인을 알지 못했다. 의사들은 나름대로 치료법을 고안해냈는데, 린드가 한 일은 이 중 어느 것이 가장 좋은지 판단한 것이었다. 그는 괴혈병에 걸린 선원들을 7개 집단으로 나눈 뒤 각각의 치료법을 시행했다.

집단 1: 그냥 먹던 대로 먹게 한다.
집단 2~7: 먹던 식사에 각각 사과주, 묘약, 식초, 바닷물, 감귤류, 너트맥(육두구)을 추가한다.

"어느 게 좋았을까?"

자신이 살던 시대에도 이와 비슷한 증상을 보이던 이들이 있었기에, 외치는 허둥지둥 다음 쪽을 넘겼다. 가장 뛰어난 효과를 보인 집단은 매일 오렌지 2개와 레몬 1개를 먹은 '감귤류 집단'이었고, 사과주 집단이 그다음이었다. 이 연구를 바탕으로 훗날 영국 해군은 식사에 감귤류를 의무적으로 제공했는데, 너무도 명백한 이 치료법이 당장 시행되지 못했던 이유는 '돈' 때문이었다.

"그렇구나. 돈이 있어야 건강할 수 있구나."

외치는 지금과 비교할 수 없을 만큼 가난한 신석기시대를 떠올리며 한숨지었다. 신석기시대에서 오렌지와 레몬을 대체 어디서 구한단 말인가?

임상시험의 객관화

때는 1863년. 오스틴 플린트(Austin Flint, 1812~1886)라는 의사는 류머티즘열 환자의 치료법에 관한 임상시험을 하고 있었다. 그는 류머티즘열은 약을 먹지 않아도 시간이 지남에 따라 증상이 좋아진다는 사실에 주목했다. 그래서 그는 플라세보, 즉 가짜 약을 임상시험에 사용했다(지금은 환자를 대상으로 하며, 기존 치료약이 있는 경우엔 기존 치료제와 비교해야 한다. 또 임상시험에서 가짜 약을 써서는 안 된다).

A라는 약의 효과가 플라세보와 차이가 없다면 이건 A의 효과로 볼 수 없다는 뜻이 있다. 서설로 회복되는 것 이외에도 의사에 대한 신뢰 역시 환자의 증상을 좋게 해준다. 의사가 환자한테 식염수를 주면서 "이거 먹으면 두통이 사라집니다"라고 말하면, 식염수만 마셔도 두통이 없어지는 일이 벌어진다. 그렇기 때문에 모든 약은 플라세보와 비교해서 결과를 내야 했다.

이것만으로도 충분하지 않다. 이중맹검법(double blinding)이 필요했다. 다음 경우를 생각해보자. A라는 신약을 개발한 사람이 이 약의 효과를 알아보기 위해 플라세보를 먹은 집단과 비교하고자 했다.

그런데 플라세보 집단이 가짜 약이라는 것을 알고 있다면, '아 나는 가짜 약을 먹었으니 안 낫겠구나!'라고 생각하고, 그 결과 증상이 나아졌어도 여전히 아프다고 착각한다. 반면 약을 먹은 집단은 '약을 먹었으니 좋아지겠구나!'라고 생각해서 차도가 없는데, 나아졌다고 착각하게 된다.

의사도 마찬가지다. '저 사람에겐 가짜 약을 주었으니 더 나빠졌을 거야'라고 생각하지 않겠는가? 이는 임상시험의 결과에 영향을 미친다. 실제보다 약효가 좋다고 착각하는 것이다. 이 때문에 의사와 임상시험 대상자 모두 누가 무슨 약을 먹었는지 모르는 상태에서 시험에 참가해야 한다는 규정이 만들어졌는데, 그 시초가 바로 1943년 영국에서 시행된 '파툴린(patulin)' 연구였다.

페니실린의 추출물인 파툴린이 감기 치료에 효과가 있는지 임상시험을 해본 결과 효과가 있다고 나타났다. 여기에 고무된 영국 정부는 파툴린을 감기약으로 만들기로 했다. 그래도 신중을 기하기 위해 정부는 의학연구위원회에 의뢰했다. 이들이 쓴 방법이 바로 이중맹검법이었고, 결과는 "전혀 효과가 없다"고 나왔다. 임상시험을 담당한 사람의 말이다. "이런 결과가 나와서 안타깝다. 하지만 효과가 없다고 나온 이 결과도 매우 의미가 있다." 플라세보와 이중맹검법 덕분에 임상시험의 객관성은 획기적으로 높아졌다.

하지만 더 객관적인 시험을 위해 아직도 해야 할 일이 있다. 생각해보자. 나는 의사이며, 제약회사와 같이 A라는 약을 개발하고 있다. 이 약이 출시되려면 A로 인해 완치되는 비율이 높으면 된다. 이때 임상시험에 참가할 사람을 내가 선택할 수 있다면 A를 투약할 실험군에는 젊고 병이 초기 단계인 사람을 고르고, 식염수를 줄 대조군에는 나이 많고 병세가 깊은 사람을 선택하지 않겠는가? 이런 식이면 A가 약효가 있다고 나와도 그 결과를 믿기 힘들다. 1946년 결핵약인 스트렙토마이신의 임상시험을 담당했던 오스틴 브래드퍼드 힐(Austin Bradford

Hill, 1897~1991)이 대조군과 시험군에 누가 들어가는지 알 수 없도록 무작위로 배정해야 한다고 주장했던 건 이 때문이다.

그래서 어떻게 됐을까? 스트렙토마이신은 결핵에 당장은 효과가 있을지 몰라도 곧 내성이 생겨 재발하게 만든다는 안타까운 결과가 도출되었다. 브래드퍼드 힐이 원칙을 고수하지 않았다면 인류 최초의 결핵 신약에 대한 의사들의 선호 때문에 임상시험의 객관성이 떨어졌을지도 모르고, 스트렙토마이신에 유리한 결과가 만들어졌으리라. 그리고 스트렙토마이신을 투여받은 환자들은 증상이 좋아졌다고 기뻐하다가 갑작스러운 재발로 목숨을 잃었을 것이다.

객관적인 임상시험 덕에 내성이란 부작용을 알게 된 학자들은 재발률을 낮추기 위해 노력했고, 다른 약과 함께 투여하는 방법을 고안할 수 있었다. 그리고 결핵은 약으로 치료가 가능한 질병이 됐다. 환자에게 이득이 되는 건 어디까지나 진실이다.

많은 의학자들의 노력 덕분에 각 나라들은 제대로 된 임상시험을 거쳐야만 약의 판매 허가를 내주도록 했다. 요즘 통용되는 임상시험 과정은 다음과 같다.

① 전(前) 임상시험
신약 후보물질을 사람에게 쓰기 전 동물에게 먼저 사용해보는 과정이다. 우선 쥐를 대상으로 한 뒤 결과가 좋으면 원숭이, 침팬지 등에게도 사용해본다.

② 임상시험(사람)

사람을 대상으로 한 임상시험은 4단계로 이루어진다.

1단계: 건강한 사람 20~80명에게 적은 용량부터 투여하여 독성 여부, 몸의 흡수 및 배출을 테스트한다.

2단계: 해당 약을 적용할 환자 100~200명에게 투여한다. 여기서 보는 것은 약효가 얼마나 되는지, 적정 용량은 얼마인지, 부작용이 있는지 등등이다.

3단계: 수천 명에 달하는 환자들을 대상으로 약효와 부작용을 테스트한다. 환자를 실험군과 대조군으로 나누어 어느 집단에서 더 효과가 좋은지를 관찰해야 하는데, 규모가 크다 보니 시간과 비용도 많이 소요된다. 여기까지 통과했다면 그 약은 특별한 하자가 없는 한 신약으로 출시된다.

4단계: 시판 후 약에 대해 전반적인 조사를 수행하는 과정이다. 예상치 못한 부작용이나 애초의 목적과 다른 새로운 효과가 있는지 등을 관찰한다.

임상시험의 윤리

여기까지 읽은 외치는 연구의 객관화를 위한 인간의 노력에 경의를 표했다.

"이런 과정을 통해 의학이 발전할 수 있었구나!"

하지만 인간에 대한 존경심은 오래가지 않았다. 그다음 장이 '임상시험과 윤리'였기 때문이다. 외치도 책을 읽는 동안 한 가지 의문이 들긴 했었다. '해로울지도 모르는 약을 사람에게 투여할 때 과연 어떤 사람을 선택할까?' 최소한 부자나 권력자는 아닐 것이라고 생각했다.

'아마 약자들을 대상으로 했을 거야. 교도소 수감자들, 장애인들, 가난한 집 아이들 등등.'

미리 불편한 진실을 상상했지만, 외치는 '임상시험과 윤리'를 읽는 내내 마음이 불편했다. 인간이 의학 발전이라는 명분 아래 저지른 일들이 상상 이상이었기 때문이다.

1822년 스무 살의 프랑스계 캐나다 청년 알렉시스 생마르탱은 산탄총을 맞아 복부에 총상을 입었다. 미군 외과의사였던 윌리엄 보먼트(William Beaumont, 1785~1853)는 그를 수술해 목숨을 구하지만, 당시 의학 기술은 배에 뚫린 구멍을 봉합할 수준이 안 됐다. 생마르탱은 배에 구멍이 뚫린 채 살아가야 했다. 그 구멍으로 음식과 위액이 흘러나오는 채로 말이다. 그런데 보먼트는 이 상황을 이용해 음식의 소화 과정을 연구하기로 한다. 그는 생마르탱에게 다양한 음식을 먹게 했고, 가끔 금식을 요구하기도 했다. 심지어 그 구멍으로 음식을 집어넣었다가 꺼내는 실험을 하기도 했다. 참다못한 생마르탱이 도망치는 데 성공함으로써 이 엽기적인 실험은 끝이 났다.

생마르탱에게 준 연간 150달러와 숙식 제공이 수년에 걸쳐 그에게 행해진 238번의 실험을 정당화할 수 있을까?

1918년, 스페인독감은 전 세계적으로 5000만 명의 목숨을 앗아갔다(그림2). 전염력이 뛰어난 데다 치사율도 높아서 사망자가 많을 수밖에 없었다. 미국에선 군인들 중 사망자가 많이 발생했기에 군의관들이 독감 연구에 주로 참여했다.

바이러스가 사람에게만 병을 일으켰기에 실험도 사람을 대상으로 했는데, 그 대상으로 선택된 사람들이 수감된 죄수들이었다. 그들에게 행해진 실험은 다음과 같다. "군의관들은 독감으로 사경을 헤매는 환자들의 코와 목에서 나오는 점액질을 채취해서 피실험자들의 콧속이나 목구멍에 뿌렸고, 피실험자들에게 독감환자와 코를 맞댄 채 자라고 명령했다." 다행히 독감에 걸린 죄수들은 없었다고 한다.

1932년 미국 공중위생국은 앨라배마주 터스키기 주변에 사는 아프

그림2 〉 스페인독감

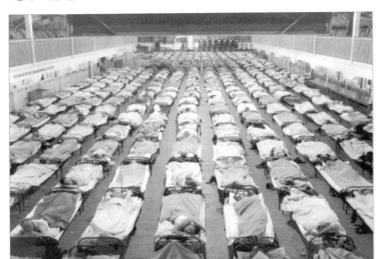

리카계 미국인 600명을 대상으로 매독실험을 했다. 그들은 가난한 소
작농이었고, 글을 읽을 줄도 몰랐다. 그래서 그들은 무슨 연구를 하는
지조차 알지 못했다. 실험 내용은 더 잔인하다. 공중위생국은 매독에
감염되면 어떤 경과를 거치는지를 관찰했다. 1947년 페니실린이 나
왔지만, 실험 대상자들은 약이 있는지조차 모른 채 고통스러운 실험
을 당해야 했다.

1972년 언론에 이 사실이 공개되면서 실험이 중단됐으니, 그 기간
은 무려 40년이었다. 이 사건을 계기로 임상시험을 하는 모든 기관에
서는 임상시험의 윤리를 지키는지를 감시하는 임상시험심사위원회
(Institutional Review Board: IRB)를 설치하게 됐다.

미국 테네시주에서는 829명의 임산부를 대상으로 한 방사능 실험
이 있었다. 대학병원이 운영하는 진료소 의사들은 1945년부터 2년 동
안 여성들에게 여러 가지를 혼합한 음료를 주었다. 임산부와 태아에
게 좋은 음료라고 하면서 말이다. 하지만 이 음료에는 방사성 철이 들
어 있었다. 이 음료를 마신 많은 엄마와 아기들은 머리카락과 치아를
잃었다. 이들은 혈액병에 걸렸고 온몸에 두드러기가 났으며 시퍼렇게
멍들었다. 몇몇 여성과 아이들은 암에 걸려 사망했다.

뉘른베르크 강령

사람을 도구로 사용했다는 점에서는 나치 역시 만만치 않다. 2차

세계대전 당시 나치가 벌인 일들을 몇 가지만 적어보자.

- 비행기 조종사가 엄청나게 추운 북해에서 낙하했을 때 어떤 일이 벌어질까? 나치는 이걸 알아내기 위해 다하우 강제수용소에 갇힌 수감자들을 얼음이 얼 정도로 추운 바깥에서 9~14시간 동안 알몸으로 있게 하거나, 얼음장 같은 찬물 속에 들어가게 했다.
- 나치 의사들은 압축공기에 대한 인체의 반응을 알아보기 위해 공기 압력을 높인 방에 유대인 수감자를 들여보낸 뒤 이 남자가 죽음에 이르는 과정을 사진으로 찍었다.
- 부헨발트 수용소에서는 사람을 가장 효과적으로 죽이는 방법을 연구하기 위해 수감자들에게 독이 든 음식을 먹였다.
- 전염병의 치료법을 알아낸답시고 황열, 티푸스 등의 위험한 병원체를 포로들에게 주사했다.

2차 세계대전이 끝난 뒤 이 끔찍한 실험들이 세상에 알려졌다. 당시 인체실험을 했던 의사 23명이 법정에 섰고, 그중 15명이 유죄판결을 받았다. 이들은 자신의 행위를 부끄러워하지 않았으며, 오히려 '더 많은 사람을 구하기 위해서는 몇몇 사람에게 해를 끼쳐도 된다'라고 주장했다. 또한 자신은 상부의 명령을 따랐을 뿐 잘못을 저지르지 않았다고 강변했다.

세상은 경악을 금치 못했고, 다시는 이런 일이 벌어지면 안 된다는 데 동의했다. 그 결과물이 바로 뉘른베르크 강령이다. 이는 사람을 대상으로 실험할 때 지켜야 할 윤리기준을 담은 것이었다.

첫 번째 조항이자 가장 중요한 기준은 대상자의 동의를 받아야 한다는 것이다. 대상자는 반드시 자발적으로 참여해야 하며, 그 누구도 강요나 협박에 의해 실험에 참가해서는 안 된다. 또한 인체실험을 하기 전에 반드시 실험의 내용과 위험성에 대해 설명해야 한다. 이 밖에도 강령에는 다른 중요한 조건들을 마련했다. 사람에게 실험하기 전에 먼저 동물에게 실험할 것, 피험자에게 정신적·신체적으로 해가 되는 행위를 하지 말 것, 피험자가 원하지 않으면 즉각 실험을 중단할 것 등이다.

임상시험, 좀 쉽게 할 수 없을까?

뉘른베르크 강령이 발표되고, 또 임상시험심사위원회(IRB)가 각 기관마다 만들어지면서 임상시험은 제법 윤리적인 틀을 갖추게 됐다. 이제는 IRB의 승인을 받지 않으면 임상시험을 시작할 수 없다. IRB에는 임상의사뿐 아니라 환자단체 회원, 종교인 등 외부인들도 포함되어 있어 의사가 놓치기 쉬운 윤리적 문제를 잡아낼 수 있다.

이런 조치를 마련함으로써 임상시험의 대상자들이 부당한 대우를 받을 확률이 적어졌다. 여기에 더해 피실험자들의 권리의식도 높아져 과거처럼 "약 줄 테니까 공짜로 실험에 참가하세요"라는 유혹에 넘어가지 않게 됐다.

덕분에 제약회사들은 골치가 아파졌다. 과거에는 동물실험만 대충하면 약으로 출시가 가능했는데, 이젠 4단계의 임상시험을 통과해야만 했다. 전 임상시험부터 시작해 3단계까지 가는 데 보통 15년이 걸렸다. 더 속상한 일은 그 기간을 투자한다고 해도 신약으로 출시될 확률은 극히 적었다. 성공확률은 고작 0.01~0.02퍼센트에 불과했다. 제약회사들은 이런 생각을 하게 된다.

'임상시험 과정을 좀 더 간단하게 할 수 없을까?'

비아그라는 약으로 일가를 이룬 제약회사 화이자는 개발도상국으로 진출하는 방법을 택했다. 가난한 나라들은 임상시험에 대한 규제가 촘촘하지 않으므로 그곳 사람들을 대상으로 임상시험을 한 뒤 그 결과를 가지고 미국에서 허가를 얻자는 생각이었다. 1996년 뇌수막염을 치료하는 항생제인 트로반(Trovan)을 개발했을 때, 화이자는 자신들의 계획을 실천에 옮겼다. 원래 그들의 계획은 이랬다.

첫 번째, 어린이 수막염이 창궐하는 나이지리아로 날아간다.

두 번째, 뇌수막염에 걸린 아이들 200명을 구해 100명씩 두 집단으로 나눈다.

세 번째, 대조군 아이들에게는 기존 뇌수막염 치료제인 세프트리악손 (ceftriaxone)을 주고, 실험군 아이들에게는 트로반을 준 뒤 치료율을 비교한다.

네 번째, 트로반이 세프트리악손을 누르고 뇌수막염에 우선적으로 쓰는 약이 된다.

그런데 이 과정에서 화이자는 꼼수를 부렸다. 대조군에 주는 세프트리악손의 용량을 절반으로 낮췄다. 그러면 치료율이 떨어질 테고, 트로반이 상대적으로 돋보일 테니까. 화이자의 기대대로 대조군의 치료율은 좋지 않았다.

하지만 트로반이 그다지 좋은 약이 아니었다는 점이 문제였다. 그래서 치료율이 더 좋지 않았다. 결과는 끔찍했다. 200명의 아이들 중 11명이 사망했고, 시력을 잃거나 뇌, 폐 등 장기에 손상을 입은 아이들도 수십 명에 달했다. 게다가 이 과정에서 화이자는 피실험자의 동의를 받지도 않았다. 몇 년 후 이 사건이 불거지자 화이자는 처음에는 부인하다 결국 돈으로 사건을 무마했다. 2006년에 만들어진 영화 〈콘스탄트 가드너〉는 이 사건을 다룬 영화다. 화이자의 기도는 비록 무위로 끝났지만, 제약회사들은 지금도 제3세계로 달려가고 있다. 왜? 임상시험을 더 쉽게 하려고.

이것 말고도 제약회사는 신약을 출시하기 위해 많은 노력을 기울인다. 불리한 데이터는 감추고 임상시험 결과를 조작하며, 신약을 허가해주는 부서 공무원들에게 뒷돈을 준다. 신약의 성공이 시장에서 벌어들이는 돈을 생각하면, 부정을 저지르다 걸려 벌금을 내는 게 훨씬 더 이익이기 때문이다.

외치, 다시 미래로 가다

책을 덮은 외치는 한숨을 푹 쉬었다. 의학이 발전할수록 그보다 더 빠른 속도로 인간의 이기심이 커지는 것 같았다.

"내 시대 의사들은 아는 게 없어서 그렇지, 나쁜 사람은 아니었어."

이번 여행도 실패였다. 책만 읽었을 뿐 자신의 심장은 고칠 엄두도 못 냈으니까 말이다. 도시의 외관만 보고 심장내과를 방문하지 않은 탓도 있지만, 가봤자 무슨 뾰족한 수가 있을 것 같지도 않다. 임신 때 약을 먹으면 기형아가 태어날 수 있다는 것도 모르는 판국에, 내 깊은 곳에 있는 심장을 고쳐줄 수 있을까?

외치는 손에 내장된 스위치를 눌러 우주선을 불렀다. 우주선 창문으로 멀어져가는 독일을 바라보며 외치는 낮게 중얼거렸다.

"탈리도마이드로 인해 기형이 되신 분들, 희망을 잃지 마세요. 살다 보면 혹시 인공 팔과 다리가 나올지도 모르니까요."

　　　2차 세계대전 이후, 1945년~1948년 독일의 뉘른베르크에서 재판이 열린다. 전쟁범죄를 심판하기 위해 거행된 재판이다. 특히 독일과 일본(731부대)은 강제수용소의 사람들을 대상으로 인체실험을 하는데, 이들의 연구는 세균전, 화학전에 관련된 실험들이었다.

　독일의 요제프 멩겔레((Josef Mengele)는 쌍둥이들을 대상으로 다음과 같은 실험들을 자행하였다. 쌍둥이 가운데 한 명에게 세균을 주입하여 죽으면 나머지도 같이 죽여 두 시체의 장기들을 비교했다. 어떤 쌍둥이들은 죽을 때까지 혈액을 얼마나 뽑을 수 있는지를 확인하는 실험에 사용했다. 쌍둥이의 혈관과 장기들을 붙여 삼쌍둥이를 만들려는 실험도 했다는데, 이런 사례들이 책 한 권으로는 부족할 정도다. 나치독일하에서 많은 유대인이 학살 당했고, 과학과 의학의 진보라는 이름 아래, 멩겔레뿐만 아니라 과학자들이 인간을 잔인한 실험에 사용했다는 사실은 충격과 공포의 역사로 기록되었다.

　뉘른베르크 재판부는 오랜 숙고와 논의 끝에 판결문 외에 강령도 함께 발표한다. 나치 전범들의 단죄뿐만 아니라 앞으로 비슷한 일이 재발되지 않도록 하기 위해서였다. 뉘른베르크 강령은 사상 최초로 국제적으로 채택된 의학연구윤리 강령이다. 이후에도 국제적 수준에서 마련된 의학연구 윤리강령과 법규들은 뉘른베르크 강령에 기초를 두고 있으며, 따라서 강령의 효력은 점점 커졌다.

　1964년에는 '헬싱키 선언'이 발표된다. 세계의사회가 뉘른베르크 강령 발표 이후 계속해서 논의한 결과라고 할 수 있다. 헬싱키 선언에는 치료의 한 부분으로서의 임상시험, 치료와 관계가 없는 임상시험의 각 항을 비롯해 제언부터 기본원칙을 충실히 담고 있다. 이제 치료에 골몰하던 의학이 드디어 '사람'을 생각하는 시대가 열린 것이다.

세상은 계속해서 달라진다. 사람들이 생각하는 의학은 인간 외의 생명으로 관심의 폭을 넓혔다. 고대 그리스만 해도 인체해부가 금지되어 있어, 갈레노스는 동물을 해부하며 해부학적 지식을 쌓았다. 이후에도 동물을 대상으로 실험들이 이루어졌다. 탈리도마이드 역시 쥐를 대상으로 실험했고, 그를 근거로 안정성을 주장했었다. 그만큼 동물실험에는 큰 거부감이 없었던 것이다. 오늘날 유럽과 북미를 비롯해 우리나라에서도 특히 화장품 업계에서 동물실험을 반대하는 경향이 강해지고 있다. 이미 검증된 원료를 이용하거나 동물실험을 대체하는 실험법을 사용함으로써 개발 과정에서 동물실험을 거치지 않는 '크루얼티 프리(cruelty free)' 제품이 생산되고 있다.

동물실험에 대한 학계의 입장은 3R 원칙으로 대변된다. 3R 원칙은 살아 있는 동물의 사용을 피하는 실험방법으로의 대체(Replacement), 같은 양의 데이터를 얻는 데 사용하는 동물 수를 줄이는 감소(Reduction), 동물이 느끼는 고통의 완화(Refinement) 등을 위해 노력하는 것을 의미한다. 이 기본 원칙을 바탕으로 관련 학회별로 동물실험에 관한 가이드라인이 마련되어 있으며, 연구에서 활용된 동물의 사육, 관리조건과 실험법 등을 논문에 상세히 기재할 것이 요구되고 있다. 이제 동물실험을 통한 연구 결과도 과학적 차원은 물론 윤리적 차원에서도 정당하다고 평가되어야 학계의 인정을 받을 수 있는 시대가 온 것이다.

정신건강의학
사람의 마음이
감기에 걸릴 때

경찰서에 끌려간 외치

"아니, 뭐 잘못된 거 아냐?"

손등의 숫자를 본 외치는 고개를 갸웃거렸다. 1962년, 그러니까 지난번 시간여행에서 불과 1년이 지났을 뿐이다. 아무리 봐도 그 1년 사이에 심장에 관한 획기적인 치료법이 나왔을 것 같진 않았다. 다행히 요즘은 심장이 조금 괜찮아진 느낌이지만, 의사 말로는 갑자기 죽어도 이상하지 않은 상황이라고 했다. 그런데 고작 1년 후로 오다니!

"잠깐 신분증 좀 봅시다."

멍하니 앉아 있던 외치가 소리 난 곳을 보니 제복을 입은 남자 둘이

서 있다. 외치는 난데없는 신분증 요구에 당황했다.

"신분증이요? 그게 뭔가요?"

경찰로 보이는 남자 둘은 서로 쳐다보며 고개를 갸웃거렸다.

"어디 사는 누구인지만 얘기하세요."

"제 이름은 외치고, 사는 곳은 와탕카 동굴⋯."

순간 외치는 자신이 실수를 했다는 것을 깨달았다.

'아차! 신석기시대 주소를 대다니.'

경찰은 양쪽에서 외치의 두 팔을 잡더니 거의 들듯이 차에 태웠다. 외치는 비명을 질러대며 저항했지만, 자신보다 체격이 큰 경찰을 두 명이나 당해낼 수는 없었다.

구치소에 있는 외치에게 양복을 입은 남자가 찾아왔다.

"저는 정신과 의사 프라이트라고 합니다. 경찰 요청으로 몇 가지만 확인하겠습니다."

프라이트는 속사포 같은 질문을 하기 시작했다.

"올해가 몇 년 몇 월 며칠인지 아십니까?"

"1961년⋯ 몇 월 며칠은 모릅니다."

"지금 여기가 어딥니까?"

"오스트리아."

"오스트리아 어디죠?"

"모릅니다."

"직업이 뭐죠?"

"여러 나라를 여행하고 있어요."

"원래 고향이 와탕카 동굴이라고 말했었죠? 거기가 구체적으로 어딥니까?"

"…"

여기까지 물었을 때 프라이트는 경찰을 보더니 고개를 끄덕였다. 잠시 뒤 외치는 하얀색 차에 태워졌다. 차는 20분쯤 달려 하얀색 건물로 들어섰다. 그곳이 정신병원이라는 것을 외치는 알지 못했다.

정신병원

"쉿! 조용히 해!"

남자가 갑자기 소리 지르는 바람에 외치는 화들짝 놀랐다. 자신은 그저 얘기가 하고 싶었고, 그래서 구석에 있는 심심해 보이는 남자에게 다가간 것뿐이었다. 불과 1년 뒤였지만 이곳 오스트리아에도 뭔가 신기한 의학적 발견이 있을 터, 그런데 그 이야기는 듣지 못한 채 시간이 흘러가고 있었다. 그때 한 남자가 다가왔다. 기껏해야 20대 정도로 보였다. 그는 외치의 대답도 듣지 않고 옆에 앉았다.

"인사나 합시다. 저는 마태우스라고 해요."

외치도 자기 이름을 말했다. 마태우스는 고개를 끄덕이다 외치의 귀에 대고 속삭였다.

"난 CIA의 명령을 받고 있어요."

"네?"

외치는 자신도 모르게 큰 소리를 냈다. 마태우스가 주위를 살피더니 손가락을 입에 갖다 댔다.

"조용히 해요. 발각되면 난 잡혀갑니다."

외치가 여전히 이해하지 못한다는 반응을 보이자 마태우스는 다시금 귀에 대고 속삭였다.

"CIA가 날더러 개밥을 먹으라고 하는 겁니다. 싫다고 했더니 죽이겠다고 협박했어요."

외치는 깨달았다. '아, 정신이 오락가락하는 분이구나.'

약간의 시간이 지난 뒤 마태우스가 외치 옆으로 왔다.

"이까 제가 뭐라고 했나요? 죄송합니다. 제가 환청에 시달리고 있어서…."

외치가 여전히 떨떠름한 반응을 보이자 마태우스가 외치의 팔을 붙잡았다.

"사실 제가 환청이 들릴 때만 제외하면 멀쩡한 편입니다. 아까 보니까 심심한 것 같던데, 저랑 이야기나 나눕시다. 이곳 정신과에서는 정말 시간이 느리게 가거든요."

외치는 마태우스라는 남자와 이야기를 하게 됐다.

"환청이 들리기 전까지 저는 의학을 공부하는 학생이었어요. 이제 의사의 꿈은 물 건너갔지만요. 그리고 제가 한참 어린 것 같은데, 말 놓으십시오."

"그래. 젊은이가 그러라고 하면 말을 놓도록 하지. 일단 이거부터 물어볼게. 정신과라는 건 뭔가? 처음 들어보는 말이어서."

그 말에 마태우스가 깜짝 놀랐다.

"정말입니까? 정신과를 처음 들어본다고요? 제가 얘기해드릴게요. 사람은 몸과 마음으로 구성돼 있어요. 몸이 아프면 그냥 병원에 가면 됩니다. 그런데 마음이 아프면 어딜 갈까요?"

"정신과?"

"맞습니다. 잘 아시네요. 큭큭."

마태우스는 정신과가 어떻게 만들어졌는지 아냐고 물었다. 외치가 모른다고 했더니 한숨을 푹 쉬면서 말했다.

"이거 뭐, 하나도 모르시네. 제가 정신과에 대해서 일목요연하게 설명해드릴게요."

정신질환자, 수난의 역사

"아주 오래전에도 정신이 이상한 사람은 있었습니다. 과학이 발달하지 않은 시대다 보니 그게 달 때문이라고 생각했지요. 루나틱 (lunatic)이란 말 들어보셨습니까? '루나'는 달이란 뜻인데, 달이 초승 달도 되고 보름달도 되듯이, 사람도 갑자기 비정상적이 되니 악마를 탓하지 말고 달을 탓하라는 뜻이지요."

외치는 신석기시대를 떠올렸다. '울랄라 동굴에 살던 우다다라는 남자아이가 좀 이상했지. 갑자기 침을 흘리고 눈이 돌아간 채로 의식을 잃곤 했지. 확실히 그 친구도 달이 둥글게 될 때 더 이상했어.'

"고대에선 정신질환이 신의 저주를 받았거나 악마에 씌어 생긴 것이라고 여겼습니다. 그래서 병을 고치기 위해 주문을 외곤 했지요."

〈마태오 복음서〉 8장 28절에도 그 증거가 있다. 예수께서 귀신 들린 자 두 명으로부터 악령을 쫓아내신 뒤 악령을 풀을 뜯는 돼지 떼에게로 들어가게 하자, 돼지 떼가 곧 비탈을 내리 달려 물속에 빠져죽었다는 내용이다.

악령을 쫓는 의식을 엑소시즘(exorcism)이라 하는데, 실제로 효과가 있는 경우는 드물었다. 그래서 히요시아무스(hyoscyamus: 사리풀)라는 식물이 이용되기도 했다. 네로 군대의 군의관이었던 디오스코리데스(Dioscorides)가 77년에 쓴 《약물지》에 따르면 이 약은 소량 복용 시 최면·진통 효과가 있어 고대 그리스·로마시대 의사들이 많이 처방했다고 한다. 그런데 히요시아무스를 과량으로 먹으면 아주 강한 환각에 빠지는데, 환각이 정신질환 환자를 망상에서 벗어나게 해준다고 생각했기 때문이다. 그런가 하면 우울증 환자에게 음악치료가 시도되기도 해서, 이스라엘의 왕 사울이 우울증이 빠졌을 때 다윗이 하프를 연주해서 고쳤다는 기록이 있다.

정신병원의 역사

유럽에서 발견되는 문헌에 따르면 그리스·로마시대에도 우울증, 사회공포증, 성격장애 등을 호소하는 환자들이 있었다. 그 시대에도 정신질환자는 존재했지만, 이들에 대한 인식과 태도는 당연히 적대적이었다. 감금과 격리가 정신질환자를 대하는 보편적인 원칙이었다. 정신질환자는 몸이 마귀에게 점령당한 것이라는 편견도 여전했다. 종교가 지배하던 중세에는 마귀의 문제로 보는 경향이 더 심했다. 그래서 정신질환자는 마귀 들린 이들로 규정됐고, 마녀로 몰린 이들과 함께 화형당하기 십상이었다.

중세긴 해도 일부 이슬람권에선 정신병에 대한 생각이 비교적 관대해서 정신병의 원인과 이를 치료하기 위한 연구가 활발하게 이루어졌다. 아랍권 의사 이븐 시나는 정신병자를 두려워해서는 안 되며, 구타와 감금이 오히려 상태를 악화시킨다고 썼다. 또한 "우울증과 조울증 초기 상태가 자살이나 발작 같은 말기 증상을 가져온다"라고 기록했는데, 지금이야 다 알지만 그 당시로선 획기적인 연구 결과라 할 만하다. 하지만 유럽 기독교 나라들은 이슬람의 치료법을 이단자 치료라고 무시했는데, 유럽 의사들이 이븐 시나의 책자들을 금과옥조처럼 떠받들었던 것을 생각하면 당황스러운 일이다.

유럽에서는 중세 이후 정신병원이 등장하기도 했지만, 여전히 족쇄를 채우고 가두는 곳이었을 뿐 치료소는 아니었다. 환자를 치료한다는 개념은 전혀 없었고 사회로부터 격리시키는 용도였다. 정신질환자를 구경하는 여행코스가 생기고, 돈을 더 내면 환자를 때릴 수 있게 했다고 한다.

우리나라를 비롯해 동아시아도 별반 다르지 않았다. 정신질환자가 있으면 가족이 이를 꽁꽁 감추고 밖에 보이지 않기 위해 애를 써야만 했다. 일본에는 메이지 유신 때까지 '사택감치'라는 제도가 있어서 집 안에 감옥을 만들고 정신질환자를 가족이 돌보는 것이 법적으로 허용되기도 했다.

어느 시대든 정신질환자를 치료의 대상으로 보지 않고 짐승으로 취급했다. 음식과 물을 주지 않는 것은 양반이고, 쇠사슬로 묶거나 쇠로 된 공을 매달아 도망가지 못하게 했다. 간수들은 환자들에게 고문을 일삼았는데, 추정컨대 많은 정신질환자들이 고문을 받다가 죽었으리라. 여기까지 얘기한 마태우스는 외치를 보며 말했다.

"저도 그 시절에 살았다면 똑같은 처지였겠지요. 심지어 그들은 환자들에게 강제노동도 시켰습니다. 치료는커녕 아무런 대가도 없이 죽도록 일만 시켰다니까요."

성직자들도 정신질환이 몸에 악령이 깃든 것이라고 생각했을 뿐, 치료가 필요한 환자라고 여기지 않았다. 그들도 정신질환 환자들을 치료하는 방법은 잔인하기 짝이 없는 고문이었다. 10세기 기록을 보자. "정신질환 환자는 돼지 피부로 만든 채찍으로 때리면 된다. 그러면 좋아진다."

'이성의 시대'라 불린 18세기에는 좀 달랐을까? 치료 방법은 그다지 나아지지 않았다. 환자를 삭발시킨 뒤 기절할 때까지 피를 짜내고, 속이 다 빌 때까지 관장을 시켰으며, 평소에는 손과 발에 쇠사슬을 채운 뒤 벽에다 묶어놨으니까. 간병인이라는 사람이 채찍을 들고 있었으니, 죄수를 감시하는 간수와 다를 바 없었다. 환자를 꼼짝달싹 못하게 만드는 구속복을 입히는 곳도 있었다.

더 끔찍한 일은 정신질환자들을 오락거리로 삼은 것이다. 사람들은 병원에 돈을 내고 정신질환자의 행동을 낄낄거리며 관람했다. 영국 런던의 베들램 정신병원 벽에는 윌리엄 호가스가 그린 〈방탕자의 타락 과정〉이란 그림이 있는데, 사람들이 정신질환자를 오락거리로 취급하는 모습이 적나라하게 담겨 있다(그림1). 게다가 당시 정신병원은 정신질환 환자들만을 위한 곳이 아니라 부랑자, 범죄자, 일반 환자, 노령자들까지 수용하는 일종의 빈민구호소였다. 오직 정신질환을 앓는 환자들만 수용하는 병원은 1753년 미국 버지니아 윌리엄스버그에 세워진 게 최초였다.

그림1 〉 윌리엄 호가스가 그린 〈방탕자의 타락 과정〉

정신과의 등장

여기까지 듣고 난 외치는 몸을 부르르 떨었다.

"아니, 정신이 좀 이상하다고 그런 대접을 한단 말이오? 이곳은 과거에 비하면 천국이네요."

마태우스는 고개를 끄덕였다.

"맞습니다. 그나마 이렇게 된 것도 그리 오래되지 않아요."

19세기에 접어든 뒤에도 정신질환 환자에 대한 처우는 비참한 수준이었다. 정신병원에 입원하면 사슬에 묶인 채 학대를 받거나 구경거리가 됐고, 집에 있는 환자들은 자기의 배설물 위에 널브러져 있었다. 여기에 격분한 사람이 드디어 나타났으니, 그 이름은 도로시아 딕스(Dorothea Dix)였다.

도로시아는 정신질환 환자들이 수용된 곳을 일일이 찾아다니며 그들이 겪는 가혹한 처우를 기록했고, 정부에서 기금을 마련해 이들을 위한 시설을 짓자고 호소했다. 결국 이를 관철시켰다. 이제 정신질환 환자들이 좀 더 나은 대우를 받게 되었으니 그걸로 끝난 일일까? 문제는 치료였다. 거주환경이 나아졌다고 해도 그들에 대한 치료는 '격리 후 수용'이 고작이었다. 그러나 어떤 의사들은 나름대로 이 병의 원인을 규명하고 치료법을 찾으려고 노력했다.

원래 정신과는 의학의 한 부분으로 인정받지 못했다. 정신질환의 원인도 잘 모르는 터라, 완치가 가능하다고 생각하지 않았다. 정신병원 원장은 환자를 가두어놓을 뿐, 달리 해주는 게 없었다. 정신과 의사가 되기 위한 수련 과정도 존재하지 않았으며, 가끔씩 열리는 강연회 참석이 정신과에 대해 알 수 있는 유일한 방법이었다.

그러다 보니 정신질환에 대한 연구는 정신병원이 아닌, 대학의 실험실에서 주로 이루어졌다. 테오도르 마이네르트(Theodore Meynert, 1833~1892)는 그런 의사 중 하나였다. 그는 정신질환을 앓다 죽은 환자의 뇌를 얇게 잘라서 관찰했다. 그 결과 뇌에 병변이 있는 경우가 관찰됐다. 주로 뇌매독이나 알코올 중독자들의 뇌였다. 뇌매독은 외부에서 병원체가 침투해 생기는 병으로 요즘 같으면 페니실린으로 치료할 수 있다. 그래서 정신질환이라고 여기지도 않지만, 그걸 몰랐던 마이네르트는 이렇게 생각했다.

"정신질환은 뇌에 병이 있어서 생기며, 치료가 불가능하다."

하지만 독일 의사 에밀 크레펠린(Emil Kraepelin, 1856~1926)은 현미경으로 뇌를 관찰하여 병변을 찾는 방식은 옳지 않다고 믿었다. 대신 그는 환자들의 말을 들어주고 과거에 어떤 일을 겪었는지 들으려 애썼다. 그는 수천 명의 정신질환 환자들을 만나 이야기를 듣고, 전부 노트에 기록했다. 한 번으로 그치지 않고 여러 차례에 걸쳐 만나면서 병의 예후까지 관찰했다. 수년 동안 이 방법으로 데이터베이스를 만든 그는 이렇게 생각했다.

"같은 증상을 보이는 환자들끼리 모아놓으면 비슷한 증상을 호소하는 다른 환자에게도 같은 진단을 내릴 수 있다. 이렇게 분류하다 보면 그 환자가 앞으로 어떤 증상을 보일지 예후까지 판단할 수 있다."

크레펠린 이전까지만 해도 정신병은 개념조차 잡기 어려운 질병이었다. 기침을 하고 콧물이 난다면 어느 의사한테 가도 '감기'라고 말한다. 하지만 정신병은 그렇지 않았다. 같은 환자인데 이 의사에게 가면 히스테리라고 진단하고, 저 의사에게 가면 경련발작이라고 했다. 무릇 체계가 있는 학문이라면 같은 증상에 대해서는 같은 진단을 내려야 하지 않겠는가? 크레펠린이 한 일이 바로 이것이었다. 그는 정신질환을 증상에 따라 열네 가지 범주로 나누었다. 예컨대 이런 식이다.

"생각이 논리적이지 않다. 망상이 있고, 환청이나 환각이 있다. 감정이 둔해서 부모나 지인을 대하는 태도도 일반적이지 않다. 자신의 청결이나 옷에 전혀 관심이 없다. 무서운 것은 이 과정이 너무 순식간에 벌어져서, 원래 지적이던 친구가 갑자기 바보가 된다는 점이다. 나는 이런 증상을 보이는 이에게 정신분열증이란 진단명을 붙이련다."

(이 진단은 훗날 인격분열과 무관하다고 해서 조현병으로 명칭이 바뀐다.)

정신과에 드디어 체계가 생겼다. 그 후 크레펠린의 뜻에 동조하는 전문가들이 모여 다음과 같은 조항에 합의한다. "우리 전문가들이 사용할 수 있는 진단기준을 만들어보자. 그러자면 분류체계가 좀 더 그럴싸해야겠지?" 이는 1952년에 발표된 '정신장애 진단 및 통계 편람(Diagnostic and Statistical Manual of Mental disorders: DSM)'으로 발전한다. 이후 DSM은 수정을 거듭하며 객관성을 더욱 보강했고, 또 새로운 질병을 추가해나갔다.

1980년에 발표된 DSM 3판은 이제 정신과도 어엿한 의학의 한 분야임을 선언했다고 할 만큼 훌륭한 체계를 갖추게 됐다. 한국을 비롯한 전 세계 정신과 의사들이 DSM에 의거해 진단을 내리기 시작했다. DSM은 그 후에도 계속 변신을 거듭하고 있으며, 현재 DSM 5판 (2013)이 쓰이고 있는데, 1987년에 나온 DSM 3판의 개정판에서는 동성애가 정신진단 범주에서 삭제됐다.

영웅의 등장

마태우스는 물을 한 잔 마신 뒤 이야기를 이어갔다.

"크레펠린 이후 정신질환은 뇌의 병변 때문에 생기는 게 아니라 스트레스 같은 정신적인 문제로 인해 생긴다고 믿게 됐지요."

정신질환은 조현병, 조울증 같은 정신병과 불안장애나 건강염려증 같은 신경증으로 나뉘며, 빈도는 후자가 훨씬 더 많다. 원인이 정신에 있다면 치료도 달라질 수밖에 없다. 심리치료가 등장했고, 휴식요법이 권장되기도 했으며, 환자를 최면 상태에 빠지게 하여 자신의 과거와 직면하게 하는 방법도 나왔다.

그럼에도 불구하고 정신과는 사람들에게 신뢰받지 못했다. 정신과는 완전히 미친 사람만 가는 곳이란 인식이 강했기 때문이다. 하지만 한 영웅의 등장으로 정신과의 역사가 달라지는데, 그는 바로 지크문트 프로이트(Sigmund Freud, 1856~1939)다.

프로이트의 주된 관심 분야는 히스테리와 불안증으로, 이런 환자들의 획기적인 치료가 그의 목표였다. 그는 어렵사리 최면술을 배운 뒤 개업을 해서 환자를 치료하고 있었다. 그러던 중 프로이트는 친한 내과의사의 사례를 통해 '히스테리에는 최면술보다 대화를 통한 치료가 더 중요하며, 정신적 외상으로 인해 무의식 안에 억압된 기억을 자유연상을 통해 의식으로 끌어올림으로써 치유가 가능하다'라는 이론을 세운다.

프로이트는 '도라'라는 18세 여자 환자를 치료하면서 자기가 생각한 정신분석 치료가 통한다는 사실을 입증한다. 도라는 신경성 기침, 편두통, 그리고 목소리가 나오지 않는 증상을 겪고 있었다. 도라의 집안은 K라는 사람과 친해서 가족끼리 자주 만났는데, 도라는 열네 살때 K로부터 성추행을 당했다. 이때 느낀 불쾌감은 도라의 무의식에 남이 나중에 히스테리 증상을 일으켰다. 그러니 이 증상을 없애려면 도라의 무의식에 남은 기억을 의식적 사고로 바꿔주면 된다.

그런데 사실 이 증상은 이차적인 문제이며, 무의식이 자꾸 도라를 힘들게 하는 이유는 따로 있다. 도라는 자기가 좋아하는 아버지가 K의 부인과 모종의 관계라고 믿었기에, 히스테리 증상을 보임으로써 이 관계를 끊게 하고 싶었던 것이다.

도라가 아프면 아버지의 관심이 K의 부인에게서 도라한테로 돌아올 테니까. 안타깝게도 도라는 다 낫기도 전에 치료를 포기하는데, 프로이트는 이게 '전이(transference)' 때문이라고 해석했다. 도라가 몸이 아픈 척하면서 아버지를 힘들게 했듯, 이번에는 치료를 중단함으로써 프로이트에게 좌절감과 무력감을 주려고 했다는 이야기다.

'이게 뭐야?'라고 하실 분이 있겠지만, 무의식이 우리 삶에 큰 영향을 미치며, 특히 소아기 성 발달이 중요하다는 프로이트의 주장은 학계에 큰 충격을 주었다. 또한 무의식을 의식의 차원으로 끌어올리려는 프로이트의 정신분석 기법은 정신과의 상징이 됐다.

정신과 치료의 흑역사 1

"그 프로이트가 바로 오스트리아 출신입니다. 하하."

마태우스의 말에 외치는 자신이 왜 오스트리아에 왔는지 이해할 수 있었다. 그때 간호사가 들어왔다.

"마태우스 환자분, 약 드셔야죠."

간호사는 약을 건네주고 돌아갔다.

"아니, 무슨 약입니까?"

마태우스는 약을 꿀꺽 삼키고 난 뒤 외치에게 말했다.

"클로르프로마진(chlorpromazine)이란 약입니다."

"정신병에 약이 있습니까?"

마태우스가 고개를 끄덕였다.

"네, 제가 좀 늦게 태어나서 다행입니다. 하마터면 험한 꼴 당할 뻔했어요."

"험한 꼴이라뇨?"

꽤 오랫동안 정신과환자들은 격리 수용 이외에 제대로 된 치료를 받지 못했다고 말했지만 그렇다고 의사들이 아무것도 안 한 것은 아니다. 그들이 시도했던 치료 중엔 다음과 같은 것이 있었다.

발치와 관장: 1900년대 초는 세균학의 시대였다. 코흐와 파스퇴르 등이 경쟁하듯 질병의 원인이 세균임을 밝혀냈다. 여기에 고무된 정신과 의사들은 이런 생각을 한다. "충치나 장내세균 같은 사소해 보이는 감염이 정신질환의 원인이 될 수도 있다." 실제로 헨리 코튼(Henry Cotton, 1876~1933)이란 정신과 의사는 치과 검진과 엑스레이 등을 통해 감염이 확인된 환자의 치아를 뽑았다. 또한 장내세균도 제거하기 위해 소장의 끝부분과 대장의 첫 부분을 절제하는 수술을 하기도 했다.

1919년부터 1년 동안 이 수술을 받은 정신과환자 79명 중 21명이 회복됐다. 사실 23명이 죽었다는 게 더 큰 문제지만, 마땅한 치료법이 없던 시대였으니 이 치료법은 주목을 끌었다. 이후 충격적인 사실이 밝혀졌다. 코튼이 회복된 환자의 수를 늘리기 위해 데이터를 조작했고, 수술을 받은 환자의 3분의 1이 사망한 데다 다른 3분의 1은 회복이 안 돼 계속 입원 중이라는 것이었다. 이 치료법은 초기 정신과의 흑역사로 남아 있다.

장기혼수요법: 이 치료법은 1920년대에 시행된 바 있다. 환자에게 수면제의 성분인 바르비투르산염 제제 몇 가지를 섞어 투여함으로써 며칠 동안 잠든 상태를 유지하는 요법이다. 잠든 동안에는 증상이 나타나지 않겠지만, 언젠가는 잠이 깰 텐데 그때는 어쩌려고?

인슐린 충격요법: 장기혼수요법의 뒤를 이어 사람을 혼수상태에 빠

뜨리는 요법으로, 1927년에 개발돼 1950년대까지 쓰였다. 인슐린은 혈당을 내리는 호르몬 제제다. 환자에게 대량의 인슐린을 투여하면 혈당이 떨어진다. 저혈당이 되면 포도당을 에너지원으로 쓰는 뇌가 놀란 나머지 혼수상태에 빠지는데, 이때 대량의 포도당을 투여해 환자를 회복시킨다. 어떻게 이 요법이 정신질환을 호전시키는지 알 수 없지만, 컴퓨터가 갑자기 고장날 때 껐다 키면 해결되듯, 제 기능을 못하는 뇌에 충격을 주어 재부팅시키면 망가졌던 신경회로가 재정비되는 이치일 듯하다. 환자가 치료된 경우도 있지만, 너무 심한 저혈당으로 죽거나 뇌손상을 입은 환자가 발생하는 건 피할 수 없었다.

정신과 치료의 흑역사 2

전기경련요법(electroconvulsive therapy): 영화 〈뻐꾸기 둥지 위로 날아간 새〉에서 정신병원의 폭력적인 대우에 맞서 싸우던 주인공 맥머피는 전기경련요법을 당하고 난 뒤 산송장과 비슷한 인간이 된다. 그 바람에 전기경련요법이 매우 잔인한 치료법이란 인식이 널리 퍼졌지만, 전기경련요법은 과거 치료법 중 지금까지도 쓰이는 치료다.

처음에는 경련을 일으키기 위해 메트라졸(metrazole)이란 약물을 썼지만 부작용이 크자 결국 전기로 경련을 일으키게 됐다. 이 치료법은 특히 우울증 환자에게 효과가 좋아 곧 표준적인 치료법의 하나로 자리 잡았다. 하지만 영화 〈뻐꾸기 둥지 위로 날아간 새〉의 영향으로

이 치료법을 금지하는 곳이 생기기 시작했고, 뇌에 작용하는 약물이 나온 뒤엔 더더욱 사용 빈도가 줄어들었다.

이 치료법의 효능을 아쉬워하는 의사들은 이에 굴하지 않고 전기 경련요법에 대한 연구를 계속했고, 이 치료가 보기보다 끔찍하지 않으며 효과도 좋다는 것을 입증했다. 1985년《미국의학회지(Journal of the American Medical Association)》에는 "심한 우울증의 단기 치료에 전기경련요법만큼 효과적인 것이 없다"라는 보고서가 실리기도 했다. 현재 미국에서는 매년 10만 명이 이 치료를 받고 있으며, 우리나라에서도 2014년 한 해 동안 250명이 치료를 받았다고 한다.

전기경련 치료에도 부작용이 있다. 뇌에 충격을 주기 때문에 단기적인 기억상실이 나타날 수 있는데, 대부분 회복된다고 한다.

전두엽 절제술: 1935년 안토니오 모니즈(Antonio Egas Moniz, 1874~1955)라는 포르투갈의 신경과 의사는 원래 난폭하던 침팬지가 전두엽 절제수술을 받고 갑자기 온순해졌다는 논문을 읽고 이런 생각을 했다. "그래? 그렇다면 정신질환자에게도 적용해보면 어떨까?" 전기경련요법이나 인슐린 충격요법이 뇌를 재부팅한다면, 전두엽 절제술은 문제가 되는 부분만 고친다는 점에서 한결 나은 방법으로 보였다.

1935년 최초의 전두엽 절제술이 실시됐다. 두개골에 구멍을 뚫고 전전두엽에 에탄올을 주사해 정신질환과 관련된 신경섬유를 파괴했다. 이 방법은 점차 개량돼서 나중에는 길이 11센티미터, 지름 2센티미터의 막대기를 넣는 것으로 바뀌었다.

방법이 도움이 될까 싶었지만, 결과는 기대 이상이었다. 수술을 받은 20명 중 상당히 호전된 환자가 7명, 약간 호전된 환자가 7명이었다. 부작용을 호소한 이도 있었지만 모니즈는 이를 일시적인 증상이라고 주장했다. 최소한 악화되거나 사망한 환자가 없는 데다 70퍼센트 가까운 환자가 호전됐다는 그의 주장에 정신과 의사들은 열광했고, 이 공로로 모니즈는 1949년에 노벨생리의학상을 받았다.

그 후 모니즈의 치료법은 여러 나라로 퍼져나갔다. 2차 세계대전 이후 외상 후 스트레스 장애 등 각종 정신병에 시달리던 미국에서 특히 환영받았다. 미국에서 총 4만 명이 전두엽 절제술을 받았을 정도다. 문제가 발생했다. 부작용은 그리 간단하지 않았다. 수술 후 감염으로 사망하는 사람도 있었지만, 전두엽 기능이 영구적으로 손상돼 주변에 무관심해지고 언어 구사 능력을 잃은 환자들이 속출했다.

게다가 모니즈의 주장과 달리 증상이 호전되는 경우도 별로 없었고, 심지어 더 나빠지는 환자도 있었다. 비판의 목소리가 커졌고, 때마침 약물이 등장하면서 이 치료법은 역사의 뒤안길로 물러난다.

정신의학 약물의 탄생

"뇌의 일부를 자른다니 무섭네요. 지금은 1962년이니 설마, 저한테 하진 않겠죠?"

마태우스가 인상을 찌푸렸다.

"별 걱정을 다하십니다."

그때 간호사가 오더니 외치에게 약을 건넸다.

"외치 씨, 지금 당장 먹으세요. 알았죠?"

외치가 별 생각 없이 약을 먹으려고 하자 마태우스가 말렸다.

"먹지 마세요. 당신은 정신병이 아닌 것 같거든요. 이 약도 나름의 부작용이 있답니다. 아, 벌써 졸리네. 간단하게 약물치료의 역사에 대해서만 얘기하고 자야겠어요."

처음으로 쓰인 약물은 목화씨유였다. 대장에 쌓인 독성물질이 뇌로 가서 정신질환을 일으키니, 설사를 유발하는 목화씨유가 치료제가 될 수 있다는 말이다. 그다음으로 클로랄 하이드레이트(chloral hydrate)는 수면제 기능이 있다는 이유로 널리 쓰였다. 이 밖에도 모르핀이나 코카인 등의 마약류가 치료제로 쓰였지만, 이것들은 일시적일 뿐 지속적인 호전을 가져오지 못했다.

그러다 클로르프로마진이 나왔다. 원래 항히스타민제를 개발하려다 만들어진 이 약은 진정효과가 뛰어났다. 정신병이 뇌신경의 지나친 흥분 때문에 생긴다면, 중추신경 안정제인 클로르프로마진이 효과가 있지 않을까?

1953년 실험정신과학 교수인 조엘 엘크스(Joel Elkes, 1913~2015)는 이 약을 정신병원에 갇힌 채 가망 없는 삶을 사는 환자들에게 투여해보고 싶었다. 첫 대상은 조현병 진단을 받고 6년째 입원 중인 32세 남성이었다. 평소 헛것이 보이고 환청이 들린다며 난리법석을 피웠고, 진정제가 없으면 잠도 제대로 자지 못했던 그는 클로르프로마진을 3주

동안 복용한 뒤 병에 걸리기 전의 모습, 그러니까 친절하고 다가가기 쉬운 사람으로 돌아왔다.

병동에서 시키는 일도 곧잘 할 정도로 회복됐지만, 약을 끊자마자 다시금 상태가 나빠졌다. 엘크스는 흥분했다. "이 약이 제대로 듣는 다면 정신병원이나 폐쇄병동이 필요 없어지고 환자들이 다시 사회로 돌아가 정상적인 삶을 살 수도 있겠어!" 그로부터 몇 년 사이 이 약과 관련된 미담이 속출했다. "정신병 때문에 이혼당한 환자들이 전 부인 과 다시 결합했다"느니, "횡설수설해서 무슨 말을 하는지 알 수 없던 환자와 의사소통이 가능해졌다" 등등. 그래서 의료역사학자 에드워 드 쇼터(Edward Shorter)는 클로르프로마진의 발명을 '감염병에 있어 서 페니실린의 발명에 비유할 정도'라고 극찬하기도 했다.

블루 드럭에서 해피 드럭으로

"저, 페니실린 애기가 나왔으니 말인데요."

외치가 끼어들었다.

"페니실린은 세균으로 하여금 세포벽 합성을 못하게 한다고 했잖 아요? 클로르프로마진은 어떻게 조현병을 고치는 거죠?"

뜻밖의 질문에 마태우스는 당황했다.

"아직 제대로 밝혀진 게 없습니다. 신경전달물질인 도파민의 작용 을 억제한다는 사실이 알려졌지만, 조현병 환자들에게 도파민이 과다 분비되는 건 아니거든요. 조현병이 왜 생기는지 모르는 이상, 이 약이 왜 듣는지는 알 수 없습니다."

다음으로 개발된 약은 우울증 치료제였다. 조현병이나 조울증에 비해 우울증은 환자도 많았고, 자살하는 이가 많아 사망률이 은근히 높았다. 1958년 롤런드 쿤(Roland Kuhn, 1912~2005)이 이미프라민(imipramine)이란 약을 개발함으로써 우울증 환자에게도 서광이 비치게 된다. 이미프라민은 분자구조상 고리가 3개라고 해서 삼환계 항우울제로 분류되며, 작동 원리는 다음과 같다.

원래 세로토닌이나 에피네프린 같은 신경전달물질은 사람의 기분을 좋게 해준다. 정상적이라면 이 물질은 분비된 후 곧바로 수거되기 때문에 작용 시간이 짧을 수밖에 없다. 하지만 이미프라민을 투여하면 세로토닌과 에피네프린이 수거되는 과정이 억제되어 기분 좋은 상태를 유지하게 된다.

문제는 부작용이었다. 세로토닌 등은 신경계뿐 아니라 다른 기관에도 영향을 미쳐 입이 마르고 변비가 생기며, 체중이 증가하고 졸리는 증상을 유발한다. 이를 개선하려고 노력한 끝에 나온 약이 바로 플루옥세틴(fluoxetine)이다.

선택적 세로토닌 재흡수 억제제(Selective Serotonin Reuptake Inhibitors: SSRI)라고 불리는 이 약은 기존 항우울제의 부작용을 크게 줄였고, 하루 한 번만 복용하면 되는 간편함까지 더해져 가장 널리 쓰이는 항우울제가 됐다. 플루옥세틴이란 성분명보다 상품명이 훨씬 더 유명한 이 약은 바로 프로작(prozac)이다.

프로작이 성공하자 제약회사들은 더 좋은 항우울제를 개발하는 데 뛰어들었다. 공급이 수요를 창출한다는 세이의 법칙은 여기서도 들어맞아, 지금은 밥맛만 좀 떨어져도 '우울증' 진단이 내려져 항우울제를 복용하는 시대가 됐다.

현재 항우울제는 위궤양 약 다음으로 많이 팔린다는데, 과잉진단의 결과는 아닌지 한 번쯤 생각해볼 필요가 있다. 무조건 항우울제를 마다하는 건 바람직하지 않다. 부모님 혹은 자식을 잃거나, 배우자와 헤어지는 일들은 혼자 극복하기 어려운 외상이다. 이때 정신과에서 적절한 치료를 받는다면 훨씬 더 빨리, 더 잘 회복될 수 있으니 말이다.

정신병동에도 밤이 찾아왔다. 마태우스는 자기 침대로 가서 잠을 청했다. 외치는 그에게 마음속으로 작별인사를 한 뒤 우주선을 호출했다. 우주선에서 쏜 빔은 건물 천장을 뚫고 외치를 끌어올렸다. 공중으로 올라가는 외치의 주머니 속에는 클로르프로마진 30알이 들어 있었다. "우다다에게 줘야지!"

정신의학의 역사에서 결정적인 중요성을 갖는 것은 항(抗)정신병 약물의 등장이다. 1952년 클로로프로마진이 개발된 이후 정신병 환자들은 획기적인 증상 호전을 경험하고 입원환자의 수는 급감한다. 그 절정은 1980년대 '기적의 항우울제'로 불리는 프로작의 등장이다. 당시 《타임》지는 표지에서 정신과(psychiatry)의 p는 더 이상 정신분석(psychoanalysis)이 아니라 프로작(prozac)을 가리킨다고 선언했다.

항우울제는 현대의학의 10대 발견 중 하나로 꼽힌다. 단순한 약물로 보기에는 여러 가지 질문들을 던지기 때문이다. 현대에서 우울증은 감기같이 약으로 고칠 수 있는 생화학적인 문제가 되었다. 불행도 약으로 고칠 수 있다는 생각은 의사의 일방적 처방을 정당화하는 도구가 되었다. 덕분에 항우울제 같은 해피 드럭이 공격적으로 처방된다. 그래서 어떤 사람들은 항우울제가 인공적인 행복을 만들어 사람들을 비참한 현실이라는 지옥에서 꺼내주었지만, 진정한 행복을 위해 반드시 이루어야 하는 변화를 막고 있다고 비판하기도 한다.

언제든 약물을 먹으면 행복해지는 시대가 되었다는 유토피아적 낙관과 약물 없이는 결코 기분이 좋아질 수 없는 암담한 세상에서 산다는 디스토피아적 비관이 항우울제 안에 담겨 있다. 또한 약물을 먹고 '관리된' 감정 속에서 사는 내가 진짜인지, 우울함에서 아무것도 하지 못하던 이전의 내가 진짜인지 묻기도 한다. 약이 병을 넘어 라이프스타일을 바꾼다는 점에서 항우울제는 계속 예상치 못한 변화를 만들어갈 것이다.

암과의 전쟁
과연
승자는 누구일까?

1978년, 영국

손등에 쓰인 숫자를 보고도 외치는 별로 놀라지 않았다. 이전에는 몇 백 년을 건너뛰곤 했지만, 뒤로 갈수록 시간이 촘촘해졌다. '그렇다면 내 심장을 고치는 의술도 몇 년 안에 나오지 않을까?' 이런 기대를 가지고 길거리로 나간 외치는 다음과 같은 대화를 듣게 됐다.

"마이클, 자네는 아직도 담배를 안 끊었나? 뉴스 좀 보게. 암 걸린다잖아."

"이보게 프레디, 안 그래도 그 뉴스 때문에 고민이 많다네. 담배가 내 유일한 낙인데, 이게 발암물질이라니."

"저, 담배 피우면 무슨 큰 문제라도 생기나요?" 외치가 참지 못하고 끼어들었다. 둘은 말하다 말고 외치를 바라봤다.

프레디가 물었다. "당신은 누구요?"

외치가 답했다. "저는 외치라고 합니다. 이탈리아에서 왔습니다. 심장이 안 좋아서 이곳에 왔다가 두 분의 대화를 듣게 됐습니다."

곁에서 듣던 마이클이 말했다. "심장 하면 또 영국이지. 옥스퍼드대학교 병원에 가면 금방 고쳐줄 거요."

외치는 고맙다고 인사하며 하나 더 물었다.

"그런데 그 암이라는 건 뭔가요? 아주 무서운 병 같던데."

마이클이 당황한 표정을 시었다.

"암이… 그냥 암이지 뭔가? 그러는 자네는 암이 뭔 줄 아는 건가?"

잠시 뒤 프레디는 외치와 마주앉았다.

"인사가 늦었소. 난 프레디라고 하오. 당신 덕분에 내가 암에 대해 아무것도 모른다는 것을 일깨워줬으니, 당신은 내 스승이오."

"네? 제가 뭘…."

난데없는 얘기에 외치가 당황했지만, 프레디는 아랑곳하지 않고 말을 이었다.

"외치라고 했지요? 나는 아는 게 없지만, 당신이 정 암에 대해 알고 싶다면 내 조카를 소개해주리다. 이래봬도 내 조카는 영국국립건강연구원(National Institute for Health Research: NIHR)에 다닌다오."

고대의 암

이렇게 해서 외치는 심장전문의 대신 프레디의 조카인 루니를 만나게 됐다.

"어디서부터 설명할까요? 까마득한 옛날부터 합시다. 과거엔 암이 드물었어요. 암이란 기본적으로 잘못된 DNA가 증식하는 거잖아요? 우리 몸에는 변형된 DNA를 찾아내 수리하는 기능이 있는데, 나이가 들면서 그 기능이 떨어집니다. 그래서 암에 걸리죠. 그런데 과거엔 인간의 수명이 그리 길지 않았잖아요? 게다가 지금처럼 발암물질이 사방에 퍼져 있지도 않았어요. 그때 공기는 얼마나 깨끗했겠어요? 당연히 암이 드물 수밖에요."

고대라고 해서 암이 없지 않았다. 고대 이집트의 의학서라고 할 기원전 3000년 전의 에드윈 스미스 파피루스엔 유방암에 관한 최초의 기록이 나온다. 만져보면 차갑고 볼록 솟아 있으며, 치료법도 없어서 곧 유방 전체에 퍼진다고 나와 있다.

현미경으로 암의 존재가 확인된 최초의 인물은 지금으로부터 2700년 전 시베리아에 살았던, 40~50대로 추정되는 스키타이 왕이다. 오직 뼈만 남아 있었는데, 그 뼈에 암이 잔뜩 퍼져 있었다. 분석 결과 그 암은 전립선암에서 전파된 것이었다. 그 당시 사람들도 암 치료를 시도하긴 했지만, 그 방법은 지지거나 소금을 뿌리거나 비소를 바르는 식의 전혀 신빙성 없는 것들이었다.

"자, 이제 그리스로 넘어가 볼까요."

루니가 말을 이었다.

"의학의 아버지인 히포크라테스는 암이 신의 저주 같은 주술적인 원인으로 생긴다는 주장을 믿지 않았습니다. 대신 그는 피나 점액, 담즙, 다른 체액이 너무 모자라거나 많아서 암이 생긴다고 주장했지요."

먼저 히포크라테스의 주장은 틀렸다. 하지만 그는 암 연구에서 나름의 역할을 했는데, 바로 암에 이름을 붙여준 것이다. 부푼 혈관들에 둘러싸인 종양을 보고 모래구멍에서 발을 쫙 편 게를 떠올린 것이다. 그래서 히포크라테스는 암에 '카르키노스(karkinos: 게)'라는 이름을 붙였는데, 이는 현재 쓰이는 암종(carcinoma)의 어원이다.

또한 게는 라틴어로 '칸크룸(cancrum)'인데, 이건 캔서(cancer)가 됐다. 두 단어 모두 암, 즉 악성종양을 뜻한다. 빈도로 따지자면 캔서가 더 많이 쓰인다. 일산 국립암센터의 약자가 NCC인데, 이건 'National Cancer Center'의 약자다.

갈레노스의 통찰

"고대 로마의 의사인 코르넬리우스 켈수스(Cornelius Celsus, 기원전 25~서기 50)는 굉장한 통찰력을 발휘했어요. 그는 암이 외과적으로 치료되는 단계—이걸 '카코이테스(cacoethes)'라 불렀죠—에서 치료가 소용없는 단계인 카르시노스(carcinos)로 간다고 했습니다." 켈수스는 카코이테스 단계에서 제거를 해야지, 그 시기를 놓치면 암이 화가 나서 더 사나워진다고 했는데, 이는 '암은 조기에 치료해야 한다'는 요즘 생각과 일맥상통한다. 주장일 뿐 실제로 켈수스가 암을 조기에 진단해 치료했다는 말이 아니다.

갑자기 외치가 끼어들었다.

"갈레노스는 암에 대해 한마디 안 했나요?"

외치의 말에 루니는 깜짝 놀랐다.

"갈레노스를 아세요?"

외치는 하마터면 자신이 갈레노스를 만났으며, 그가 자신의 피를 다 뽑는 바람에 죽기까지 했다는 얘기를 할 뻔했다.

"체액 얘기를 하면서 피 뽑는 돌팔이잖아요."

루니의 입이 쩍 벌어졌다. '암도 모르는데 갈레노스를 알고 있다니!'

"그래도 돌팔이라는 말은 지나칩니다. 그래도 갈레노스는 2000년 전의 가장 위대한 의사로 꼽히니까요."

갈레노스는 암을 가운데 궤양이 있는 것과 없는 것으로 나눴다. 궤양이 있는 암은 진하고 검은 담즙을 일으키며 치료가 안 되는 반면, 궤양이 없는 암은 묽고 노란 담즙에 의해 생기며 치료가 된다고 생각했다. 따라서 암을 치료하려면 장을 비움으로써 검은 담즙이 축적되지 않게 해야 한다고 주장했다.

"그가 아무리 위대한 의사였다 해도, 암에 관한 그의 주장은 말이 안 되잖아요. 담즙과 암은 별 상관이 없지 않습니까?"

이제 외치를 다시 보게 된 루니는 그의 말에 동의를 표했다.

"그렇긴 합니다만, 갈레노스가 암에 대해서 전혀 기여하지 않은 것은 아닙니다."

갈레노스는 인체에서 자라나는 혹(덩어리)들을 세 종류로 나눴다. 첫 번째는 자연스럽게 자라는 것이다. 사춘기 때 여자의 가슴이 커진 다든지, 임신 때 자궁이 커지는 것을 말한다. 두 번째는 부자연스럽게 자라는 것이다. 염증으로 인해 붓거나 고름주머니가 잡히는 것으로서 갈레노스는 이를 흠뻑 젖은 스펀지에 비유했다. 염증이 생긴 부위에 혈액이 상당량 유입되는 것을 그렇게 표현한 것이다. 그가 사혈, 즉 피를 몸 밖으로 내보내는 치료를 좋아한 이유는 여기서 비롯된다. 세 번째가 바로 오늘날 암이라 불리는 덩어리다.

"오늘날 암을 1기부터 4기로 나누는 것처럼, 질병의 분류는 중요합 니다. 그 분류에 따라 치료가 달라지기 때문이지요. 따라서 덩어리를 세 종류로 나눈 갈레노스의 통찰은 매우 의미 있는 것입니다."

아라비아에서 중세까지

로마가 멸망한 뒤 콘스탄티노플과 바그다드가 새롭게 의학의 중심 지로 부각됐다. 이들은 그리스와 로마의 의학서들을 섭렵하고 여기에 자신들의 지식을 덧붙여 당대 최고의 의학 기술을 자랑했다. 하지만 이들도 암에 대해서는 속수무책이었다. 예컨대 이런 식이다.

아에티우스(Aetius, 502~575): 저는 콘스탄티노플 황제의 주치의 아에티우스입니다. 제가 유방암에 대해 놀라운 사실을 알아냈습니다. 유방암은 여자에게 많습니다. 남자에겐 드물어요. 게다가 통증이 심합니다. 암이 유두를 심하게 당기기 때문이죠.

사람들: 그런 건 됐고요, 치료는 가능합니까?

아에티우스: 간단합니다. 유방 전체를 잘라버리면 됩니다. 하지만 암이 유방 전체에 퍼졌거나, 암이 흉곽에 달라붙은 경우라면 수술해도 소용없습니다.

사람들: 명의시군요! 제가 아는 사람이 유방암 같은데, 수술 좀 부탁합니다.

아에티우스: 이론이 그렇다는 말이지, 언제 할 수 있다고 했습니까?

당시 아라비아 의사였던 아부 알카심의 솔직한 말을 들어보자.

"암을 수술하는 문제는 신중하게 접근해야 합니다. 환자는 암 때문에 죽는 것보다 수술로 죽는 경우가 훨씬 더 많습니다."

이후 교황이 주도권을 갖는 중세에도 변함이 없었다. 수술은 못하면서 그 방법에 대해선 다양한 주장이 난무했다. 그중 의미 있는 주장 하나만 들어보자. 의사이자 주교였던 테오도리크(Theodoric Borgognoni, 1205~1296)의 말이다. 그는 암이 주변의 근육과 신경, 혈관까지 침범해 들어간다고 하면서 이렇게 말했다. "암을 수술할 때 암만 도려내지 말고 주변의 건강한 조직까지 포함해서, 아주 넓게 제거해야 합니다." 사람들이 물었다. "코와 인두에 암이 생기면 얼굴 전체를 제거해야 하나요? 팔다리에 암이 있으면 팔다리를 통째로 없애야 하나요?" 잠시 고민하던 그는 이렇게 답했다.

"그런 곳에 암이 생기면 수술하지 마세요."

외치는 길게 하품을 했다. "듣다 보니 제대로 암을 고친 사람도 없는데, 그들의 주장을 일일이 들어야 하나요?"

그 말에 루니는 벌컥 화를 냈다.

"다 비슷한 말 같아도 자세히 보면 조금씩 발전하고 있다고요. 이런 조그만 변화들이 쌓이고 쌓여 지금의 의술을 만든 겁니다."

프랑스 의사 앙리 드 몽드빌(Henri de Mondeville, 1260~1320)은 갈레노스의 체액설을 공개적으로 거부했다. "암은 체액의 균형이 깨져서 생기는 게 아닙니다. 발암물질은 몸의 구멍이나 분비샘을 통해 몸 안에 들어옵니다." 몽드빌을 비롯한 다른 의사들의 도움으로 인류는 1000년도 넘게 의학계를 지배하던 낡은 편견과 결별할 수 있었다.

비슷한 시기 이탈리아에서는 죽은 환자의 부검이 시행됐다. 또한 요하네스 구텐베르크가 발명한 인쇄술은 더 많은 이들이 의학서를 볼 수 있게 해주었다. 이로 인해 촉발된 거대한 변화를 후세 사람들은 르네상스라고 불렀다.

르네상스시대의 암

이전에 말한 것처럼 르네상스는 고대 그리스 문화에 대한 관심이 일어난 시기로, 1453년 튀르크족이 동로마제국의 수도였던 콘스탄티노플을 정복한 뒤 많은 그리스 학자들이 서유럽으로 도망쳐 온 것이 이런 관심을 불러일으킨 계기였다.

이 시기 유럽 의학도 중세의 암흑기를 떨쳐내고 근대를 맞을 준비를 한다. 예컨대 프랑스 군의관이자 외과의 아버지로 불리는 파레가 바로 이 시기에 활약했다. 군의관이자 프랑스 왕의 주치의였던 그는 특히 외과 분야에 혁혁한 공을 세우며 근대 외과의 아버지라는 찬사를 듣는다. 하지만 제아무리 르네상스라 해도, 암은 어쩌지 못했다. 파레만 해도 암에 대해서는 단호했다.

"암은요, 못 고친다고 생각하면 됩니다."

그럼에도 불구하고 암에 대한 탐구가 없었던 것은 아니다. 원래 의학이란 불가능해 보이는 것에 도전하는 것이니 말이다. 가브리엘레 팔로피오(Gabriele Falloppio, 1523~1562)는 자궁과 난소 사이에 있는 나팔관을 발견하고 거기에 자기 이름을 붙여 유명해진 의사다(그림 1). 그는 형태를 관찰하는 데 뛰어난 의사였던 만큼 양성종양과 악성종양, 즉 암의 형태학적 차이에 대해 기술했다.

그림1 〉 가브리엘레 팔로피오

"암은 그 단단함이 나무와 같고, 모양은 불규칙하며, 근처에 있는 피부나 근육, 뼈 등에 달라붙어 있다. 또한 부푼 혈관이 암 주위에 분포하고 있다. 이게 악성이다. 반면 양성종양은 단단하고 형태도 규칙적이며, 인근 조직에 달라붙지 않아 손으로 움직일 수 있다."

양성과 악성은 치료 방법부터 예후까지 큰 차이가 있기에 현대의
학에서도 중요시하는데, 팔로피오의 설명은 현대의 기준과도 일치한
다. 하지만 그 역시 암의 치료에는 별로 자신이 없었다. "암은 몰래 자
라고, 의사는 할 수 있는 것이 없다"라는 탄식이 암 앞에 무기력했던
당시 상황을 대변해준다. 앞서 언급한 바 있지만, 갈레노스의 '검은
담즙 이론'이 파라셀수스에 의해 반박됐다는 것도 이 시기의 소중한
성과다.

17세기 이후의 암 연구

"나는 생각한다. 고로 존재한다"라는 데카르트의 경구가 보여주듯,
이 시대는 뭐든지 과학적으로 증명하는 시대였다. 의학도 마찬가지였
다. 혈액이 심장에서 나와 동맥으로 가고, 정맥을 통해 다시 심장으로
돌아오며, 동맥에서 조직으로 흘러든 림프액이 흉관을 통해 다시 심
장으로 합류한다는 것 등이 잇달아 발견되면서 '검은 체액이 암의 원
인'이라는 갈레노스의 체액설은 설 자리를 잃었다.

1759년 프랑스의 외과의사 장 아스트뤽(Jean Astruc, 1684~1766)은
논란이 있었던 담즙-암 연관설에 사망선고를 내렸다. 그는 고기 조
각과 유방암 조직을 씹어보는 엽기적인 실험을 한 뒤 이렇게 말했다.
"자, 보세요. 이 2개는 맛에 큰 차이가 없어요. 암에 담즙이 많다는 것

은 헛소리입니다." 다른 의사도 이를 지지하는 가설을 내세웠다.

"암은 국소적으로 발생한 뒤 림프액을 타고 전이됩니다. 그래서 사람을 죽게 만들죠."

이 가설에 착안해 장 루이 프티(Jean-Louis Petit, 1674~1750)라는 의사는 유방암을 수술할 때 유방을 떼어내는 것 이외에도 재발을 방지하기 위해 겨드랑이에 있는 림프절까지 제거해야 한다고 주장했다. 베르나르 페릴(Bernard Peyrilhe, 1737~1804)은 여기에 더해 가슴근육도 같이 제거해야 원격전이를 막을 수 있다고 했다. 이들의 주장은 19세기 미국의 외과의사 윌리엄 홀스테드(William Stewart Halsted, 1852~1922)의 '근치적 유방절제술'로 만들어져 오늘에 이르고 있다.

하지만 암 치료는 여전히 불가능한 일이었다. 그러다 보니 이 시대에는 암을 치료하려면 먼저 암이 뭔지, 왜 생기는지를 알아야 한다는 주장이 힘을 얻었다. 그 결과 이 시대에선 암의 원인이 일부 밝혀지기도 했다.

이탈리아의 의학자 베르나르디노 라마치니(Bernardino Ramazzini, 1633~1714)를 보자. 그는 노동자들의 건강 문제에 관심이 많아 특정 작업장이 어떤 병을 유발하는지를 연구했다. 산업의학과의 효시인 셈인데, 연구 과정에서 그는 수녀들이 결혼한 여성들에 비해 유방암에 더 많이 걸리지만, 자궁경부암에는 거의 걸리지 않는다는 사실을 알아낸다. 그래서 그는 "자궁경부암이 성생활과 관련 있다"라고 주장했는데, 이 주장은 훗날 사실로 드러난다. 성경험이 있으면 인유두종바이러스(HPV)에 걸릴 확률이 높고, 그 바이러스는 자궁경부암을 일으키니 말이다.

그런가 하면 담배와 암의 관계에 대해 말한 사람도 있다. 동물실험에서 둘 사이의 연관관계가 밝혀진 시기는 1978년이지만, 그보다 200년도 더 전인 1761년에 존 힐(John Hill, 1716~1775)은 코담배, 즉 코에 갖다 대서 냄새를 맡는 담배를 피울 때 비강암에 걸릴 위험이 높다는 보고서를 발표했다.

1775년 퍼시벌 포트(Percivall Pott, 1714~1788)는 굴뚝청소부에게서 음낭암이 더 많이 발병한다는 것을 발견다. 암은 원래 나이 든 사람이 더 많이 걸리지만, 굴뚝청소를 하던 이들은 어린 소년들이었고, 심지어 여덟 살짜리도 있었다. 포트는 벽난로 안에 붙은 타르에 암을 일으키는 물질이 있을 것으로 추측했다. 훗날 이 물질은 벤조피렌으로 확인됐다.

몇몇 원인들이 밝혀졌지만, 여전히 암의 정체는 명확히 드러나지 않았다. 그래서 다음과 같은 사건이 있었다. 프랑스 랭스 대성당의 신부는 암 환자들이 제대로 된 간병을 받지 못하는 현실이 안타까운 나머지 암 전문병원을 지어 가난한 암 환자들을 돌보고자 했다.

암 병원은 1740년에 문을 열어 8명의 암 환자를 받았는데, 암이 전염될 수도 있다는 높은 분들의 우려로 인해 시 외곽으로 자리를 옮겨야 했다. 이는 암은 절대로 치료될 수 없다는 체념적인 분위기도 한몫을 했다.

19세기 이후의 암 연구

"19세기까지 왔다면 그래도 꽤 왔군요."

졸음을 참아가며 이야기를 듣던 외치가 19란 숫자에 반색했다. 하지만 루니의 다음 말은 외치를 실망시켰다.

"갈수록 중요한 연구가 더 많아집니다. 이제 겨우 반 왔어요."

그 말에 외치는 인내심의 바닥을 느꼈다. 그가 꾸벅꾸벅 졸거나 말거나 루니의 이야기는 계속됐다.

"이 시기의 획기적인 과학적 발견이 뭔지 아십니까? 바로 현미경의 발명입니다. 덕분에 사람들은 세포가 모든 생명체의 단위라는 것을 알게 됐어요. 또한 사람들은 현미경을 이용해 암의 정체를 파악할 수 있으리라 기대했지요."

그 결과 암에 관한 각종 설들이 쏟아졌다. 그중 의미 있는 가설 몇 가지만 살펴보자.

로베르트 레마크(Robert Remak, 1815~1865): 원래 세포는 기존 세포의 분열로 생긴다. 하지만 암세포는 기존 세포에서 생기는 게 아니라, 기존 세포가 변형된 것이다. 따라서 그 세포는 자신이 속해 있던 조직과 완전히 달라진다.

루이 바드(Louis Bard, 1857~1930): 정상세포는 잘 분화된 세포가 돼서 원래 기능을 수행하지만, 암세포는 발육 과정의 결함으로 인해 암이 된다. 이는 요즘의 기준과도 일맥상통해서, 분화도가 가장 떨어지는 암일수록 예후가 좋지 않다.

테오도어 보베리(Theodor Boveri, 1862~1915): 성게의 발육 과정을 관찰하고 《악성종양의 기원》이란 책을 썼는데, 거기서 그는 세포분열 과정에서 일어나는 오류가 암의 기원임을 밝혔다.

여기서 요하네스 피비게르(Johannes Fibiger, 1867~1928) 사건이 일어난다. 덴마크의 병리학자인 그는 쥐를 이용한 결핵 실험을 하고 있었다. 그런데 일부 쥐가 위암에 걸려 있는 걸 발견했다. 그 쥐들은 하나같이 기생충에 감염되어 있었기에, 그는 기생충이 암을 일으킨다고 생각했다. 그 기생충은 처음 보는 신종이라, '스피로테라'라는 이름을 붙였다.

그의 발표 이후 난리가 났다. 기생충이 암을 일으킨다니! 피비게르는 암을 일으키는 중대한 원인을 규명했다는 공로를 인정받아 1926년 노벨생리의학상을 받았다. 몇몇 학자들이 수상하다며 이의를 제기했지만, 크게 이슈가 되진 않았다.

하지만 피비게르가 죽고 난 뒤 그의 연구를 검증하던 학자들은 피비게르가 위 점막이 자극을 받아 변성된 것을 암으로 착각했다는 사실을 알았다. 그리고 그 변성은 그 실험쥐의 비타민 A의 결핍으로 생긴 것이었다. 기생충은 암을 유발한다는 주장은 전혀 사실이 아니었다! 피비게르의 수상은 노벨상의 흑역사로 남았다.

하지만 그로부터 수십 년 후 실제로 기생충이 암을 유발한다는 게 밝혀졌다. 간흡충(일명 간디스토마)과 방광주혈흡충이 각각 담도암과 방광암을 일으킨다는 것이다. 이 기생충들은 현재 국제암연구센터에 의해 발암물질로 분류되고 있다.

기생충과 더불어 미생물 기원설도 끈질기게 제기됐다. 수많은 이들이 암과 미생물의 관계를 밝히겠다고 뛰어들었다. 대부분은 참담한 실패를 맛봤다. 그럼에도 불구하고 이런 견해가 존재했다. 미생물 감염이나 암 모두 외부 물질에 의해 일어나는 것이니, 아주 독한 약을 쓰면 암도 치료될 수 있다는 견해 말이다. 그러다 보니 강한 항생제가 암 치료에 쓰였는데, 그중 하나가 아드리아마이신(Adriamycin)이다. 놀라운 사실은 '마이신'이 들어가는, 그래서 항생제에 속하는 이 약이 암에도 효과가 있다는 점이다.

훗날 헬리코박터 프로젝트로 유명한 배리 마셜(Barry Marshall)은 헬리코박터가 위암의 원인임을 증명했으니, 기생충-암의 관계처럼 세균-암의 관계도 입증된 셈이다. 일부 학자는 세균과 암이 관계가 있다면, 암 환자에게 세균을 집어넣으면 암이 치료되지 않을까, 하는 생각을 한다.

20세기 초반에 활동했던 윌리엄 콜리(William B. Coley, 1862~1963)라는 학자는 '단독(erysipelas)'이란 피부질환을 일으키는 연쇄상구균을 암 환자에게 치료 목적으로 주입했다. 1000명 이상이 이 방법으로 치료를 받고 효과도 좋았지만, 콜리는 '그게 말이 되느냐'라는 학계의 비판에 시달려야 했다.

하지만 현재 방광암 치료에 결핵균을 주입(BCG 주사)하는 방법이 사용되고 있으니, 결과적으로는 콜리의 말이 맞았다. 이 방법은 완전히 낮게 해주진 못해도, 암의 진행을 늦추고 재발을 막음으로써 예후를 좋게 해준다.

"이게 무슨 이야기냐면." 루니는 잠이 든 외치를 흔들어 깨웠다. "19세기쯤 되니까 황당한 주장보다는 과학에 근거한 주장이 주를 이루고, 그게 오늘날 암과 싸울 수 있는 기반이 되었다는 거지요."

암 수술이 가능해지다

19세기 이후에는 암을 일으키는 새로운 원인들도 밝혀졌다. 미국의 병리학자 페이턴 라우스(Peyton Rous, 1879~1970)는 암에 걸린 새에서 암조직을 떼어낸 뒤 세균은 물론 세포도 통과시키지 않는 여과지에 걸렀다.

"그러면 뭐가 남을까요?"

루니의 갑작스러운 질문에 순간 외치는 당황했지만, 그가 누구인가. 고대부터 현대에 이르는 의학의 역사를 지나왔지 않은가.

"그건 바이러스죠."

외치의 명쾌한 대답에 루니의 눈이 휘둥그레졌다.

"맞습니다! 대단하시네요!"

라우스는 바이러스로 추정되는 그 물질을 건강한 닭에게 주입했다. 닭은 곧 암에 걸렸다. 이로써 라우스는 암을 다른 동물에 이식할 수 있다는 것을 보여주었다. 닭이 걸린 암이 육종이어서 그는 이 바이러스에 '라우스 육종 바이러스'라는 이름을 붙였다. 물론 이게 말이 안 된다고 반발하는 학자들도 있었지만, 노벨위원회는 1966년 그에게 생리의학상을 수여함으로써 라우스가 옳음을 입증해주었다. 그 밖에도 자외선이나 석면, 담배, 그리고 우리나라에서 화제가 됐던 라돈도 암을 일으킬 수 있음이 밝혀졌다.

하지만 20세기의 좋은 점은 드디어 암 치료가 가능해졌다는 것이다. 다시금 아부 알카심의 말을 되새겨보자. "암 환자는 암 때문에 죽는 것보다 수술로 죽는 경우가 훨씬 더 많습니다." 왜 그럴까? 당시엔 수술이 전혀 안전하지 않았기 때문이다. 제대로 된 마취제가 없으니 환자는 엄청난 고통에 시달려야 했고, 항생제가 없으니 수술 후 감염에 속수무책이었다. 암이 어디에, 또 얼마나 번져 있는지 모르는 채로 수술을 해야 하는 어려움도 있었다.

하지만 20세기에 접어들면 모든 게 달라진다. 마취제와 항생제가 발견됐고, 엑스레이의 발명으로 어느 정도 진단이 가능했다. 조기에 암을 발견하면 완치할 수 있는 시대가 열린 것이다.

수술이 가장 확실하고 성공적인 방법이지만, 암과 싸우는 무기는 이게 다가 아니다. 우리가 익히 아는 항암제가 두 번째 방어책이다. 그 이전에도 항암제에 대한 생각이 있었지만, 제대로 듣는 항암제가 없었다. 오죽하면 19세기 미국의 의학자 겸 문필가인 올리버 웬델 홈스가 이런 독설을 내뱉었을까. "이 세상에 존재하는 모든 약제를 바다 속에 던져버린다면 차라리 인류에게 더 나을 것이다. 물고기한테는 재앙이겠지만." 하지만 20세기는 19세기와 차원이 다른 시기였기에,

좋은 항암제가 속속 개발되었다.

놀랍게도 그 시초는 겨자가스였다. 2차 세계대전 당시 겨자가스는 사람을 죽이는 일종의 독가스였다. 그런데 독일의 겨자가스 공격을 받은 사람들의 백혈구 수치가 급격하게 줄어드는 게 아닌가? 군의관들은 이 가스가 오직 백혈구만 공격한다는 사실에 주목했다. 그래서 백혈병에 이 가스를 써보기로 했고, 결과는 성공적이었다. 겨자가스는 백혈병 환자의 사망률을 극적으로 떨어뜨렸다. 이 겨자가스는 그후 질소겨자(겨자의 '황'이 '질소'로 바뀐 것)로 재합성돼 널리 쓰였다.

항암제 개발, 그 이후

의학의 발전은 인류의 수명을 연장했다. 나이 든 사람들이 많아지고, 또 발암물질이 우리 삶 속으로 스며들면서, 암에 걸리는 사람이 늘어났다. 많은 나라들이 암 연구를 위해 연구소를 세우고 돈을 뿌리기 시작했다. 연구 결과가 쌓일수록 그에 걸맞은 무기가 만들어졌다.

먼저 DNA에 침투해 암세포의 자기복제를 막는 약이 나왔다. 식물에서 추출한 빈카알칼로이드(vinca alkaloids)는 세포분열 시 튜불린(tubulin, 세포에서 미세소관을 염색하여 살펴보면, 실 모양을 띠고 있다. 하지만 미세소관을 이루고 있는 단위체는 공 모양의 단백질로, 이 단위체를 튜불린이라고 한다. 여러 종류가 있다)의 중합을 막음으로써 효과를 낸다. 미국 서해안에 서식하는 주목나무로부터 택솔이라는 항암제가 만들어졌는데, 이 약은 유방암과 난소암, 폐암 등에 효과가 좋았다(그림 2). 택솔도 작용기전은 빈카알칼로이드와 같다. 이 약들은 머리카락과 장 상피세포 등 빨리 증식하는 다른 세포에도 영향을 줄 수밖에 없는지라, 항암제 치료 시 머리가 빠지고 소화가 안 되는 등의 부작용이 생겼다.

빈카알칼로이드는 신경독성이 강했다. 1960년대에 들어서자 작용기전이 다른 여러 항암제를 섞어서 투여하는 방법이 고안되었다. 이렇게 하면 효과는 더 높아지고 (각 약의 용량을 줄일 수 있으므로) 부작용은 줄어드는데 실제로 이렇게 한 결과 관해율(질환의 증상이 경감되거나 완화되는 기간)이 크게 높아졌다.

약에만 의존한 것은 아니었다. 백혈병처럼 수술이 불가능한 경우에는 항암제로만 치료하지만, 치료가 가능한 경우엔 수술로 암을 제거한 뒤 추가로 항암제를 투여했다. 경우에 따라서는 방사선동위원소를 이용한 방사선 치료를 하기도 했다.

어느 경우든 부작용이 있었고, 환자는 그로 인해 고통 받을 수밖에 없었다. 그래서 생각한 것이 암세포만 죽이는 이른바 표적치료다. 표

그림 2 〉 항암제 택솔에 쓰이는 주목나무

적치료에 이용되는 것이 바로 인간의 면역인데, 면역은 정상적이라면 암세포만 공격할 뿐 자기 자신은 공격하지 않기 때문이다.

하지만 암세포는 우리 자신인 척 위장에 능해서, 면역세포가 도대체 공격할 생각을 못해서 문제다. 캐나다의 면역학자이자 세포생물학자인 랠프 스타인먼(Ralph Marvin Steinman, 1943~2011)은 수지상세포(dendritic cell)를 이용해 이 난관을 극복했다. 수지상세포는 피부나 점막에 분포하는 세포인데, 이 세포는 위험해 보이는 애들이 있으면 그들의 특징을 암기한 뒤 면역계에 명령을 내린다. "이렇게 생긴 애들은 다 죽여!" 그러니까 수지상세포에게 암세포의 특징을 알려준 뒤 면역계더러 죽이라고 한다면 표적치료가 가능해진다. 스타인먼은 피부에 생기는 암인 흑색종 환자를 대상으로 이 방법을 시험했다.

① 흑색종에 있는 단백질을 분리한다.
② 흑색종 환자로부터 수지상세포를 추출한다.
③ ①과 ②를 같이 놔둔다. → 수지상세포가 흑색종 세포의 단백질을 스캔한다.
④ 수지상세포를 환자에게 다시 넣어준다.
⑤ 수지상세포가 면역계한테 흑색종을 죽이라고 명령한다.

결과는 대성공이었다. 스타인먼은 자신이 췌장암에 걸렸을 때도 이 방법을 써서 무려 4년간 건강한 상태를 유지했다. 덕분에 그는 2011년 노벨생리의학상을 받지만, 그 직전에 죽음을 맞아 수상대에 오르진 못했다.

이 밖에도 호르몬 치료와 양성자 치료 등 획기적인 치료법이 개발되고 있다. 이 치료가 아직 수술을 대체할 수준은 안 되는지라 여전히 환자들은 수술+항암요법 혹은 방사선요법으로 치료를 받고 있다. 암의 조기진단의 중요성이 여기에 있다.

실제로 암의 조기진단 기술은 날로 발전하고 있으며, 건강검진의 활성화로 사람들은 특별한 이상이 없어도 병원에 가서 검사를 받으니, 암으로 인한 사망률은 점점 떨어질 것이다. 또한 유전자를 미리 검사해 '당신은 어떤 암에 걸릴 위험성이 있다'고 미리 조심시키는 것도 가능해졌는데, 유명 배우인 앤젤리나 졸리는 이 검사 결과에 따라 유방을 미리 절제하기도 했다.

암과의 전쟁은 계속된다

"암은 언제쯤 정복될 것 같습니까?"

신이 나서 미래의 일까지 떠들던 루니는 갑작스러운 외치의 질문에 머리를 긁적였다.

"1971년 미국의 닉슨 대통령은 암과의 전쟁을 선포했어요. 암에 대해 거의 다 알았고, 치료법도 속속 나오고 있으니, 앞으로 10년 후면 정복되지 않을까 싶네요. 그때쯤 되면 암이 감기와 거의 비슷한 취급을 받을 것 같은데요. 하하하."

외치는 암이 정복될 정도면 자신의 심장도 고칠 수 있으리라 생각했다. 그리고 루니와 작별을 고한 뒤 우주선에 올랐다.

루니의 예상과 달리 과학자들은 암과의 전쟁에서 참패했다. 1971년 이후 40년 가까운 세월 동안 미국 정부는 220조 원을 쏟아부으며 암연구를 독려했다. 하지만 2008년 미국에서 암으로 죽은 사람은 56만 명으로, 1971년보다 오히려 23만 명이 늘었다. 암과 싸우던 과학자들이 패배를 선언할 수밖에 없었다. 한 저명한 암 생물학자는 이렇게 말했다.

"암에 대해 우리가 아는 건 지금이나 40년 전이나 크게 달라지지 않았습니다."

그래도 헛된 싸움은 아니었다. MIT 생물학자 로버트 와인버그(Robert Weinberg)는 암에 관한 놀라운 사실을 밝혀냈다. "암은 하나의 질병이 아닙니다. 현재 암에 걸린 모든 사람들, 그리고 인류가 시작된 후 암에 걸렸던 모든 사람들의 암은 각각 다른 분자 변이에 의해 발생했습니다. 모든 암이 서로 다른 병이라는 얘깁니다."

심지어 암 자체도 계속 변화한다고 한다. "한 환자의 암도 시간에 따라 변합니다. 이는 한동안 효과를 보이던 치료법이 왜 갑자기 듣지 않는지, 왜 의사들이 새로운 치료법을 끊임없이 찾아 헤매야 하는지를 알려줍니다." 그래서 그는 말한다. 암과의 전쟁에서 승리라는 것은 한 번의 극적인 전투에서 이겨서가 아니라, 수없이 많은 전쟁들을 치르고 이겨낸 후에야 얻을 수 있을 것이라고.

7세기경 마야 신전의 벽에는 제사장이 담배를 피우는 그림이 묘사되어 있다. 어떤 종류든 풀이나 약초 등에 불을 붙여 연기를 빨아들이는 '흡연' 문화는 이렇듯 오래전부터 인류 곳곳에 존재했다. 흡연 문화가 이토록 오래 지속되어온 역사를 보면 담배를 끊지 못하는 사람들이 이해가 되기도 한다.

원래 담배는 아메리카 원주민들이 주술의식에 사용하던 식물을 유럽인들이 기호품으로 만든 것이다. 크리스토퍼 콜럼버스가 1492년 항해를 통해 원주민에게서 잎담배를 받아온 게 담배가 유럽으로 퍼지게 된 계기였다. 당시에는 담배를 만드는 기술이 없었기에 원주민들에게 받아온 담배를 피워야 했지만, 프랑스 사람인 장 니코(Jean Nicot)가 약초로서 담배를 재배하면서 사람들은 원하는 만큼 담배를 피울 수 있게 됐다. 담배의 주요 성분인 니코틴도 이 사람의 이름에서 비롯되었다.

신항로 개척시대 이후 인류의 기호품으로 소비되어온 담배와 건강의 상관관계가 밝혀진 지는 그리 오래되지 않았다. 2차 세계대전 이후 막강한 자본력을 앞세운 다국적 담배회사는 과학자들과 비밀리에 계약을 맺었고, 과학자들은 담배가 건강을 해친다는 사실을 숨겼다. 1963년에 이미 흡연이 암을 유발하고 니코틴이 중독성이 있다는 연구결과가 나왔지만, 담배회사는 1990년대까지도 이를 부인했다.

담배회사는 국가연구기관보다 먼저 간접흡연의 위험성을 알아내기도 했다. 영국의 여론조사 기관 로퍼가 1978년 5월 담배연구소에 제출한 비밀보고서('흡연과 담배산업에 대한 대중의 태도')를 보면 "간접흡연은 직접흡연이 건강에 해를 끼치는 문제와 전혀 다르다. 간접흡연을 문제 삼는 여론이 형성되면 담배업계는 생존의 위협에 처할 것이다"라고 쓰여 있다.

우려는 현실이 됐다. 1981년 일본국립암연구소의 히라야마 다케시(平山雄) 박사가 첫 역학 연구를 발표했다. 29개 지역의 비흡연자 기혼 여성 540명을 대상으로 14년간(1966~1979) 추적한 연구였다. 다케시 박사의 연구에 따르면 흡연자 남편을 둔 여성이 비흡연자 남편을 둔 여성보다 폐암 사망률이 더 높았다.

1986년 미국 정부는 간접흡연이 폐암을 일으킨다는 사실을 공식적으로 인정했고, 1988년 영국 정부도 간접흡연은 비흡연자의 폐암을 10~30퍼센트 증가시킨다고 밝혔다. 곧 간접흡연이 사회문제로 떠올랐고, 흡연자들은 이제 더 이상 '개인의 선택'이라는 방어막에 숨을 수 없게 됐다.

장기이식
인간이 만든
기적의 순간

외치, 심장의 한계를 느끼다

2000년 외치는 미국 미네소타주에 있는 메이요클리닉(Mayo Clinic) 앞에 내렸다. 원래 가기로 한 곳은 아니었지만, 외치가 가슴통증과 더불어 극심한 피로감을 호소하는 바람에 이곳에 불시착한 것이다. 외치는 곧 응급실로 옮겨졌고, 의사의 진찰을 받았다. 그는 정말 운이 좋았다. 왜냐하면 메이요클리닉이 '최고' 병원이기 때문이다. '환자 우선'을 표방하는 병원은 많지만, 실제로 그렇게 하는 병원은 많지 않다. 예를 들어 심장 때문에 병원에 온 환자가 폐도 나쁘다는 게 밝혀졌다고 해보자. 보통 병원에선 이렇게 한다.

"호흡기내과도 가보셔야겠네요. 저희가 예약해드릴게요."

이 정도만 해줘도 환자는 감동하지만, 메이요클리닉은 그렇게 하지 않는다. 대신 호흡기내과 의사가 환자에게 온다! 여러 명의 의사가 한 명의 환자를 앞에 두고 어떻게 진료할지 토의하는 모습은 경이롭기까지 하다.《메이요클리닉 이야기》라는 책에 따르면 이곳은 일단 의사를 채용할 때 병원 철학에 맞는 의사를 뽑는다. 그 철학이란 '의사가 과거에 환자에게 얼마나 잘했는가'란다. 미국 의사들과 환자들이 모두 '가장 가고 싶은 병원' 1순위로 메이요클리닉을 꼽을 정도인데, 이는 객관적인 데이터로도 증명된다. 다음 기사를 보자.

"미국 미네소타주 로체스터에 위치한 메이요클리닉이 3년 연속 '미국 최우수 병원'으로 선정됐다.《US뉴스앤드월드리포트》가 공개한 2018 전국 의료기관 평가(Best Hospitals Honor Roll)에서 메이요클리닉은 총점 480점 만점에 총 414점을 받으며 2016년과 2017년에 이어 또다시 1위를 차지했다."

"심장이 굉장히 안 좋으세요."

안경을 쓴 의사는 외치의 심장초음파 사진을 들여다보며 말했다.

"박출계수라는 게 있어요. 심장은 2심방 2심실이잖아요. 그중 좌심실이 피를 온몸으로 보냅니다. 좌심실이 보내는 피의 양을 좌심실의 용적으로 나눈 것이 바로 박출계수예요."

외치는 여전히 모르겠다는 표정을 지었다. 사실 피로가 온몸에 쌓여 말할 기운도 없었다.

"그러니까 좌심실 부피가 100밀리리터라고 해봐요. 거기에 피가 가득 차면 100만큼의 혈액이 들어 있겠지요? 그 좌심실이 70밀리리터만큼 피를 짜낸다고 하면, 박출계수는 70퍼센트가 됩니다. 그런데 환자분의 경우 그 수치가 30퍼센트에 불과해요."

외치가 힘없이 말했다.

"많이 낮은 건가요?"

의사는 고개를 끄덕였다.

"그럼요. 보통 우리가 45퍼센트 이하면 심장이 제 기능을 못하는, 확장성심근병증이라는 진단을 내리거든요. 근데 환자분은 30퍼센트이니, 굉장히 낮은 거죠."

확장성심근병증이라, 들어본 적이 있는 진단명이다. 외치는 별 기대 없이 물었다.

"고칠 방법은 없겠지요?"

"왜 없겠어요. 여기가 바로 메이요클리닉인데요. 일단 약물을 좀 쓸게요. 강심제랑 이뇨제, 그리고 고혈압약을 쓰면 좀 나아질 겁니다. 하지만 이 정도면 심장이식을 해야 합니다."

외치는 자신이 잘못 들은 줄 알았다.

"심장이식? 그게 뭔가요?"

의사가 허탈하다는 듯 웃었다.

"심장이식이 뭐냐고요? 다른 사람의 심장을 환자분한테 옮기는 거죠. 건강한 심장으로 교체하면 앞으로 하고 싶은 일들 다 하면서 살 수 있어요."

외치는 벌떡 일어나 앉았다.

"네? 드디어 고칠 방법이 생겼군요! 와, 어떻게 이런 일이."

장기이식의 시작

"2000년쯤 되니까 확실히 다르네."

의사가 준 약을 먹으니 심장이 조금 나아진 듯했다. 하지만 외치는 심장약이 있다는 사실보다 다른 사람의 장기를 이식하는 시대가 왔다는 말을 듣자 감격스러웠다. 감정을 주체하지 못한 외치는 옆 침대에 누워 있는 사람을 깨워서 말을 걸었다. 침대 옆 이름표를 보니 '스코티'라고 쓰여 있었다.

"스코티 씨, 장기이식 들어보셨어요? 그게 가능하다네요. 정말 놀랍지 않습니까?"

그 사람은 외치를 보고 어이없어했다.

"어디 다녀왔소? 장기이식이 가능해진 지가 언젠데요. 저희 고모도 신장을 이식한 지 벌써 10년입니다."

외치는 더 놀랐다. 그래도 자신은 의료의 중요한 현장을 모두 경험했다고 자부하는데, 이식은 처음 듣는 말이었다.

"신장 말입니까? 우리가 콩팥이라고 부르는 그거요? 그걸 이식받았다고요?"

스코티는 잠시 외치를 바라보다 옆에서 졸고 있던 남자를 불렀다.

"이봐, 마이클. 이 사람한테 설명 좀 해줘. 그래도 네가 우리 집안에

선 유일한 의사잖아."

병든 장기를 새로운 장기로 바꾸면 건강이 회복될 것이라는 생각은 오래전부터 있었다. 기원전 2000년 이집트에 장기이식과 관련된 신화가 있고, 기원전 700년 인도에서도 자기 조직을 이식해 코 성형수술을 한 기록이 남아 있다.

11세기에는 치아이식이, 15세기에는 피부이식이 시도됐다. 하지만 자기 조직을 이식하는 경우를 제외하면 대부분 실패로 돌아갔다.

근대의학의 여명기인 18세기부터 의학자들은 동물실험을 통해 이식에 관한 지식을 얻기 시작했다. 영국의 외과의사 존 헌터는 닭의 고환이나 동물의 아킬레스건을 동종끼리 이식했다. 이러한 노력이 축적돼 1880년에는 각막이식에 성공했다.

그러나 피부나 각막같이 단순한 조직이 아니라 장기 같은 기관을 이식하는 기술은 20세기가 될 때까지 불가능했다. 이유는 크게 두 가지다. 첫째, 작은 혈관이라도 막히지 않고 혈액을 통과시킬 수 있게 하는 봉합 기술과 미세수술 기술이 부족했다. 둘째, 수술 후 이식한 장기가 염증을 일으키며 손상되는 현상, 즉 '거부반응'이 생겼다.

이 가운데 혈관봉합 기술은 1910년대에 해결됐다. 동맥을 자르고 이어줄 때 혈관 조직에 상처를 주지 않으면서 잠시 피가 흐르지 않도록 집어주는 가위 모양의 동맥 겸자가 등장했고, 프랑스의 외과의사 알렉시스 카렐(Alexis Carrel, 1873~1944)이 서로 이어줄 양측 혈관 단면을 삼각형처럼 만들어 봉합하는 '삼각봉합법'을 고안해냈다(그림 1). 카렐은 삼각봉합법을 고안해 동물 이식실험에 성공한 공로로 1912년 노벨생리의학상을 받았다.

마이클은 외치가 사온 커피 한 모금을 마신 뒤 이야기를 시작했다.

"때는 1800년대 말로 거슬러 올라갑니다. 프랑스 외과의사 마티외 자불레(Mathieu Jaboulay, 1860~1913)는 수술을 통해 혈관을 서로 잇는 기술을 발명합니다. 사실 이식에서 가장 어려웠던 것이 혈관봉합이거든요."

우리 몸속 장기는 혈액이 공급되지 않으면 잠깐의 시간도 견디지 못한다. 그래서 동맥과 정맥 등 각종 혈관들이 해당 장기를 둘러싸고 있는데, 장기이식을 하려면 그 혈관들을 일단 잘라냈다가 다시 이어줘야 했다. 이게 불가능했던 시절에는 이식은 엄두조차 내지 못했지만, 혈관봉합이 가능해졌다면 장기이식도 도전해볼 만하지 않은가? 1906년 자불레는 신부전환자 2명에게 세계 최초의 이식수술을 시도한다. 한 명에게는 염소 신장을, 또 한 명에게는 돼지 신장을 이식했다. 외치가 참지 못하고 끼어들었다.

"염소랑 돼지라뇨? 그게 말이 됩니까?"

마이클이 눈을 부라렸다.

"그럼 어디서 신장을 구합니까? 살아 있는 사람의 신장을 떼야 하나요?"

듣고 보니 맞는 말이라 외치는 미안하다고 말한 뒤 다시 물었다.

"그래서 어떻게 됐습니까?"

안타깝게도 2명 다 오래 살지 못한 채 죽

그림1 〉 알렉시스 카렐

고 만다. 어차피 그 시절에 신부전은 죽음과 동의어였다. 그의 실패는 어쩔 수 없는 일로 치부됐다. 그러다가 1933년, '혹시 사람 신장을 써 보면 나으려나?' 하고 생각한 이가 있었으니, 그가 바로 우크라이나의 외과의사 유리 보로노이(Yurii Voronoy, 1895~1961)였다. 대상자는 26세 여성으로, 자살을 하려고 먹은 수은으로 인해 신부전에 빠진 상태였다. 의사는 죽은 지 여섯 시간이 지난 사람으로부터 떼어낸 신장을 그 여성에게 이식했다. 수술 다음 날 환자 상태는 급격히 악화됐고, 수술한 지 21시간 만에 사망했다. 여기서 포기하지 않고 보로노이는 5명의 환자에게 같은 수술을 시행했지만, 모두 실패하고 만다.

문제는 면역이다

"왜 실패한 거죠? 사람 조직을 썼는데도?"

"원인은 두 가지였습니다. 첫 번째는 죽고 나면 심장이 멈춘다는 것입니다. 신장에 피가 더 이상 공급되지 않는다면 신장이 썩게 되겠지요? 썩은 신장을 넣어주면 제대로 작동하겠습니까? 따라서 죽은 사람이 아닌, 살아 있는 사람의 신장을 떼서 바로 이식해야 합니다. 다행히 신장은 2개가 있어요. 하나를 줘도 괜찮습니다. 두 번째 이유는 면역입니다. 이게 더 큰 이유인데, 주는 사람과 받는 사람이 면역학적으로 맞지 않는 겁니다."

신장이식을 하려면 일단 주는 사람(공여자)과 받는 사람(수여자)의 혈액형이 같아야 한다. 그렇지 않으면 신장에 있는 혈액과 수여자의 혈액이 응집반응을 일으켜 신장이 제 기능을 하지 못한다. 두 번째로 필요한 요건이 바로 '조직 적합성'이다. 백혈구 표면에 있는 항원이 일치해야 하는데, 그렇지 않은 경우엔 수여자의 면역이 공여자의 신장을 이물질로 인식해 공격하기 때문이다.

지금이야 이식 전 조직 적합성 검사는 필수적이지만, 그 당시엔 조직 적합성에 대한 인식이 없었다. 이런 상태에서 계속 이식을 해봤자 성공률은 0퍼센트가 될 수밖에 없었다. 이 문제를 해결한 사람이 바로 영국의 생물학자 피터 메더워(Peter Medawar, 1915~1987)다. 그는 화상을 입은 조종사를 보고 다른 사람의 피부를 이식해 화상을 치료하는 방법을 생각해낸다. 스스로 좋은 아이디어라고 감탄한 메더워는 피부이식을 해보지만, 참담한 실패로 끝난다. 거부반응이 일어난 것이다. 똑똑한 메더워는 "면역 때문이야!"라는 사실을 직감적으로 알아차리고 어떻게 하면 면역반응을 피할 수 있을지를 연구한다.

"어떤 방법이 있겠습니까?"

마이클의 질문에 외치는 잠시 머리를 긁적거리다 답을 했다.

"면역을 억제시키면 되지 않을까요?"

마이클이 놀라는 표정을 지었다.

"이거 참, 신장이식이 뭔지도 모르는 사람치곤 매우 현명한 답변을 내놓는군요. 실제로 수여자에게 방사선을 쪼여 면역계를 파괴하는 방법이 시도되긴 했습니다만, 효과도 없을뿐더러 그 자체가 고통이었기에 금방 폐기됐지요. 자, 그렇다면 이제 어떤 방법이 있을까요?"

좋은 면역억제제를 만들면 된다는 답변도 가능하다. 하지만 좋은 면역억제제가 나오는 것은 그보다 한참 뒤이고, 그때까지 신장이식을 못한다니 너무 슬프지 않은가?

"정답은 면역반응이 일어나지 않는 신장을 이식하는 거죠."

"그건 무슨 소린가? 면역반응이 안 일어난다니?"

자는 줄 알았던 스코티가 대화에 끼어들었다.

"그건 바로… 쌍둥이의 신장을 이식하는 거죠."

쌍둥이를 본 적이 없는 외치가 어리둥절하는 동안 스코티가 '아!' 하고 탄성을 질렀다.

"그렇군. 일란성 쌍둥이는 유전적으로 동일하니, 신장이식이 가능하겠네!"

결국 문제를 해결하다

1954년 12월 일란성 쌍둥이인 리처드 헤릭과 로널드 헤릭이 병원에 왔다. 리처드는 만성 신장염으로 죽어가고 있었다. 그들을 본 의사 조지프 머리(Joseph Murray, 1919~2012)는 이들이야말로 신장이식 수술의 완벽한 대상이 될 수 있겠다고 생각했다. 게다가 로널드는 동생을 살릴 수 있다면 뭐든지 하겠다고 했다.

다섯 시간 반의 수술 끝에 로널드의 신장 하나가 리처드의 골반뼈 부근으로 이식됐다. 이식된 콩팥은 즉시 자기 역할을 하기 시작했다.

수술 2주 후 리처드는 퇴원했고, 병원에서 자신을 담당했던 간호사와 결혼했다. 갑작스러운 심장발작으로 사망하기까지, 리처드는 8년을 더 살았다. 최초의 성공이었다.

여기서 자신감을 얻은 머리는 일란성 쌍둥이를 대상으로 이식수술을 계속했다. 안타깝게도 일란성 쌍둥이를 제외하곤 성공률은 참담한 수준이었다. 심지어 가까운 친척이라 해도 마찬가지였다. 일란성 쌍둥이인 경우 28건의 시도 중 21건이 성공이란 평가를 받을 수 있었지만, 가까운 친척으로부터 이식을 받은 91명 가운데 1년 이상 생존한 사람은 5명에 불과했다. 그렇긴 해도 머리는 '일란성 쌍둥이의 신장 이식에 성공한 공로'를 인정받아 1990년 노벨생리의학상을 받았다.

"아니, 쌍둥이 아니면 아프지도 못하나?"

외치가 혼자 중얼거리자 마이클이 격하게 공감했다.

"바로 그거죠. 사람들도 다 그렇게 생각했습니다. 그래서 다른 방법을 생각해냅니다. 아까 당신이 말했던 방법 말입니다."

6-MP: 엑스선 조사가 실패로 끝난 뒤 관심을 모은 약은 스테로이드였다. 염증 억제에 탁월한 효과가 있으니 이식에도 도움이 되지 않을까 싶었지만, 그 약만 가지고는 면역반응을 억제하지 못했다. 그때 등장한 약이 바로 거트루드 엘리언(Gertrude Elion, 1918~1999)과 조지 히칭스(George Hitchings, 1905~1998)가 만든 6-메르캅토퓨린(6-mercaptopurine: 6-MP)이었다. 이 약의 이름에 있는 '퓨린'에 주목하자.

퓨린은 DNA의 구성물질로 DNA가 합성될 때 꼭 필요한 물질이다. 하지만 메르캅토퓨린은 구조만 비슷할 뿐 진짜 퓨린이 아니다. 세포가 정상적인 퓨린인 줄 알고 메르캅토퓨린을 받아들이면 DNA 합성이 바로 중단된다. 암세포처럼 빨리 분열하는 세포에 이 약이 치명적인 이유는 그 때문인데, 나중에 보니 이 약은 침입자 박멸을 위해 재빨리 분열하는 면역세포에도 효과가 있었다. 게다가 면역 전반을 다 억제하기보단 이식된 신장을 공격하는 면역체만 선택적으로 억제하니, 기쁨이 두 배였다.

"그래서 6-MP라는 약이 신장이식의 신기원을 열었겠네요?"

"일은 그렇게 쉽지 않았어요."

마이클이 외치와 스코티를 번갈아 보며 말했다.

"6-MP를 이용한 세 건의 신장이식은 세 사람이 다 죽는 걸로 끝났습니다."

아자티오프린, 사이클로스포린: 6-MP가 실패로 돌아간 뒤 수술을 담당했던 로이 칸(Roy Yorke Calne)은 그 약을 개발한 엘리언과 히칭스를 만났다. 따지려고 간 건 아니었지만 두 사람은 미안한 마음이 들었던지 로이 칸에게 "그 약과 비슷하지만 효과가 더 뛰어난 약이 막 개발됐습니다"라며 새로운 약을 주었다. 이때 로이 칸이 받은 약이 아자티오프린(azathioprine)으로, 이 약이 신장이식의 암흑기를 끝내게 된다.

물론 여기엔 조건이 있었다. 의사들은 혹시나 있을지 모르는 급성

거부반응의 가능성을 방지하기 위해 고용량의 스테로이드를 같이 사용했는데, 이는 신장이식을 받은 환자의 절반 이상이 1년 이상 생존하는 기적을 만들어냈다.

1970년대 중반에 나온 면역억제제 사이클로스포린(cyclosporin)은 스테로이드를 같이 쓸 필요마저 없앤 획기적인 약물이었다. 신장이식에 쓰이기 시작한 시기는 1978년부터였는데, 이 약의 효능이 어찌나 뛰어난지 신장이식 환자가 1년 이상 생존할 확률은 95퍼센트까지 높아졌다. 이제 신부전환자라면 누구나 이식을 생각할 만큼 신장이식 수술은 대중화되었다.

간이식

신장이식이 활성화되자 당연히 이런 생각을 하는 의사가 생겼다.

"신장이식이 가능하다면 다른 건 안 될 게 뭐야? 난 간이식에 도전할 거야."

하지만 간이식은 신장이식보다 더 어려웠다. 간이식을 받을 정도의 환자는 신부전환자보다 더 상태가 안 좋았고, 수술 자체도 훨씬 더 어려웠다. 또한 혈액응고 인자가 간에서 만들어지는데, 간 환자들은 대개 혈액응고에 문제가 있었다.

그럼에도 불구하고 미국 의사 토머스 스타즐(Thomas Starzl)은 1963년 3월, 최초의 간이식 수술을 한다(그림 2). 환자는 3세 아이였고, 담도가 완전히 막히는 바람에 간경화가 온 상태였다. 아쉽게도 수술은 실패했는데, 수술 도중 피가 굳지 않았던 게 원인이다.

그 후 4명의 환자에게 추가적으로 간이식을 했지만, 이번에도 실패로 돌아갔다. 신장이식 때 쓰는 '아자티오프린＋스테로이드' 요법으로 면역억제를 시도했는데 간이식에는 통하지 않았고, 결국 거부반응이 일어났다. 이 5명 가운데 가장 오래 버틴 기간은 23일이었다.

"위인은 실패에 굴하지 않는 법, 스타즐은 어떻게 하면 간이식 때 발생하는 거부반응을 없앨 수 있을까를 고민하다 결국…."

여기까지 말했을 때 외치가 못 참고 끼어들었다.

"결국 스타즐이 대단한 약을 만드는군요!"

마이클은 빙긋 웃었다. "그게 아니고요, 다른 학자의 도움을 받습니다. 그 학자는 스타즐에게 항흉선세포 글로불린(anti-thymocyte globulin)을 써보라고 조언하죠."

항흉선세포 글로불린은 인체에서 면역을 담당하는 T세포에 대한 항체다. 만드는 방법은 다음과 같다. 사람의 림프조직에는 T세포가

그림2 〉 토머스 스타즐

잔뜩 들어 있는데, 이걸 토끼한테 주사하면 토끼의 혈액 안에 T세포에 대한 항체, 즉 항흉선세포 글로불린이 만들어진다. 그러니까 토끼의 혈청을 뽑아서 잘 보관했다가 간이식을 받는 환자에게 주사하면 T세포가 활동을 못해 거부반응이 일어나지 않을 수 있다. 그 결과 스타즐은 성공가도를 달릴 수 있었는데, 1967년 간암으로 간이식을 받은 환자는 그 뒤 1년을 더 살았다.

"그래도 간이식 성공률은 30퍼센트에 머물렀어요. 신장이식 때 쓰는 약과 달리 항흉선세포 글로불린은 면역을 전반적으로 억제해버려요. 그래서 감염으로 죽는 경우가 많았습니다. 더 좋은 면역억제제와 감염을 막는 약, 그래서 두 가지가 필요했어요."

두 번째 문제는 잇달아 개발된 항생제로 해결할 수 있었지만, 첫 번째 난관은 쉽사리 극복되지 않았다. 결국 1989년, 스타즐이 간이식을 시도한 지 26년이 지났을 무렵, 스타즐은 타크로리무스(tacrolimus)라는 약을 쓰면 거부반응을 없앨 수 있다는 사실을 알아낸다. 이 약은 T세포의 분열을 억제하는 효과가 있는데, 타크로리무스덕분에 어려운 간이식의 성공시대가 시작된다.

"현재 간이식의 성공률, 즉 1년 이상 생존하는 비율은 80~90퍼센트에 이릅니다. 간을 구하지 못해서 문제지, 간만 있으면 얼마든지 수술이 가능합니다."

"저 그런데요." 외치가 입을 열었다.

"간이식에는 스타즐만 등장하는군요? 그만큼 독보적인가요?"

마이클이 박수를 쳤다.

"정말 좋은 지적입니다. 물론 스타즐은 위대한 의사입니다. 한평생을 오직 간이식에만 바쳤고 또 성공했으니까요. 하지만 간이식이 성공할 수 있었던 이유는 신장이식 덕분입니다. 아무것도 없는 상태에서 신장이식 기술과 약이 만들어졌고, 그 바탕 위에서 한 발 더 나아가 간이식이 가능해졌죠. 신장이식에 관련된 이들이 다 노벨상을 수상했지만, 스타즐이 아직 노벨상을 못 받은 이유는 그 때문이죠. 아무튼 스타즐 이후 간이식 수술이 보편화되면서 간이식에 관한 여러 가지 기준이 만들어집니다. 간단하게 설명하면 다음과 같습니다."

수여자의 조건: 간이식은 간암이나 급성간부전 등의 말기 간질환 환자인 경우에 고려한다. 그들은 간이식을 하지 않으면 1년도 살지 못할 것이다. 성인의 경우 가장 흔한 간이식의 이유는 간경화다.

간이식을 하면 안 되는 환자: 현재 감염이 있는 환자, 간 이외의 장기에 암이 있는 환자, 알코올중독, 마약중독 등

공여자의 조건: 이식받을 환자와 ABO 혈액형이 일치해야 한다. 혈액형이 다른 경우 혈장교환술 등 특별한 조치를 취한 뒤 간이식을 시행할 수 있다. 공여자 역시 현재 감염이 없어야 하며, 지방간 등 간질환이 없고 65세 이하여야 한다.

공여자: 공여자가 뇌사자일 때는 간 전체를 떼서 수여자에게 준다. 간혹 뇌사자의 간을 반으로 나눠 2명의 수여자에게 주기도 한다. 생체기증인 경우에는 우엽 혹은 좌엽을 떼어낸다. 어떤 경우든 간의 30~35퍼센트는 남겨놓아야 한다.

수여자의 예후: 1년 이상 생존할 확률이 80~90퍼센트에 이른다.

공여자의 예후: 장기이식이다 보니 고용량의 면역억제제를 사용해야 하고, 이에 따라 감염의 위험성이 증가해 격리병실에서 치료를 받아야 한다. 간이 빨리 재생될 수 있게 수술 직후에는 비경구적으로 영양을 공급받아야 한다. 통상적으로 일상생활 복귀에는 3개월이 걸리며, 사회생활을 하기 위해서는 6개월이 필요하다.

심장이식
◇◇◇◇◇◇◇◇◇◇◇◇

"자, 이제 심장이식에 대해 얘기해볼까요."

심장이식이란 말에 외치의 심장이 미약하게나마 빨라졌다. 어찌 보면 자신의 여행은 이 순간을 위해 마련된 것일지도 몰랐다. 2000년, 자신이 살던 때보다 무려 5000년이 지난 여기까지 오느라 얼마나 고생했던가.

"심장이식에 대해 먼저 설명할게요. 어떤 사람이 심장이식을 받느냐면…."

수여자 조건: 심장에 문제가 있어서 어떤 치료를 해도 1년 이상 살기 어려울 때 심장이식을 고려한다. 서구에는 관상동맥질환과 심근질환의 비율이 5:5인 반면, 우리나라는 관상동맥질환이 10퍼센트이고, 심근질환이 대부분을 차지한다. 참고로 외치는 심근질환 때문에 심장

이식을 고려 중이다.

수여자가 안 되는 조건: 65세 이상, 폐나 신장이 좋지 않은 환자, 암 환자 등.

수여자의 예후: 서구의 경우 1년 생존율 85퍼센트, 5년 생존율 70 퍼센트, 10년 생존율 50퍼센트다. 한국 아산병원의 경우 각각 94퍼센트, 85퍼센트, 74퍼센트였다.

"심장이식은 간보다 더 어려워 보이죠? 첫 번째 심장이식이 1967 년에 이루어졌는데, 굉장히 빠른 셈이죠. 간이 1963년인데 말이죠."

의사들은 개를 대상으로 심장이식 수술을 하면서 이에 필요한 기술을 익혔다. 특히 심장을 섭씨 4도의 식염수에 보관하면 성공률이 높아진다는 사실을 알아낸 것도 큰 수확이었다.

"최초의 심장이식이 이루어진 곳은 남아프리카공화국의 케이프타운입니다."

1967년, 크리스천 버나드(Christiaan Barnard, 1922~2001)라는 의사는 허혈성 심근병증, 그러니까 관상동맥이 막혀 심장근육이 죽어버린 54세 남자에게 심장이식술을 시행했다.

공여자는 음주운전 차량에 치여 뇌사에 빠진 소녀였다. 수술을 받은 환자는 18일을 더 살다가 죽었다. 그 뒤 1년 동안 대략 100건의 심장이식이 시행됐지만, 살아서 병원을 나가는 환자는 없었다. 이번에도 문제는 거부반응이었다. 하지만 1980년대 들어 사이클로스포린을 사용하면서 심장수술은 좀 더 보편화됐다.

"사이클로스포린 만든 사람에게 노벨상 안 주나?"

마이클이 동의했다. "그러게 말입니다. 아쉽게도 노벨상을 못 받았더라고요. 아무튼 좋은 면역억제제가 속속 나온 덕분에 심장이식 환자의 생존율은 갈수록 높아지고 있어요. 2015년이 지나자 1년 생존율이 85퍼센트에 달하고, 5년 생존율은 72.5퍼센트나 될 것으로 전망했어요. 21퍼센트는 20년 넘게 살 수도 있다고 하네요. 신장이나 간보다 심장이식이 더 어렵다는 점을 생각하면 큰 발전인 셈이지요."

외치가 심장이식을 받고 건강한 몸으로 돌아가는 상상을 할 때, 마이클이 다시 입을 열었다.

"하지만 장이식에는 중요한 규칙이 있습니다. 신장은 2개니까 하나를 떼도 문제가 없고, 간은 70퍼센트를 뗀다고 해도 다시 재생됩니다. 이들과 달리 심장은 딱 하나밖에 없지요. 그래서 뇌사자의 심장만 수술에 쓸 수 있어요. 장기이식이 다 그렇습니다만, 심장수술은 좀 더 엄격한 윤리적 지침이 있어야 합니다."

이 말에 외치의 가슴이 철렁 내려앉았다. 누군가가 죽어야 내가 살수 있다니, 이 무슨 아이러니인가? 게다가 심장이 잘 보존된 상태로 죽어야 한다. 이런 까다로운 조건을 충족시킬 수 있을까? 외치의 기분을 모르는지 마이클의 말은 계속됐다.

"게다가 뇌사자라고 해서 다 공여자가 될 수 있는 건 아니에요. 50세 미만이고 당연히 살았을 때 심장기능이 건강해야 합니다. 고혈압, 판막질환, 암 등은 무조건 제외됩니다. 그리고 수여자와 ABO 혈액형도 맞아야 하겠지요."

"이거 한 번 읽어보세요. 환자분이 알아두시면 좋습니다."

간호사가 심장이식에 관한 안내서를 내밀었다.

"심장이식 수술을 받으려면 일단 입원해서 검사를 받아야 합니다. 그 과정에서 이식 이외에 다른 치료법이 있는지 검토하고, 심장이식에 장애가 되는 다른 질환은 없는지를 체크합니다. 그 결과 심장이식을 받아야 한다고 판단되면 심장이식 대상자로 등록됩니다. 그 후 적합한 심장을 구하는 경우 환자분에게 연락이 갑니다…."

"미스터 외치. 3번 방으로 들어가세요."

읽는 동안 차례가 돌아왔기에 외치는 진료실로 들어가 의사를 만났다. 그와 이야기를 나누는 와중에 외치는 두 번 놀라야 했다. 일단 치료비가 너무 비쌌다. 원래 가격도 비싼 데다 건강보험까지 없으니 이것저것 합치면 100만 달러를 넘을 거라고 했다. 외계인이 준 돈을 다 긁어 모아봤자 10만 달러에 불과했고, 그 돈은 응급실에 며칠 머무른 비용을 내기에도 모자랐다. 하지만 더 큰 문제는 마땅한 심장이 없다는 것이었다.

외치: 지금 대기자가 얼마나 밀렸습니까?

의사: 대략 3000명 정도?

외치: 그럼 몇 달 정도 기다리면 될까요?

의사: 장담할 수는 없지만 2년가량? 더 늦어질 수도 있고요.

외치는 절망했다. 자신의 심장이 2년간 버텨줄 것 같지도 않지만, 타임머신의 특성상 이곳에 오래 머무르기가 불가능했다. 자칫하다간 영원히 신석기시대로 돌아가지 못할지도 몰랐다. 쓸쓸한 표정으로 외치가 진료실을 나오자, 한 남자가 접근했다. 그는 외치에게 전단지 한 장을 내밀었는데, 거기엔 이렇게 쓰여 있었다.

"Mexico Yamae Hospital, gurantee very low price!(멕시코 야매 병원, 저렴한 가격 보장!)"

그 남자는 믿기지 않는 저렴한 가격과 빠른 수술을 보장했다. 외치는 솔깃했다. 수중에 있는 10만 달러를 그에게 건넨 외치는 그가 시킨 대로 후문 쪽으로 나가서 검정색 승용차에 올랐다.

올라타자마자 누군가 손수건을 외치의 얼굴에 댔다. 클로로포름 냄새가 진하게 났다.

"이 무슨…?"

남자 2명이 말하는 소리가 들렸다.

"수고했어. 이 정도면 장기 여러 개 팔 수 있겠어."

"지갑에 돈 좀 봐. 10만 달러는 되겠는데?"

"지금 그게 중요해? 장기 팔면 더 많이 버는데."

그 말을 들으며 외치는 생각했다.

"장기이식에 대해 배우더니 장기를 빼앗기네? 이게 무슨 경우람?"

저항하려 했지만 외치는 점점 의식을 잃어갔다. 마지막 순간 외치는 온힘을 다해서 우주선 호출 버튼을 눌렀다. 번쩍, 하는 빛이 도로를 덮었다.

2000년도의 외치가 미국으로 갔을 때, 심장이식 대기자가 3000명이며 오랜 시간을 기다려야 한다는 말을 듣는다. 미국뿐만 아니라 유럽에서도 환자는 장기이식을 위해 몇 달 혹은 몇 년을 기다린다. 특히 심장의 경우 목숨이 경각에 달린 환자가 정해진 시간에 심장을 제공받으려면 거꾸로 누군가 같은 시간에 죽어야 한다.

2012년 중국 베이징의 한 변호사는 블로그에 글을 올린다. "오늘 아침 끔찍한 사형이 집행됐다"로 시작한 그의 글은 중국판 트위터 '웨이보'를 통해 순식간에 퍼져나갔다.

며칠 전 중국 최고 법원이 하급심에서 사형을 선고받고 수감 중이던 한 죄수의 사건을 재조사하기로 결정했음에도 이날 형이 집행된 것이다. 사형 집행은 당연히 미뤄져야 했지만 형 집행관들은 기다리지 않았다. 특이하게도 사형은 대학병원에서 집행된다. 매우 의아한 이 상황은 변호사의 이야기에서 실마리가 풀린다. 그는 "부도덕한 판사와 의사들이 종합병원을 사형장으로 전락시킨 것도 모자라 장기매매 시장으로 만들었다"라고 썼다.

그는 블로그에서 "형 집행관들이 사형수에게 '장기 적출 동의서'에 서명하도록 강요했다"고 썼다. 사형수 가족들은 법이 보장한 작별 인사도 할 수 없었다. 유족의 위임을 받은 변호사는 "소송을 제기할 것"이라고 밝혔다. 그의 글은 하루 사이 1만 8천 번 이상 리트윗됐고 댓글을 단 사람도 5600명에 달했지만, 결국 삭제됐다.

중국은 미국 다음으로 장기이식이 빈번한 나라다. 장기이식 전문의이자 중국 위생부 부부장(차관) 황제푸는 의학 학술지 《랜싯》에 "중국에선 매년 1만 개 이상의 내장 기관 — 신장·간장·심장·폐 — 이 이식되고 있다"고 밝혔다. 그가 논문에서 제시한 통계를 보면, 수술에 이용된 장기의 60퍼센트가량이 사형수 몸에서 적출됐다.

중국의 장기이식 시스템엔 서구사회가 깊숙이 관련돼 있다. 유럽과 미국의 환자들은 중국의 사형제도 덕에 신장·간·심장 등을 이식받는다. 서구의 제약회사들은 장기이식에 따른 거부반응을 억제하는 의약품을 중국 시장에 공급하고, 관련 연구도 중국 시형수들의 장기이식을 바탕으로 진행한다. 서구의 병원과 의사들은 중국의 장기이식센터를 지원하기도 한다.

서구의 의사들은 이런 시스템이 장기이식 수술의 발전을 앞당긴다고 말할 뿐이다. 그러나 이들이 자신의 이익을 추구한다는 사실은 부인할 수 없다. '협력과 공모' 사이에 놓인 의사들의 이런 행동은 직업윤리를 저버리는 행동이다. 외치의 말처럼 의학이 발전할수록 인간의 이기심도 커간다. 장기이식이 범죄와 생명을 살리는 선 위에 있다면 어디쯤에서 선을 그어야 현명할까?

인간게놈프로젝트
친자확인부터
질병 치료까지

유전학의 시작

"여긴 아닌 것 같은데….'

잠에서 덜 깬 눈으로 주위를 두리번거리던 외치는 뭔가 잘못됐다는 생각을 했다. 손등의 숫자는 1860, 지난번보다 100년도 더 전이다. 게다가 자신이 있는 곳은 번화하기는커녕 산속 수도원에 딸린 정원이었다! 이게 말이 되는가 싶어 밖으로 나가려는데, 갑자기 큰 소리가 들렸다. 한 남자가 부리나케 달려오고 있었다.

"당신 뭐야? 당장 나가지 못해?"

외치는 왜 반말이냐고 따지려다 참았다. 수도복을 입은 그 남자는 한눈에 봐도 매우 지적으로 보였지만 태도는 거칠었다.

"왜 남의 뜰에 와서 그러는 거요? 여긴 어떻게 왔지?"

주변을 보니 온통 완두콩이었다. 겨우 콩 때문에 나한테 함부로 하나 싶었지만, 외치는 솔직히 대답했다.

"사실 제가 왜 여기 있는지 모르겠습니다."

그 남자가 계속 화를 내며 나가라고 하자 외치의 성질이 폭발했다.

"이깟 콩이 뭐기에 화를 내는 거요? 처음 본 사람한테."

화가 난 외치는 주변의 완두콩을 마구 짓밟아버렸다. 잠시 뒤 천둥이 치는 듯한 소리가 났다.

"안 돼!"

남자는 그 자리에 주저앉아 발을 마구 굴러댔다.

"이 콩이 어떤 콩인데, 네깟 놈이 감히! 엉엉엉. 이 콩이 어떤 콩인데, 엉엉엉."

뜰에서 나가며 외치는 다시 한 번 약을 올렸다.

"콩이 다 콩이지, 무슨 금박 씌운 콩이라도 되냐?"

말을 마치자마자 외치는 잽싸게 도망쳤다. 곧 숨이 찼지만, 붙잡히면 맞아죽을 것 같아서 달리는 수밖에 없었다. 외치는 손목에 있는 호출기를 켰다.

"외계인. 날 좀 태우러 와줘."

한편 남자는 외치가 사라진 뒤에도 한참 동안 주저앉아 있었다.

"어떡하지? 저 자식이 내 실험을 다 망쳐버렸으니."

결국 남자는 약간의 조작을 하기로 했다.

'둥근 완두콩 300개, 주름진 완두콩 100개, 둘의 비율은 정확히 3：1이었다. —멘델'

2001년, 셀레라 연구소

'2001', 손등에 쓰인 숫자를 보고 외치는 안도했다.

"그래, 이게 맞지. 갑자기 뒤로 돌아가는 건 무슨 경우야?"

외치는 외계인에게 따지지 못해서 못내 억울했다. 다음에 만나면 더 세게 항의를 해야겠다고 생각하는데, 누군가의 목소리가 들렸다.

"당신은 누구죠?"

돌아보니 머리가 완전히 벗어진 중년 남자가 자신을 보고 있었다.

"저는 외치라고 합니다."

남자가 이해가 안 간다는 표정을 지었다.

"외치? 여긴 어떻게 왔죠?"

외치는 한숨을 푹 쉬었다.

'똑같은 답변을 또 해야 하다니.'

"그러게 말입니다. 저도 제가 왜 여기 있는지 모릅니다."

외치가 횡설수설하자 남자는 외치에게 의자를 권했다.

"무슨 말인지 모르겠지만 일단 앉으세요. 전 벤터라고 합니다. 크레이그 벤터(Craig Venter), 그냥 크레이그라고 불러주세요(그림1)."

그는 자신이 최근 엄청난 일을 했다고 했다.

"인간게놈 프로젝트라고 들어봤죠? 인간의 DNA 염기서열을 해독하는 사업 말입니다. 그 일을 하느라 무지 힘들었죠. 사실 불가능해 보이는 일이었거든요. 근데 그것보다 더 힘들었던 게 뭔지 아세요? 저를 음해하는, 탐욕스러운 자들하고 싸우는 일이었어요."

외치가 어리벙벙해 있자 벤터는 차분하게 설명하기 시작했다. 인간의 유전정보를 담고 있는 DNA는 아데닌(A), 구아닌(G), 시토신(C), 티민(T)이 길게 늘어선 이중나선 구조로 돼 있다. 사람의 경우 DNA의 총 염기 수는 30억 개에 달하는데, 인간게놈 프로젝트는 바로 이들이 배열된 순서를 밝혀내는 것이다.

"그걸 뭐 하러 합니까?"

외치는 도무지 이해가 가지 않았다. 30억 개나 되는 서열을 어떻게 알아내며, 알아봤자 도대체 뭐에 써먹는단 말인가? 크레이그가 어이없다는 듯 고개를 가로저었다.

"진짜로 모르는 거요? DNA에서 단백질을 만들잖소. 우리 몸이 살아 있는 것도 다 단백질 덕분이오. 어디 한 군데가 이상하다 싶으면 그건 단백질이 제 기능을 못해서라고요. 그 단백질을 만드는 곳이 DNA이니, DNA의 어느 부분이 잘못됐는지만 알면 병의 원인은 물론 치료까지도 가능하죠."

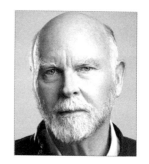

그림1 〉 크레이그 벤터

무슨 말인지는 정확히 몰랐지만, 아무튼 굉장한 일 같았다.

"대단하군요. 그럼 제 DNA만 보고 심

장을 고칠 수 있을까요?"

외치가 자신의 심장 상태에 대해 얘기하자 크레이그는 아쉽다는 표정을 지었다.

"그게 말입니다. 이제 막 유전자 치료의 첫발을 내딛었다는 거지, 지금 당장 어떻게 된다는 건 아닙니다. 다만 원하신다면 우리 연구소의 기술로 당신의 DNA 서열을 읽어드릴 수 있어요. 지금까지 우리 연구소가 서열을 읽은 사람이 5명인데, 당신이 여섯 번째가 되는 거죠. 어때요? 한 번 해보시겠습니까?"

외치는 속는 셈치고 그의 말에 따르기로 했다.

"아프거나 그런 건 아니죠?"

크레이그가 아니라며 호탕하게 웃더니, 연구원을 불렀다.

"이봐, 도노반. 이분 DNA 서열 분석 좀 해드려. 그리고 깍듯이 모셔. 알았지?"

도노반과 외치가 사라진 뒤 크레이그는 혼자 중얼거렸다.

"내 생각이 맞으면 좋을 텐데…."

게놈 프로젝트의 뒷얘기

"아야아야. 이렇게 아픈데 크레이그가 날 속였어."

외치가 얼굴을 찌푸리자 도노반이 미안한 표정을 지었다.

"죄송합니다. 제가 여기 출근한 지 며칠 안 되거든요."

"알았어요. 봐드릴 테니, 묻는 말에 대답 좀 해줘요. 몇 시간만요."

도노반이 난처한 표정으로 시계를 봤다.

"제가 오늘 해야 할 일이…."

외치가 얼굴을 찌푸렸다.

"못 들었어요? 크레이그가 깍듯이 모시라고 했잖아요."

잠시 뒤 외치는 도노반과 마주앉을 수 있었다.

"아까 크레이그가 탐욕스러운 자들과 싸우는 게 더 어렵다고 했거든요. 그게 무슨 뜻이죠?"

"아, 그거요. 무척 유명한 사건인데, 모르시나 보군요."

DNA 염기서열 분석을 놓고 크레이그 벤터는 공공 컨소시엄과 경쟁하고 있었다. 크레이그가 세운 셀레라 연구소가 크레이그 혼자 이끌어가는 민간기업인 반면, 공공 컨소시엄은 제임스 왓슨(James Watson), 존 설스턴(John Sulston), 프랜시스 콜린스(Francis Collins) 등 DNA 분야의 쟁쟁한 학자들이 연합군을 이루고 있었다. 셀레라와 달리 공공 컨소시엄은 30억 달러 규모의 공공 자금까지 받은 상태였다. 이 둘은 연구 방법을 놓고 사사건건 반목했다.

얼핏 보면 공공 컨소시엄이 더 유리한 것 같지만, 현실은 꼭 그렇지도 않았다. 셀레라 역시 큰손들로부터 투자를 받은 상태였고, 장비도 훨씬 더 좋았다. 결정적인 차이는 윤리성이었다. 제임스 왓슨을 비롯한 공공 컨소시엄 학자들은 '연구는 공공의 이익을 위해 하는 것'이라는 생각을 갖고 있었던 반면, 셀레라는 툭하면 특허를 신청하는 등 자신의 연구로 상업적 이득을 취하는 일에 관심이 많았다. 셀레라가 경쟁에서 앞서간 것은 당연한 일이었다.

"도대체 말이 안 되는군요."

외치가 도노반의 말을 가로막았다.

"크레이그가 분명히 자신은 탐욕스러운 자들과 싸운다고 했는데, 그렇다면 진짜 탐욕스러운 건 크레이그잖아요?"

도노반이 주위를 두리번거렸다.

"그렇긴 하지만, 아무리 그래도 연구소 소장님을 그렇게…."

"됐고요, 그래서 결국 누가 이겼나요?"

도노반이 손수건을 꺼내 이마의 땀을 닦았다.

"무승부라고 할 수 있어요. 미국 정부가 둘 간의 경쟁이 격화되다 보니 그러지 말고 둘이 같은 날 DNA 지도의 초안을 발표하라고 했거든요. 우리로서는 김 새는 일이죠. 우리가 훨씬 더 먼저 발표할 수 있었는데 말입니다."

그러면서 도노반은 지금까지 나온 결과를 대충 설명해주었다.

도노반: 인간의 유전자 수는 원래 10만 개 정도로 추정됐었거든요. 근데 해보니까 그렇지가 않았어요. 겨우 3만 개 정도로, 생쥐와 별 차이가 없었거든요. 그래서 저희 소장님은 이건 뭔가 잘못됐다며 엄청 화를 냈어요.

외치: 흠, 사람이 생쥐와 비슷하다니 은근히 기분이 나쁘군요. 어쨌든 이 서열을 다 읽어내면 새로운 시대가 열리나요?

도노반: 꼭 그렇진 않아요. 이게 발표돼도 당장 달라지진 않을 거예

요. 각 유전자들이 어떤 기능을 하는지는 아직 모르기 때문이죠. 아무튼 이 작업은 새로운 시대를 위한 출발점 정도로 생각하면 돼요.

설명을 들은 외치가 도노반의 손을 잡았다.

"내가 그다지 배우지 못했어요. 그래서 DNA라는 말도 처음 들었어요. 혹시 저한테 DNA 연구의 역사를 가르쳐줄 수 있나요?"

도노반은 곤혹스러운 표정을 지었다. 외치는 알았다고 한 뒤 크레이그를 찾아갔다. 이유는 모르겠지만 크레이그가 자신을 특별하게 대우한다는 느낌이 들어서였다. 잠시 뒤 도노반 앞에 크레이그가 나타났다.

"도노반. 내가 아까 이분을 깍듯이 모시라고 했었지? 해달라는 건 다 해드리라고. 잘리고 싶지 않으면 말야."

도노반이 혼나는 모습을 보면서 외치는 입모양으로 '그것 봐, 내가 뭐라고 했어'라고 말했다. 크레이그가 나가자 풀이 죽어 있던 도노반은 결심한 듯 외치에게 말했다.

"좋아요! 지금부터 유전학의 역사에 대해 이야기해드리죠."

외치, 유전학을 공부하다

"유전학의 시작은 멘델부터라고 해야겠지요."

오스트리아 태생의 그레고어 멘델(Gregor Mendel, 1822~1884)은 자연과학을 공부하고 싶었지만 일이 잘 안 풀리는 바람에 수도원에 가게 된다. 하지만 위대한 사람은 어려운 순간에도 자신의 꿈을 펼치기 마련. 멘델은 수도원 뒤뜰에서 완두콩을 키우면서 그 유명한 멘델의 법칙을 발견한다.

멘델의 실험은 다음과 같았다.

① 완두콩을 키운 뒤 키가 큰 완두콩과 작은 완두콩을 나눈다.
② 키가 큰 것은 큰 것대로, 작은 것은 작은 것대로 따로 키운 뒤 키 큰 완두콩 종자와 작은 완두콩 종자를 얻는다.

"여기서 키 큰 완두콩과 작은 완두콩을 교배시키면, 어떤 완두콩이 나올까요?"

외치는 망설이지 않고 대답했다.

"당연히 중간 크기의 완두콩이 나오겠지요!"

도노반은 그럴 줄 알았다며 씩 웃었다.

"놀랍게도 키 큰 완두콩만 나온 겁니다. 왜냐? 여기서 우성과 열성이란 개념이 나와요."

완두콩의 키를 결정하는 위치에는 두 쌍의 유전자가 존재한다. 키를 크게 하는 유전자만 2개 있다면 당연히 키 큰 완두콩이 나온다. 하지만 한쪽에는 키 큰 유전자가, 다른 쪽에는 키가 작은 유전자가 있다면 어떻게 될까?

"이 경우 키 큰 유전자가 우선적으로 발현돼 완두콩의 키가 커지는

데, 이를 우성이라고 합니다. 놀라운 것은 그다음이죠. 1세대 완두콩들, 즉 키가 큰 완두콩들을 교배시키면 2세대 완두콩들은 어떻게 될까요?"

외치가 또다시 자신 있게 말했다. "키 큰 완두콩이 나왔겠죠."

도노반은 웃으며 외치를 손가락질했다. "그럴 줄 알았어요! 답은 키 큰 것과 작은 것이 3 : 1의 비율로 나왔어요. A를 키 크게 하는 것, a를 작게 하는 것이라고 본다면 이렇게 설명할 수 있어요."

AA와 aa를 교배한다
1세대: Aa만 나온다 → 키가 크다
2세대: Aa-Aa의 교배 → AA(25퍼센트), Aa(50퍼센트), aa(25퍼센트)

"AA와 Aa 모두 키가 크고 aa는 작으니까, 키 큰 것과 작은 것의 비율이 3 : 1이 되는 거죠."

연거푸 틀려서 기분이 나빴지만, 외치는 다음 말을 기다렸다.

"멘델의 실험이 조작이라고 주장하는 이들도 있지만, 그의 뛰어난 점은 유전물질을 처음으로 정의했다는 데 있어요. 멘델은 말했어요. '유전물질이란 게 있는데 그것들은 절대 변하지 않는다.' 이건 훗날 사실로 드러났지요. 또한 멘델은 한 쌍의 대립하는 유전자 간의 조화로 인해 표현형, 즉 우리가 볼 수 있는 완두콩의 특징이 발현된다는 사실을 알아냈어요. 아쉽게도 멘델은 살아생전 인정받지 못했고, 사후 16년이 지난 1900년이 돼서야 새롭게 조명을 받습니다."

도노반은 컴퓨터 화면에 멘델의 모습을 띄웠다. 순간 외치는 마시고 있던 물을 뿜었다.

"저 사람이 멘델이에요? 나 저 사람 만났었는데! 성격 안 좋아요, 저 사람."

도노반은 어이없다는 듯 웃었다.

"네, 아무렴요. 그러셨겠지요."

도노반은 이 강의를 계속해야 하는지 회의가 들기 시작했다.

유전물질은 바로 DNA

"자, 그렇다면 문제는 그 유전물질이 무엇이냐 하는 거죠."

에른스트 헤켈(Ernst Haeckel, 1834~1919)은 그것이 세포의 핵 안에 있다고 정확히 언급했다. 염색체가 바로 그 물질이라고 주장하는 이도 있었다.

"틀린 말은 아니었지만 1920년부터 1950년 사이, 학자들은 일련의 실험을 통해 멘델이 주장했던 유전물질이 바로 DNA라고 콕 집어 얘기할 수 있게 됐어요. 그 중심에는 그리피스의 실험이 있었습니다."

1928년 프레더릭 그리피스(Frederick Griffith, 1877~1941)라는 영국의 세균학자는 폐렴구균(Streptococcus pneumonia)을 가지고 실험을 하고 있었다. 폐렴구균에는 두 종류가 있어서, 치명적인 S형을 쥐한테 넣어주면 쥐가 폐렴으로 죽지만, 무해한 R형을 넣어주면 쥐가 죽지 않았다.

또한 S형을 열처리한 뒤 쥐한테 넣어줘도 쥐는 죽지 않았다. 그리피스의 뛰어난 점은 여기에 한 가지 실험을 더 했다는 데 있다. S형을 열처리한 뒤 R형과 섞어서 쥐한테 넣어준 것이다. 그랬더니 생쥐가 폐렴으로 죽었다.

"왜 그런지 아십니까?"

외치는 잠시 생각을 한 뒤 말했다. "제가 그걸 알면 이러고 있겠습니까? 자꾸 저한테 묻지 말고, 얘기해주세요."

죽은 쥐에서 발견된 것은 놀랍게도 S형 폐렴구균이었다. 즉 R형이 S형으로 형질전환(transformation)한 것인데, 이는 S형 세균에서 R형 세균으로 뭔가가 건너가서 R형을 바꿔놨다는 얘기다.

"그게 바로 DNA였다는 것이 후대 연구자들에 의해 밝혀졌어요."

그 뒤 오스트리아 출신의 미국 생화학자 어윈 샤가프(Erwin Chargaff, 1905~2002)는 DNA를 구성하는 물질인 A, G, T, C 중 A와 T의 양이 똑같고, C와 G의 양이 똑같다는 이른바 샤가프 법칙을 발표한다. 이건 A와 T가 결합하고, C와 G가 결합한다는 사실을 은연중에 암시하고 있다. 이쯤 되면 DNA의 구조를 밝히는 것도 시간문제였다.

"그 DNA가 이중나선 구조라는 것을 제임스 왓슨과 프랜시스 크릭(Francis Crick, 1916~2004)이 알아냅니다. 사진을 보세요. 왓슨과 크릭이 DNA 모형 앞에서 재수 없는 포즈를 취하고 있지요(그림2)?"

왓슨과 크릭 덕분에 21세기는 분자생물학의 시대가 되었다. 일단 크릭은 1957년, 중심원리(central dogma)라는 걸 발표한다. 내용인즉슨 DNA에 유전정보가 담겨 있고, 그 정보는 DNA에서 RNA, 그리고 단백질로 전달되는데, 이건 일방통행이어서 절대 거꾸로 돌아갈 수 없다는 내용이다. 훗날 RNA에서 DNA로 역주행이 가능하다는 사실이 알려지면서 중심원리가 늘 맞는 건 아니라고 밝혀졌지만, 이 이론은 오랫동안 유전학에서 신주단지처럼 모셔졌다.

왓슨이 DNA 모델을 《네이처》에 실었을 때 그의 나이는 25세였고, 이 공로로 1962년에 노벨상을 받았다. 노벨상 수상 당시 그의 나이 34세에 불과했다. DNA를 발견해서 그런지 크릭과 왓슨은 모두 장수했는데, 왓슨은 아직도 살아 있다. 크레이그 벤터가 경쟁했던 공공 컨소시엄의 대표가 바로 왓슨이었다.

그림2 〉왓슨(왼쪽)과 크릭(오른쪽)이 DNA 모형 앞에서 포즈를 취하고 있다

DNA 조작

◇◇◇◇◇◇◇◇◇◇◇◇

"멘델이 그토록 찾으려던 유전물질이 발견됐단 말입니다. 이제 인간은 뭘 할 수 있을까요?"

도노반이 또 물어보자 외치는 한숨을 쉬었다.

"부끄럽지만 저는 아는 게 없습니다. 그래서 이렇게 배우는 거고요. 자꾸 저한테 물으면 어떡합니까?"

도노반이 재차 물었다.

"고등학교에서 간단한 유전학은 배웠을 거 아니에요? 그때 뭐 했어요? 공부 안 하고."

외치가 고개를 푹 숙였다.

"제가요, 사실은 무학입니다. 무학 아시죠?"

외치의 말에 도노반이 미안해했다.

"전 그런 줄도 모르고. 원래 문답식으로 공부하면 효과가 좋아서 그랬는데, 이제는 저 혼자 설명할게요."

DNA를 찾아냈다는 건 인간이 DNA를 가지고 장난을 칠 수 있다는 의미다. 일단 DNA를 자르는 효소가 발견됐다. HindII는 헤모필루스균(Hemophilus influenza)에서 발견된 효소로, DNA를 자르는 기능이 있었다. 이를 '제한효소'라고 부르는데, HindII는 신기하게도 DNA의 특정 부위만 잘랐다. 학자들은 DNA의 부위를 가리지 않고 마구 자르는 제한효소를 typeI, 특정 부위만 자르는 제한효소를 typeII라 불렀는데, DNA 조작에 필요한 것은 당연히 typeII였다. HindII 이후

EcoRI 등 많은 제한효소들이 발견됐고, 이것들은 다 저마다 자르는 부위가 정해져 있었다.

"가위가 있으면 또 뭐가 필요할까요?"

도노반은 자신이 실수했다는 것을 알았다. 도노반이 말을 채 끝내기도 전에 외치가 대답했다.

"풀."

"뭐라고요?"

도노반은 외치가 정답을 말했으리라고 생각지 않아 재차 물었다.

"풀이라고."

도노반은 감격해서 외치의 손을 잡았다.

"그것 보세요. 당신은 바보가 아니에요!"

DNA 연결효소(DNA ligase)는 바로 잘라진 DNA를 붙이는 '풀'이었다. 가위와 풀이 모두 발견된 이상 DNA 조작은 시간문제였다. 그리고 1972년, 폴 버그(Paul Berg)는 가위와 풀을 이용한 최초의 '재조합 DNA'를 만들어낸다.

재조합 DNA

재조합 DNA의 원리를 설명하기 전에 플라스미드(plasmid)에 대해 먼저 알아야 한다. 플라스미드는 일부 세균에서 발견되며, 독자적으로 증식할 수 있는 작은 고리 모양의 DNA다. 플라스미드는 다른 세균으로 전파될 수 있으며, 이 경우 그 세균이 증식함에 따라 자기도 같이 증식한다. 플라스미드의 존재 이유는 유전적 다양성에서 찾을 수 있다.

자기복제만 주구장창 한다면 똑같은 세균만 계속 만들어지는데, 이런 세균에 플라스미드가 들어온다면 유전적으로 다른 세균이 만들어질 수 있다. 대표적인 예가 바로 항생제 내성으로, 내성을 가진 플라스미드가 A라는 세균에게 전파된다면 A는 물론 A의 자손들도 다 해당 항생제에 대해 내성을 갖게 된다.

플라스미드의 가장 큰 특징은 다른 세균에게 넣어줄 수 있나는 점이고, 이는 재조합 DNA가 인류에게 유익하게 쓰일 수 있는 발판을 마련했다. 당뇨병에 대해 생각해보자. 당뇨병은 인슐린이 나오지 않아 혈당을 조절하지 못하는 병이다. 이 병을 고치려면 인슐린을 넣어줘야 하는데, 1970년 이전만 해도 이건 불가능했다. 멀쩡한 사람의 몸에서 인슐린을 빼내는 게 불가능했으니까 말이다. 하지만 재조합 DNA가 있다면 얘기는 달라진다.

① 당뇨에 안 걸린 사람의 DNA를 추출한다.
② 그 DNA에서 인슐린을 만드는 부분(인슐린 유전자)을 분리해낸다. 물론 제한효소를 사용한다.
③ 세균에서 플라스미드를 꺼낸 뒤 제한효소를 써서 원의 일부를 잘라낸다. 그 빈 원에다 인슐린 유전자를 끼워넣는다. 여기엔 DNA 연결효소가 필요하다.

④ 이제 이 플라스미드엔 세균의 유전정보와 더불어 인슐린을 만드는 유전자가 들어 있다. 이걸 재조합 플라스미드라 하는데, 이걸 다른 세균에 넣는다.

⑤ 해당 세균은 유전자의 명령에 따라 인슐린을 만든다. 세균은 계속 증식하며, 증식한 세균에서도 당연히 인슐린이 나온다.

비단 인슐린만이 아니다. 플라스미드만 넣어주면 세균은 우리가 원하는 물질을 무엇이든 만들어냈다. 성장호르몬 등 우리 몸에 필수적인 호르몬은 물론이고 각종 비타민도 재조합 DNA를 이용해서 나온 것들이다.

"배를 타고 먼 곳으로 간다고 해봐요. 비타민 C가 부족해서 괴혈병에 걸릴 수가 있잖아요? 과일을 가져가는 것은 한계가 있어요. 무겁기도 하고 중간에 상할 수도 있고요. 하지만 비타민 C를 한 병 가지고 가면, 도착할 때까지 비타민 걱정은 안 해도 됩니다. 얼마나 편리한 세상입니까? 재조합 DNA 기술이 생명공학의 신기원을 만들었다고 말해도 지나치지 않아요."

유전공학, 그 이후

일단 물꼬가 트이자 새로운 발견들이 이어졌다.

"가장 놀라운 기술은 캐리 멀리스(Kary Mullis)가 만든 중합효소연

쇄반응기(PCR)입니다. 이건 아주 미량의 DNA라도 엄청난 양으로 증폭해버리는 기계입니다."

분자생물학 시대에 많은 혁명이 일어났지만, PCR도 혁명이라고 부르기에 충분했다. 일단 PCR은 그 어렵다는 바이러스 진단을 가능하게 했다. 어떤 사람이 바이러스에 걸렸다고 해보자. 어떤 바이러스인지 알려면 호흡기나 혈액에서 바이러스를 분리해 배양해야 한다. 바이러스는 대개 잘 안 자라서 4주가량 걸리는데, 그래서 이런 일이 생긴다.

"환자분, 기뻐해주세요. 제가 드디어 바이러스의 정체를 알아냈습니다. 환자분… 환자분? 내가 너무 늦었구나!"

하지만 환자의 혈액에서 뽑은 바이러스의 DNA를 PCR로 증폭시키면 몇 시간 만에 바이러스의 정체를 알아낼 수 있다. 2015년 한국을 공포로 몰아넣었던 메르스 사태를 생각해보라. 당시 PCR이 아니었다면 메르스 감염자와 일반 감기 환자를 구별하기란 불가능했으리라.

PCR의 유용성은 바이러스 진단에만 그치지 않았다. 현장에 떨어진 머리카락 한 올이나 침 한 방울로부터 범인을 찾아낼 수 있게 된 것도 PCR 덕이다. 사실 PCR의 가장 큰 수혜자는 드라마 작가가 아닐까 싶다. 시청률 37퍼센트에 빛나는 드라마 〈왔다 장보리〉에서 주인공 장보리가 부잣집 부부가 그토록 찾던 '은비'라는 사실이 밝혀진 이유는 장보리와 아버지가 병원에 가서 친자확인 검사를 받았기 때문이다.

친자확인 검사는 양측의 DNA를 채취해 PCR로 증폭하는 과정이 있어야 가능하다. '장보리' 이외에도 우리나라 드라마 주인공들은 숱하게 이 검사를 받았으니, 드라마 작가들이 한 번쯤은 캐리 멀리스를 불러 감사인사를 해야 하지 않을까?

"유전공학의 발전은 결국 인간 DNA의 염기서열을 알아내기에 이르렀죠. 아까도 말했지만 이건 시작에 불과합니다. 각 유전자들이 도대체 어떤 일을 하는지 하나하나 밝혀야죠. 그러다 보면 유전병의 원인을 알 수 있고, 치료도 가능할 테니까요. 제가 여기 있는 것도 다 그걸 위해서죠."

도노반의 열강이 끝나자 외치는 열심히 박수를 쳤다. 외치는 그에게 진심으로 감사하다는 인사를 건네고 자리에서 일어났다.

"꼭 역사에 이름을 남기는 훌륭한 과학자가 되길 바랍니다."

외치는 크레이그에게도 인사를 한 뒤 연구소를 떠났다. 외치가 우주선에 탑승한 지 한 달 후, 도노반은 크레이그로부터 야단을 맞고 있었다.

"자네는 뭐 하는 사람인가? 외치인가 뭔가, 내가 분명히 주소랑 전화번호 알아놓으라고 했는데 그냥 보내면 어떡해? 당장 찾아와!"

크레이그는 화가 안 풀린 듯 애먼 의자를 발로 찼다.

"진화가 덜 된 인류가 지금까지 남아 있다는 걸 보여주는 좋은 사례였는데, 젠장."

2003년은 인간게놈 프로젝트(Human Genome Project: HGP)가 완결된 해다. 1990년에 시작된 인간게놈 프로젝트는 2003년까지 인간게놈에 있는 약 32억 개의 염기쌍(nucleotide) 서열을 밝히는 것을 목적으로 한 프로젝트다.

이 프로젝트는 미국, 영국, 일본, 독일, 프랑스, 중국 6개국의 공동 노력과 셀레라 게노믹스(Celera Genomics)라는 민간 법인의 후원을 받아 진행되었다. 이 프로젝트의 첫 단계는 효모와 선충류 등을 포함한 다른 종의 게놈 서열을 밝히는 것이었고, 이것이 성공한 이후 인간 DNA의 서열을 해독하는 단계로 나아갔다.

이 프로젝트의 목적은 인간 유전자의 종류와 기능을 밝히고, 환자와 정상인 간에 어떤 차이가 있는지를 알아봄으로써 질병의 원인을 규명하는 데 있다. 이렇게 알아낸 유전정보는 질병 진단, 난치병 예방, 신약 개발, 개인맞춤형 치료 등에 이용될 수 있다.

한국에서도 인간게놈 분석 프로젝트가 완성됐다. 그간의 게놈분석은 서양인을 기준으로 하여, 유전자가 다른 아시아인의 분석에는 상당한 문제점을 드러냈다. 기존에 발표된 게놈분석을 토대로 질병연구를 하거나 신약개발을 해도 아시아인에게 적용시키기 힘들다는 얘기다.

서울의대 유전체의학연구소와 생명공학기업 마크로젠이 한국인 유전체를 대상으로 아시아인 표준 유전체를 구축한 것은 이 때문이다. 연구팀은 한국인 AK1의 유전체를 분석해 그 결과를 2009년 7월 《네이처》에 발표했고, 그 이후 국제 표준 유전체와 비교하며 분석했다.

분석을 마친 결과, 아시아인 표준 유전체는 기존 표준 유전체와 비교해서 약 18,000개 구간에서 현격한 차이가 드러났다. 또한 연구팀은 '롱리드시퀀싱(염기를 한꺼번에 읽는 최장 해석 방식)'이라는 새로운 기법을 사용했다. 그 방식을 통해 기술적 한계로 인해 확인이 불가능해 공백 상태로 남겨뒀던 DNA 영역 중 55퍼센트를 완벽하게 밝혀냈다.

이 연구는 2016년 10월 《네이처》에 게재됐는데, 《네이처》는 전 세계 언론에 배포한 보도자료에서 "이번에 발표된 한국인 표준 유전체는 현존하는 유전체 중에 가장 완벽한 표준 유전체이며 동시에 인종 특이적인 최초의 표준 유전체이다. 아시아인 표준 유전체로써 미래 정밀의학에 사용할 수 있는 의학용 표준 유전체이다"라며 이번 발표의 의미를 높이 평가했다.

아이스맨 외치는 살 수 있을까?

의료보험제도
국가가 질병 치료와
예방을 담당하다

의료비는 저렴하지만 기술은 당대 최고!

외치가 눈을 뜬 곳은 우주선 안이었다. 이런 경험이 처음이었기에 외치는 잠시 어리둥절했지만, 이해가 될 것도 같았다. 천신만고 끝에 심장수술이 가능한 시대로 왔는데 그 기회를 살리지 못했으니 잠을 제대로 잘 턱이 없었다. 앞쪽을 보니 외계인이 조종석 앞에서 졸고 있다.

"이봐, 외계인!"

갑작스럽게 부르는 소리에 외계인이 뒤를 돌아봤다.

"이것부터 묻겠다. 지금 가는 곳이 어딘지 모르겠지만, 여기선 심장 수술이 가능한 거야?"

외계인이 고개를 끄덕였다.

"지난번 심장수술을 못한 건 수술비가 비싼 데다 대기하는 시간이 너무 길어서였거든. 여기선 그게 가능해?"

"물론 가능하다. 그러니까 가는 거지."

"문제는 돈이야. 10억 원이 넘는데 그 돈을 내게 줄 수 있나?"

외계인이 고개를 저었다.

"그 정도 돈은 없어. 그래서 의료비가 싼 곳으로 가는 거야."

외치는 어이가 없었다. 싸게 하려고 '야매'를 선택했다가 죽을 뻔하지 않았던가. 외치의 걱정을 덜어주려는 듯 외계인이 덧붙였다.

"걱정하지 마. 의료비는 싸지만 의료기술은 당대 최고야."

외치는 외계인의 말을 믿기로 했다.

"그럼 이곳이 내 여행의 종착지인 셈이군? 그럼 너랑 말할 기회도 거의 없겠네?"

외계인이 슬픈 표정으로 고개를 끄덕였다.

두 번째 방문

외치의 손등에는 '2018'이란 숫자가 적혀 있었다.

"여기는 정말 별천지네!"

고층빌딩이 빽빽했고, 도로엔 자동차가 끝없는 행렬을 이루고 있다. 정말 신기한 건 사람들이었다. 모두가 네모난 물건을 보며 걷고 있었다.

손등에 적혀 있는 지명을 확인했다. "대한민국 서울?"

순간 외치의 기억이 되살아났다.

"이전에도 이곳에 내린 적이 있어."

그때 외치는 잠에서 깬 뒤 당황해 마지않았다. 도시 전체가 폐허와 비슷했기 때문이다. 불과 1년 전에 갔던 독일 본과 비교하면 이곳이 1962년이라는 사실을 도저히 믿을 수 없었다. 가장 충격적인 장면은 다음이었다. 길을 걷던 사람이 갑자기 구역질을 하더니 회충 한 마리를 뱉어낸 것이다. 더 신기한 건 누구도 그 장면을 보고 놀라지 않았다는 점이다. 하기야 다들 얼굴이 누렇게 뜬 걸 보면, 남에게 신경 쓸여유도 없어 보였다. 의학적 도움을 받기는커녕 자신이 뭔가 베풀어야 할 것만 같은 분위기였다. 혹시나 싶어 병원이 어디 있냐고 물었지만, 시원한 대답을 들을 수가 없었다.

"이건 뭐가 잘못됐어."

외치가 어리둥절해하는 사이, 외계인이 나타났다.

"이거 참 미안합니다. 순서가 잘못됐어요. 서울은 그보다 한참 뒤에 가야 하는데, 프로그램 오류로 그만…."

그 기억 때문에 외치는 자신이 보는 광경이 믿기지 않았다. 50여 년 전과 달리 서울은 몰라보게 달라져 있었다. "그래, 이 정도 수준이면 심장수술은 어려운 일도 아니겠어." 외치는 길가는 사람에게 이곳에서 가장 잘하는 병원을 소개해달라고 했다. 그는 잠시 생각하더니 A병원을 가라고 했다. 잠시 후 도착한 A병원은 바로 직전에 간 록펠러

센터와 비교해도 큰 차이가 없는, 웅장한 건물이었다. 안내 직원이 물었다. "예약하셨나요?" 외치는 예약이 뭔지도 몰랐기에 안 했다고 했다. 하지만 그가 뜻밖의 말을 했다. "여기 있네요. 외치 씨. 46세 맞지요? 이탈리아에서 사업차 오셨고요. 바로 안내해드리겠습니다."

외치, 드디어 수술하다!

외치와 마주한 흉부외과 의사는 외치가 한국말을 잘한다는 사실에 안도하는 표정이었다.

"환자분의 검사 결과를 보니깐 말이죠, 당장 수술을 받아야 하는 게 맞습니다. 지금 환자분의 심장을 보면 박출계수가 30퍼센트도 안 됩니다. 아 참, 박출계수가 뭐냐면….

외치가 말을 가로막았다.

"그게 뭔지 저도 압니다. 제가 궁금한 건 이식수술 날짜와 비용입니다."

"꼭 이식이어야 합니까?"

의사의 질문에 외치는 황당했다. 자신이 이곳에 온 이유는 이식 때문인데, 이게 무슨 소린가?

"이식 말고 다른 방법이 있습니까?"

의사는 심각한 표정을 지었다.

"이식수술은 대기하는 데 시간이 좀 걸려요. 누군가가 심장을 기증해야 되는데, 여기 사람들이 심장을 기증하는 비율이 그리 높지 않아서요. 환자분을 0순위로 올린다고 해도 그게 1년이 될지 3년이 될지 장담하기 어렵습니다."

외치는 거의 울 듯한 표정을 지었다. "그러면 어떻게 해야 합니까?"

의사가 갑자기 종이를 꺼내더니 그림을 그리기 시작했다.

"심실보조장치(인공심장)라는 게 있어요(그림1). 환자분의 심장이 문제가 된 건 좌심실이 대동맥으로 피를 보내주지 못해서란 말이죠. 다른 부분은 비교적 괜찮아요. 심실보조장치는 일종의 펌프입니다. 지하에서 물을 끌어올리는 게 펌프잖아요. 이것도 마찬가지예요. 좌심

그림1 〉 인공심장

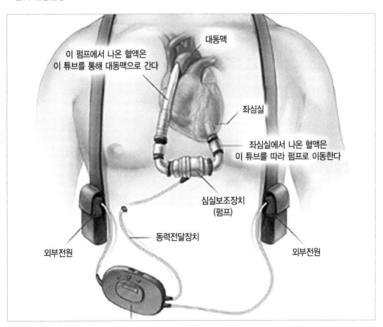

실에서 피를 끌어모아서 대동맥으로 보내주는 겁니다. 그러면 아무 문제 없이 살 수 있어요."

외치의 입이 떡 벌어졌다. 이런 수술이 가능하다니, 외치는 그동안 시간여행을 한 보람이 있다고 생각했다.

"이게 그러니까 말로만 듣던 인공심장이네요."

의사가 고개를 끄덕였다.

"그렇죠. 인공심장인 셈이죠."

외치는 치료가 가능하다는 이야기에 놀랐지만, 행복도 잠시였다. 비용이 얼마나 될지 걱정이 됐다. 심장이식은 18년 전에 10억을 넘었다. 그렇다면 인공심장은 100억? 그 돈은 또 어떻게 마련하지?

"인공심장 장치는 700만 원이 듭니다."

"뭐라고요? 700만 원이요?"

의사가 빙긋이 웃었다.

"원래 기계 값만 1억 5000만 원인데, 올해부터 건강보험이 적용되면서 값이 많이 내려갔습니다. 그 정도는 부담할 수 있지요?"

외치의 눈에서 눈물이 흘러나왔다.

"선생님, 감사합니다. 흑흑. 정말 감사합니다."

"그런데 혹시 건강보험은 가입돼 있나요? 원래 외국인은 3개월 이상 체류하면 보험혜택을 받을 수 있었는데, 하필 올해부터 6개월 이상 거주하고 지역건강보험에 가입해야 혜택을 받을 수 있어요. 한국엔 언제부터 계셨죠?"

"저, 그게요⋯."

외치가 난감해하고 있는데 의사가 컴퓨터를 확인했다.

"여길 보니 1년 전부터 가입돼 있네요. 건강보험 적용에 아무 문제가 없겠어요."

외치는 안도의 한숨을 내쉬면서 속으로 중얼거렸다.

'고마워요, 외계인.'

건강보험이란?

"건강보험이 도대체 뭔가요?"

그 말을 들은 간호사는 깜짝 놀란 듯했다.

"건강보험 모르세요? 보험증 있으니까 접수된 거 아닌가?"

외치가 가르쳐달라고 하자 간호사는 난감한 표정을 지었다.

"알았어요. 이제 퇴근인데, 잠깐만 기다리세요. 옷 좀 갈아입고 와서 가르쳐드릴게요."

'미자'라는 이름의 간호사는 자신의 석사학위 논문이 의료보험에 관한 것이었다며, 자신에게 물어본 건 정말 잘한 선택이라고 했다.

"물론 그전이라고 해서 의료비 지원이 없었던 건 아니에요. 제가 시간상 모든 나라를 다 얘기할 수는 없고, 여기선 영국의 의료보험제도가 어떻게 만들어졌는지, 그리고 우리나라의 의료보험제도는 어떻게 다른지에 대해서만 설명할게요."

영국의 의료보험제도는 어떻게 만들어졌는가?

과거 영국에선 가난하고 병들고, 나이 많은 사람들을 수도원 같은 종교단체에서 돌봤다. 그런데 헨리 8세 때 난관에 봉착했다. 헨리 8세는 왕자를 낳지 못하는 왕비 캐서린과 이혼하려던 차에 캐서린의 시녀였던 앤 불린에게 한눈에 반한다. 헨리 8세는 교황에게 캐서린과의 결혼을 무효로 해달라고 요청했는데, 교황은 그 요구를 들어주지 않았다. 이 때문에 왕은 교황과 대립하게 됐고, 이는 '종교개혁'으로 이어진다. 1543년 헨리 8세는 '성공회(church of England)'를 새로 세우고 수장이 됐다.

"저, 이게 의료보험이랑 도대체 뭔 상관인가요?"

외치의 질문에 미자가 둘째 손가락을 흔들었다.

"관계가 있으니 이야기하죠. 그 뒤 영국은 로마교황청으로부터 파문을 당합니다. 왕이 가만히 있겠어요? 수도원들을 다 없애버렸죠."

문제는 수도원에 있던 사람들을 어떻게 돌보느냐였다. 이를 고민하던 엘리자베스 1세는 1601년 '구빈법(Poor Law)'을 만든다. 구빈법은 일할 능력에 따라 빈민을 둘로 나눴는데, 나이 들고 병든 사람은 빈민구호소에 수용하고, 상태가 괜찮은 사람들은 작업장에 머물게 하면서 강제로 일을 시켰다.

그러니까 그 당시에는 병원이 곧 빈민구호소나 다름없었고, 만성병환자와 나이 든 이들이 병상을 차지했다. 병원에서 해주는 일은 격리가 전부였다. 대부분의 병원이 종교기관에서 운영하는 곳이었으니 어찌 보면 당연한 일이었다. 반면 돈이 있는 사람은 당연히 병원에 가는 것을 꺼렸다. 그들은 자기 집에서 진료비를 내고 제대로 된 의사에게 진료를 받았다.

19세기 중엽이 되자 상황이 달라졌다. 의학이 발전하고 질병에 대한 이해가 깊어지면서 병원의 기능이 180도 달라졌다. 환자에 대한 면밀한 관찰과 그에 준하는 치료가 이루어지기 시작한 것이다. 드디어 아픈 사람들이 병원을 찾기 시작했다.

수요가 늘자 정부는 더 많은 병원을 지었다. 과거와 달리 병원에는 전문 지식을 가진 의사들이 상주하게 됐다. 운영비를 충당하기 위해 병원은 만성병 환자와 가난한 이들 대신 급성질환과 수술이 필요한 환자들을 받기 시작했다.

그리고 의료비를 올렸다. 그 결과 빈민이 아닐지라도 돈이 없어서 제대로 치료를 받지 못하는 사람이 생길 수밖에 없었다. 이런 문제를 해결할 당사자는 정부밖에 없었다. 1911년 영국 정부는 모든 노동자를 대상으로 정부가 지정한 병원에서 무료로 치료받을 수 있도록 국민건강보험(National Health Insurance)을 시행한다. 이를 위해 노동자들은 월급에서 주당 얼마씩을 떼어 국가에 냈는데, 아쉽게도 이 제도는 해당 노동자에게만 적용될 뿐 그의 가족은 혜택을 받지 못했다.

이 아쉬움을 극복하고자 1948년, 당시 집권당인 노동당 정부는 국민의료보험(National Health System: NHS)을 실시한다. 국가가 모든 국민의 질병 치료와 예방을 책임지겠다는 거였다. 의료비는 세금으로 충당하므로 사람들은 그저 공짜로 서비스를 받으면 됐다. 몸이 아프면 사람들은 동네 병원에 가되, 전문적인 진료가 필요하면 전문의가 있는 큰 병원에 가는 시스템도 이때 정착했다.

의사와 간호사 등 의료전문직은 공무원 신분을 가지며, 정부에서 월급을 받았다. 의사들은 이 법안에 반대했지만, 국민의 압도적 찬성을 이겨낼 수 없었다. 그 뒤 NHS는 지속적인 성장을 거듭해 오늘에 이르고 있다.

"영국뿐 아니라 유럽 대부분의 국가에서 병원비는 무료죠. 의료와 교육은 당연히 국가가 제공해야 한다는 신념에서 비롯된 겁니다."

미자는 NHS 같은 시스템이 얼마나 중요한지에 대해 얘기했다.

"건강보험을 국가가 통제하는 영국과 달리, 미국은 사보험이 지배하는 나라죠. 사보험은 공보험과 달리 이익을 남겨야 하죠. 당연히 보험료가 비쌉니다. 그래서 5000만 명이나 되는 사람들이 보험에 가입하지 못하고 있어요. 또한 영국은 의료수가, 즉 CT는 얼마고 수술은 얼마고 각각의 가격을 정부가 정하는 반면, 미국은 보험회사에서 정하거든요. 의료비도 비싸질 수밖에 없지요. 이런 일이 있었습니다."

2013년 한 남자가 맹장수술을 받았는데, 비용이 5만 5000달러, 우리 돈으로 6000만 원 가까이 나와 화제가 되었다(표1). 600만 원이 잘못 기재된 게 아닌가 싶었지만 아니었다. 입원비가 500만 원, 약값 250만 원, CT 촬영비 700만 원, 마취 비용 500만 원, 수술비 700만 원, 수술 후 회복실 비용 750만 원 등등. 다 합치면 정말로 6000만 원이 나왔다. 이를 보도한 기사에 많은 댓글이 달렸는데, 그중 몇 개가 NHS에 관한 내용이었다.

표1 〉 미국 병원에서 맹장수술 후 환자에게 청구한 비용(한화로 환산)

일자	처방	비용
2013년 10월 1일	입원비	500만 원
2013년 10월 1일	약값	250만 원
2013년 10월 1일	검사비	150만 원
2013년 10월 1일	수술 후 회복실 비용	750만 원
2013년 10월 1일	수술장비 사용료	650만 원
2013년 10월 1일	CT비용	700만 원
2013년 10월 1일	응급실 이용료	300만 원
2013년 10월 1일	정맥주사	180만 원
2013년 10월 1일	기타 치료	21만 원
2013년 10월 1일	마취비용	450만 원

— 야, 너 영국 와라. 영국은 NHS가 있어서 공짜다.

— 영국에 살아서 NHS의 혜택을 받을 수 있음에 신게 감사한다.

— 영국에서 태어나지 그랬어. 영국은 내가 필요할 때 어디든 국민의
료보험이 있어. 내가 이래서 세금을 낸다니까.

— 너도 영국으로 와. 영국은 공짜야. 방문객으로 오면 치료해줄걸?

— 국민의료보험이 있어서 정말 다행이다. 그렇지 않았다면 내 평생
의료비로 수백만 달러를 지불할 뻔했어. 그랬다면 우리 부모님 파
산해서 거리로 나앉았겠지.

외치가 물었다.

"그러면 그 사람은 자기 돈으로 5만 5000달러를 낸 건가요?"

"그건 아니죠. 이번 경우엔 보험회사에서 다 부담했어요. 좋은 보

험에 들면 이렇게 진료비를 다 내줍니다. 아마 그 사람은 매달 수백만 원쯤 보험료를 내고 있을 거예요. 회사에서 내줬을 수도 있고요. 하지만 싼 보험에 들면 혜택도 별로 없고, 진료비의 상당 부분을 자기가 부담해야 해요. 보험이 없다면 재앙이죠. 어떤 남자는 손가락에 난 상처가 곪았는데 수술비가 없어서 스스로 손가락을 절단했죠. 이 사건은 미국 의료를 상징적으로 보여줍니다."

외치도 미국의 의료보험을 경험했기 때문에 보험이 없으면 얼마나 비싼 비용을 치르는지 잘 알고 있었다.

"그래서 미국은 다른 OECD 국가보다 보건의료비를 두 배나 많이 쓰면서도 기대수명은 최하위, 영아사망률은 최악입니다."

"2016년 기준 미국은 국내총생산(GDP)의 17.8퍼센트가 보건의료비다. 비교대상이 된 나라들 중 가장 낮은 호주가 9.6퍼센트, 가장 높은 스위스도 12.4퍼센트에 불과했다. 반면 미국의 기대수명은 78.8세로 다른 부국들(80.7~83.9세)보다 짧다. 영아사망률은 신생아 1000명당 5.8명으로 비교대상국 평균(3.6명)보다 훨씬 높고 최악이었다."

한국의 의료보험

"물론 NHS가 좋은 제도이긴 합니다만, 문제가 있어요. 정부가 돈을 내서 의료시스템을 운영하다 보니 의료인력과 시설이 부족할 수밖에 없어요. 그러다 보니 한 번 진료를 받으려면 굉장히 오랫동안 기다

려야 합니다. '영국에서 암 진단을 받으면 죽고 난 뒤에 치료받을 순
서가 온다'라는 우스갯소리가 있을 정도랍니다. 그래서 한국이 좋은
거예요. 외치 씨는 병원에 와서 접수하자마자 바로 의사를 만날 수 있
었죠? 수술 날짜도 다음 주로 잡혔고, 게다가 가격도 싸잖아요. 비용
은 무료지만 의사 만나려면 몇 달이 걸리는 나라와, 약간의 비용을 지
불하지만 의사를 바로 만날 수 있는 나라 중 어느 게 좋을까요?"

미자의 말에 외치가 격하게 동의했다.

"맞습니다. 저 역시 한국의 의료에 감탄했습니다. 제가 병원을 좀
많이 다녀봤지만, 이런 곳은 처음입니다. 도대체 한국은 어떻게 그럴
수 있는 거죠?"

"그게 다 우리나라 건강보험 덕분입니다. 오바마 전 미국 대통령이
그렇게 따라 하고 싶어했던 마법이죠."

건강보험을 처음 만든 이는 박정희 대통령이다. 박 대통령이 의료
보험을 떠올린 까닭은 노동자들이 열악한 근로조건에 불만을 표출하
고 있었던 데다, 당시만 해도 라이벌이었던 북한이 사회주의 국가답
게 무상으로 의료서비스를 제공하고 있었기 때문이다.

문제는 돈이었다. NHS를 시행할 때 영국 정부는 모든 재원을 부담
했다. 정부에서 병원을 지었고, 거기서 일할 의사를 정부가 고용했다.
하지만 1970년대에 우리 정부는 그럴 만한 돈이 없었다. 그 결과 '의
료는 민간에서 제공하게 하고, 정부는 의료비를 좀 깎아주자'라는 쪽
으로 가닥이 잡힌다. 물론 정부가 의료비를 내주겠다는 게 아니라, 국
민들한테 보험료 명목으로 돈을 걷어서 의료를 이용하는 사람에게 주

는 방식이었다.

"문제는 국민들도 돈이 없다는 거였어요. 먹고살기도 힘든데 건강 보험료를 내라? 더구나 그때는 보험에 대한 인식도 없을 때였고요."

만약 맹장수술비가 100만 원이 나온다. 그래도 보험이라면 여기서 80만 원 정도는 내주고, 환자에게 20만 원을 내게 한다. 그런데 건강 보험에서 80만 원을 내주려면 국민 1인당 보험료를 5만 원씩은 내야 한다. 하지만 5만 원을 낼 사람이 거의 없다. 할 수 없이 보험료를 깎아서 1인당 2만 원을 내게 한다.

"이 경우 100만 원의 수술비 중 건강보험에서 32만 원만 부담하는 일이 생깁니다. 환자가 68만 원을 내야 한다니, 이러려면 왜 보험에 듭니까? 어떻게 해야 할까요?"

외치가 말을 못하자 미자가 말을 이었다.

"여기서 정부가 묘수를 씁니다. 수술비를 깎아버리는 겁니다!"

외치가 탄성을 질렀다.

"오옷! 그 생각은 차마 못했습니다."

수술비를 절반으로 깎아 50만 원이 되면 건강보험에서 32만 원을 내고 환자는 18만 원만 부담하면 되니, 그럭저럭 쓸 만한 보험이 만들어진다. 하지만 그렇게 되면 수입이 반토막 나는데 의사들이 가만히 있을까? 약간의 반발은 있었지만, 당시 대통령이 박정희였기에 세게 반발하진 못했다. 물론 정부는 의사들에게 굳은 약속을 했다.

"지금이야 국민들이 살기 어려우니 의료수가를 절반으로 깎았지만, 소득이 늘면 원래대로 회복시켜드리겠습니다. 나 믿지요?"

그 약속은 지켜지지 않았다. 국민소득은 그때보다 30배가량 올랐지만, 국민들이 건강보험료를 일종의 세금으로 생각하는지라 함부로 인상할 수도 없었기 때문이다. 그 결과 대한민국은 의료 수준에 비해 말도 안 되게 싼 의료천국이 됐다. 사람들은 병원에 가기 부담스러워하기는커녕 조금만 아파도 병원에 간다. 당연히 기대수명은 OECD 평균을 넘는다. 그럼에도 국민 한 사람이 쓰는 의료비는 OECD 평균보다 낮다.

"보건복지부는 우리나라가 국민 1명이 의사에게 외래진료를 받은 횟수는 2016년 기준 연간 17.0회로 OECD 국가 중 1위를 기록했다고 12일 밝혔다. 1년간 지출 총액을 의미하는 국민 1인당 경상의료비는 2897달러PPP(구매력평가환율)로 OECD 평균보다 낮았으나 증가 추세를 보이고 있다."

"그러니까 이 마법이 가능한 건 국민건강보험 덕분이고, 여기엔 의사들이 손해를 보고 있는 거네요."

외치의 말에 미자가 맞장구를 쳤다.

"그래요. 의사들이 불만을 느끼는 부분이죠."

수술은 일주일 후로 결정됐다. 그때까지 할 일도 없고 해서 외치는 한국의 의료에 대해 공부하기로 했다. 50년 전에 잿더미였던 곳에서 어떻게 이런 첨단 병원이 만들어졌는지 궁금했다. 외치는 의과대학에 의학의 역사를 공부하는 '의사학교실'이 있다는 말을 듣고 그곳을 찾아갔다. 서울대학교 의과대학의 김옥주 교수는 먼 곳에서 한국의학사를 공부하겠다고 찾아온 외치를 친절히 맞아주었다.

"뭐가 알고 싶으신 거죠?"

"처음부터 끝까지, 전부 다요."

김옥주 교수가 어디론가 전화를 걸자, 잠시 뒤 한 남자가 들어왔다.

"인사하세요. 이쪽은 외치 씨, 저분은 저랑 같이 공부하는 남기남 선생님이에요. 남 선생, 이분께 한국의학사에 대해 얘기해주세요."

남 선생이 힘차게 말했다.

"네, 알겠습니다."

　　2018년의 한국에서 가장 큰 사건은 남북정상회담과 북미정상회담이었다. 북한은 평창올림픽 당시 김정은의 동생 김여정을 보내 김정은의 친서를 한국 정부에 전달했다. 문재인 대통령이 이에 응하면서 남북정상회담이 성사되었고, 6월 12일에는 북미정상회담이 열리게 된다. 냉전의 시대를 지나 평화의 시대를 눈앞에 두고 있다.

　정치가 이토록 달라지는 동안 2018년 한국의 의료 수준은 얼마나 발전했을까? 1950년대만 하더라도 한국 의학은 매우 낙후된 상태였지만, 경제발전과 더불어 의학이 급속도로 성장해 세계와 어깨를 나란히 하는 단계에 이르렀다.

　장기이식 분야에서도 한국은 톱클래스에 진입했다. 단적인 예가 2018년 심장이식 환자가 출산에 성공한 경우다. 서울아산병원은 "2013년 심장이식 수술을 받은 산모가 올해 1월 9일 건강한 2.98킬로그램의 남자아이를 출산했다"라며 "국내 심장이식 환자 중 처음"이라고 밝혔다.

　그동안 국내에서 간·신장이식 환자의 출산은 있었지만, 심장이나 폐이식 후 임신을 하는 경우 태아의 선천성 기형과 자연유산 확률이 높다는 외국의 연구결과로 인해 가임기 심장이식 환자의 불안감이 적지 않았다.

　하지만 임신 전 주치의와 함께 이식 장기에 대한 거부반응 여부, 콩팥이나 간 기능, 복용 중인 약물 등을 종합적으로 평가해 임신가능 여부를 확인하고 임신 기간에도 지속적인 관리를 받으면 심장이식 환자도 건강한 아이를 낳을 수 있다는 것이 증명된 셈이다.

한눈에 알아보는
한국의학사

통일신라시대
주문으로
병을 치료하다

"저는 역사학을 전공했습니다."

외치는 한국의학사를 들려주기로 한 남기남 앞에 앉아 있었다.

"그러다 석사과정에서 선택과목으로 서양의학사를 접하게 됐어요. 히포크라테스, 갈레노스, 파라셀수스 등 수많은 의학자들을 배우다 문득 생각했지요. 우리나라에도 의술로 이름을 떨친 사람이 있을 텐데, 왜 우리는 전혀 모르는 걸까? 이게 다 한국의학사에 대해 연구하는 사람이 드물기 때문이라고 판단해 의학사를 공부하게 됐습니다."

남기남의 이야기를 듣자 외치는 자신의 삶이 떠올랐다. 신석기시대에서 멧돼지를 쫓던 내가 어쩌나 여기서 한국의학사를 듣게 된 걸까. 그 생각이 나서 외치는 한마디 던졌다.

"참 인생이란 알 수 없는 거네요."

"과거 삼국이 갈라져서 싸우던 시대가 있었습니다."

남기남은 외치의 말에 대꾸하지 않고 계속 말을 이어나갔다.

"그 뒤 신라가 당나라를 끌어들여 나·당 연합국을 만들어 삼국을 통일합니다. 지금으로부터 1300년도 더 전인 676년의 일인데, 통일 신라는 그 뒤 258년 동안 존속하다 935년에 망합니다. 우리나라엔 히포크라테스처럼 기록을 남긴 의사가 없다 보니, 아쉽게도 그 시기의 의학을 알기가 어렵습니다. 역사책에서 간접적으로 정보를 얻지만, 그 기록들을 보면 당시 의학 수준이 그리 높지는 않았습니다. 9세기에 널리 퍼진 처용기기 그 예입니다."

처용가는 처용의 아내를 범하려던 역신이 자신을 용서해준 처용의 관대함에 감동해, 그 후 처용의 얼굴 그림을 붙여놓는 집엔 들어가지 않았다는 내용이다(그림1).

그림1 〉 처용무는 악귀를 몰아내는 의식을 넘어 궁정 연회에도 등장했다.

"아내를 범한 역신을 용서하다니, 저로선 이해가 되지 않는군요."

"그 역신이 사실은 두창(천연두)일 것으로 추측됩니다. 당시 당나라와 교류가 활발하게 이루어지면서 홍역이나 두창 같은 전염병이 마구 들어왔거든요. 두창을 막으려고 처용의 그림을 걸었던 건, 그 시대 사람들이 '질병은 귀신이 들려 생기는 것'이라고 믿었기 때문이지요."

"저 두창 말입니다." 외치가 중간에 끼어들었다.

"제가 그 병에 대해 좀 알고 있습니다."

남기남은 외치를 잠시 바라보다 말을 이었다.

"백제에 있던 주금사(呪禁師)라는 직책도 마찬가지였어요. 주금사는 말 그대로 주문을 외워 병을 치료하는 역할을 했습니다."

남기남이 두 번이나 자신의 말을 무시하자 외치는 적잖이 무안해졌다. '참 재미없는 사람이네. 이젠 끼어들지 말아야겠다.'

"그 밖의 다른 처방도 미신적인 부분이 많습니다. 신라에는 '노봉방'이라는 약이 있었습니다. 그게 뭐냐면…."

노봉방은 말린 말벌집을 옹기 안에 넣어 흰 재가 되도록 달인 것인데, 이걸 남성 생식기에 바르면 정력이 강해진다고 믿었다. 처첩을 거느리는 귀족들이 애용했다고 한다. 또 하나 재미있는 처방은 군사를 이끌고 온 당나라 장수 소정방에게 신라 측이 머리카락을 전달했다는 사실이다. 머리카락은 대소변이 잘 안 나오거나 감염으로 인한 설사, 종기 치료 등에 쓰였다고 하며, 특히 어린아이의 머리카락이 효과가 더 좋았단다.

백제나 신라 모두 불교의 영향력하에 있었다. 그래서 불교가 중국과 동남아 등 여러 나라로 퍼져나갈 때, 인도 의학도 같이 전파됐다. 불교를 통해 의학을 접한 승려들이 인도로 가서 의학을 공부한 뒤 본국에 돌아가기도 했다. 하지만 그 승려들이 지금과 같은 의사 역할을 한 건 아니었다.

"그렇다고 해서 승려들이 아무 일도 안 했느냐, 그건 아니었을 겁니다. 백제시대에 일본으로 승려들을 파견했다고 합니다. 그곳에 간 승려들이 환자 치료를 열심히 해서 낫게 했다는 기록이 있어요. 이걸로 보아 백제 사회의 승려들이 아픈 환자를 외면하진 않았으리라 짐작합니다."

여기까지 말한 뒤 남기남은 "잠시 쉬었다 갑시다"라며 휙 나갔다가, 5분 후에 돌아왔다. 커피 두 잔과 함께였다. 커피를 마시며 생각했다. 남기남이 좀 퉁명스럽긴 해도 나쁜 사람은 아닌 것 같다고.

고려시대
승려들의 치료에서
《향약구급방》의 탄생까지

　고려는 세워질 때부터 불교의 자비와 어진 정치를 표방했다. 또한 국력 강화를 위해 인구 증가에 많은 관심을 보였으며, 왕과 귀족들의 건강을 위해 보건의료사업에도 관심을 가졌다.

　고려시대의 의료기관으로 지배계급의 건강 증진과 질병 치료를 담당한 태의감(太醫監), 왕의 약을 조제하는 봉의서(奉醫署), 사선서(司膳署, 국왕의 식사 담당 기관), 다방(차·보약 등을 끓여 제공하는 기관), 약장랑(왕세자의 건강과 보육을 책임지는 직제), 한림의관(왕과 귀족의 질병을 치료하는 직제) 등이 있었다.

　서민들을 위해서는 혜민국(惠民局), 동서대비원(東西大悲院), 제위보(濟危寶) 등을 설치하여 자선의료 활동을 했다. 지방 의료기관으로는 행정단위인 주·부·현에 약을 짓는 약점(藥店)을 설치했다.

의학교육을 실시하면서 과거법을 새로 제정하여 의사를 선발했는데, 의약 교육의 질을 높이기 위한 방편으로 평민들도 의과 과거에 응시할 수 있게 했다. 고려시대에는 의관 중에 외과의사를 별도로 선발했는데, 외과의사를 따로 뒀다는 사실은 고려시대의 의학이 상당한 수준에 이르렀음을 말해준다. 의관은 기술직이었기 때문에 문관의 지위에는 못 미쳤지만, 사람의 생명을 구하는 직업이어서 사회적 지위는 비교적 높은 편이었다.

고려시대에는 특히 송나라와의 교류가 많아서,《태평성혜방(太平聖惠方)》,《신의보구방(神醫補救方)》 같은 의서가 수입되었고, 송나라에도 없는 중국 의서가 고려에 많이 있었기 때문에 이를 보내주기도 했다. 고려시대에 가장 먼저 편찬된 의서는 김영석(金永錫)의《제중입효방(濟衆立效方)》이다.

"코리아? 고리아? 고려?"

"고려는 건국 초기에 '의업(醫業)'이라는 교육기관을 두어 의사를 양성했지요."

그 후 의업은 의학원이 되고, 나중에 태의감이 된다. 태의감은 의학교육과 더불어 귀족의 치료를 담당했다.

"고려 때는 불교의학이 더 발달했습니다."

고려는 불교국가를 표방했고 불교를 우대했다. 그러다 보니 중세 유럽 수도원처럼 불교 사찰은 아픈 이들의 휴양처 또는 치료소로 이용됐다. 기록에 따르면 귀족들은 몸이 아프거나 임종을 앞두게 되면 사찰로 거처를 옮겼다고 한다. 질병 치료로 이름을 알린 승려가 여럿 나온 것도 이 때문이다.

"대표적인 승려가 원응국사(圓應國師)입니다(그림1)."

원응국사는 진찰만 해도 효험이 있다고 소문이 났다. 그 외에도 관료였던 조간의 어깨와 목에 난 종창을 수술한 승려가 있었고, 복산(福山)은 충혜왕의 애첩 황씨의 임질을 고친 바 있다. 또한 고려시대의 의원 이상로(李尙老)는 원래 술꾼이었지만 승려로부터 의술을 배운 뒤 관의로 출세했다는 기록이 있다.

"질문 있습니다." 외치는 용기를 내 질문을 했다.

"말해보세요."

"태의감이 양반 치료를 담당했고 승려들도 주로 귀족을 돌봤다면, 서민들은 누구한테 치료를 받았나요?"

"좋은 질문입니다."

칭찬을 받자 외치는 괜히 가슴이 벅찼다.

"고려 초기부터 동서대비원이란 곳이 있어서 일반인들의 질병을 치료했죠."

동서대비원은 아픈 사람들을 수용하는 정도였다. 의학에 대해 지식이 별로 없던 시대였으니, 당연한 일이었다. 게다가 질병이 돌면 국가가 백성들을 잘 살피지 못해서라고 생각했던 탓에, 동서대비원은 재해를 당했을

그림1〉 청도 운문사 원응국사비

때 구휼을 담당하는 역할을 더 열심히 수행했다. 영양을 제대로 섭취하면 면역기능이 좋아지고 병에 덜 걸리게 되므로, 동서대비원의 이념이 잘못된 건 아니었다. 후대에 설립된 혜민국도 마찬가지였다. 하지만 두 기관 모두 무신의 난 등이 발생하고 몽골이 침입하자 재정이 부족해지면서 활동이 위축된다.

고려시대의 의학적 성취로는 《향약구급방(鄕藥救急方)》의 출간을 들 수 있다. 원래 우리나라는 중국에서 약재를 수입했는데, 원나라와 30년 동안이나 전쟁을 벌이면서 약재 수입이 중단되는 사태가 일어났다. 이 때문에 귀족들은 고려 땅에서 나는 약재(이를 향약이라 한다)를 이용해야 했고, 그 결과 나온 책이 《향약구급방》이다.

또 후기에는 《삼화자향약방(三和子鄕藥方)》 등 4종의 향약서와 《동인경험방(東人經驗方)》, 《진맥도결(診脈圖訣)》이 편찬되었으나 그 내용의 일부만이 전해지고 있다. 뿐만 아니라 많은 중국 의서가 고려시대에 유입되어 우리나라 의학 발달에 큰 영향을 주었다.

조선시대
《동의보감》을 지나
맞춤형 의료인 '사단론'으로

조선 초기

　고려의 의료제도를 계승하여 보완한 조선 전기는 의학의 전성기였다. 중앙의 의료기구로는 내의원, 전의감, 혜민서가 있었는데, 이를 삼의사(三醫司)라 했다. 내의원은 국왕을 비롯한 궁중과 고관의 치료를 담당했고, 전의감은 의원 선발·위생 교육·약재 관리 등 의료행정을 담당했으며, 혜민서는 백성의 치료·약품의 조제와 판매를 담당했다. 이 밖에 제생원(나중에 혜민서로 통합)과 활인서도 설치되어 백성의 질병을 치료했다.

　지방에도 의원(醫院)을 설치하여 위생교육을 실시했으며 백성의 질병을 치료했다. 지방에 파견된 심약(審藥)은 궁중에 헌납하는 약재를 심사하기 위해 약재를 채취하고 지역 사람들의 치료에 종사했다.

조선시대에도 약재의 확보가 중요했다. 어차피 수술은 꿈도 못 꾸던 시대였으니, 환자가 오면 증상을 묻고 필요한 약을 주는 것이 치료의 대부분이었기 때문이다. 수도 한양에서야 중국에서 수입되는 약재를 썼지만, 지방에서마저 중국 약재를 이용하면 약 가격이 뛸 수밖에 없기 때문에 국내 향약을 사용하도록 권장했다.

이를 위해 '중국 약재 A는 우리나라 향약으로 따지면 B다'라는 식의 작업이 필요했다. 고려 때도 《향약구급방》이라는 책이 발간됐지만, 조선시대에는 이보다 한층 더 발전한 책들이 나왔다. 그중에서도 백미는 《향약집성방(鄕藥集成方)》이다. 이 책은 각 질병의 증상과 의학적 이론, 약재 및 침구를 기술한 국내 최초의 종합의서다. 또한 선진 의학의 내용을 소개한 《의방유취(醫方類聚)》라는 책도 편찬됐다.

"그 시절에 의사가 되려면 어떻게 해야 했나요?"

어려운 책 이름만 나오는 터라, 외치는 잠을 쫓을 겸해서 질문을 던졌다.

"고려 때와 비슷하죠. 과거를 통해 의사를 뽑았습니다. 특기할 점은 '의녀'라는 제도가 있었다는 거죠."

의녀가 필요했던 이유는 양반 가문의 여성들이 남자 의사로부터 치료받기를 꺼렸기 때문이다. 알다시피 조선은 남녀유별 사회였다. 그래서 어린 소녀들에게 의술을 가르쳐 의녀로 만들었다. '오, 여의사라면 권세가 대단했겠네?'라고 생각하겠지만, 의녀는 대개 관에 소속된 노비 중에서 뽑았다. 게다가 만든 취지와 달리 의사를 보조하는 정도의 역할에 그쳤기에, 사회적 신분이 상승하는 일은 없었다.

조선 중기

조선 중기는 '의서'의 시대였다. 중국 의서가 본격적으로 유통됐고, 이를 발판으로 국내 학자들도 의학에 관한 책을 펴냈다. 조선 초기에 편찬된《의방유취》가 각 지방관의 주도로 대규모 간행된 것도 조선 중기에 이르러서였다.

이 시기의 대표적인 인물로는 단연 허준(許浚, 1539~1615)을 들 수 있다. 허준은 훗날 광해군이 되는 왕자의 두창을 치료해 명성을 떨쳤고, 임진왜란이 발발했을 때 선조를 모시고 피난을 갔다. 훗날 1608년에 선조가 죽자 어의였던 그는 귀양을 가게 되었다. 왕이 승하하면 어의는 그에 대한 책임을 지고 귀양을 갔다가 곧 풀려나는 것이 관례였다. 허준도 곧바로 풀려난 뒤 광해군의 어의가 되었다. 그리고 1610년《동의보감(東醫寶鑑)》의 편찬을 완료했다(그림 1).

2009년 7월 31일, 유네스코 세계기록유산으로 등재된《동의보감》은 조선과 중국의 모든 의서를 참고하고 허준의 연구가 더해져서 완성된 의학백과사전이다. 동국(조선)의 실정에 맞는 의서라 하여《동의보감》이라는 제목이 붙었다. 이 책은 나오자마자 조선뿐만 아니라 청나라와 일본에서도 환영을 받았다. 청나라에 사신으로 간 사람들마다 북경 서점에서 《동의보감》을 봤다는 기록을 남겼을 정도다. 의사가 중류계급에 머물던 시대였음을 감안할 때 허준은 최고의 자리에 올랐다고 할 수 있다.

《동의보감》은 현재 대한민국 국보 제319호로 지정돼 현재 국립중앙도서관에 보관돼 있다. 총 25권 25책으로 나무 활자를 사용하여 발행됐다. 내과학인 〈내경편〉 6권, 〈외형편〉 4권, 유행병·곽란·부인병·소아병을 다룬 〈잡병편〉 11권, 〈탕액편〉 3권, 〈침구편〉 1권과 〈목차편〉 2권으로 구성되어 있으며, 각 병마다 처방을 풀이한 체계가 분명하면서도 현대적인 서적이다.

병의 발병 원인은 물론 치료 방법까지 담아, 누구나 마음만 먹는다면 치료할 수 있게 했다. 단순히 치료에만 주안점을 두지 않고 병에 안 걸리는 올바른 삶의 방식 같은 것도 써놓아, '질병보다 예방이 중요하다'는 현대의학의 방향도 구현하고 있다.

그림1〉《동의보감》

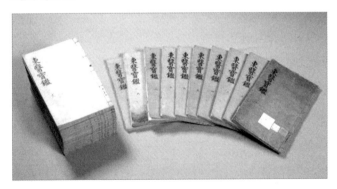

이 책은 오늘날까지도 한국 최고의 한방 의서로 인정받고 있다. 사실 의학서의 절대량으로 보면 중국 쪽이 훨씬 많으나 체계적인 분류와 관리가 상대적으로 부족했고, 중의학 기록물에 대한 국가적 관심도 부족했던 점을 감안하면 《동의보감》이 일정 부분 앞선다.

허준은 이 책을 쓰기 위해 당시 의서를 총망라했다. 이는 책을 쓰는 학자로서 당연히 갖춰야 할 자세다. 하지만 이로 인해 '중국 의서들을 짜깁기한 것 아니냐'는 비난을 들어야 했다.

"어이없는 일이죠."

남기남이 커피를 한 모금 들이켰다.

"이게 다 책을 안 써봐서 그래요. 의학책은 근거가 없다면 한 줄도 써서는 안 됩니다. 그 한 줄로 인해 사람이 죽을 수도 있으니까요."

남기남은 다시 이야기를 시작했다.

"《동의보감》이 훌륭하지만, 문제점도 있었습니다. 원래 학문은 새로운 주장이 나와 기존 주장을 뒤엎으면서 발전해야 하는데, 《동의보감》이란 거목이 등장하자 이를 극복할 새로운 의학사상이 나타날 수가 없었어요. 물론 이건 《동의보감》이 비판받아야 할 건 아닙니다만."

조선 후기

조선 후기는 인구가 크게 늘어난 데다, 임진왜란과 두 차례의 호란까지 일어났으니 의료 수요가 증가할 수밖에 없었다. 조선에는 의료기관이 있었고 부분적이지만 지방민을 위한 기관도 존재했으나 제 역할을 다하지 못했다. 때문에 조선 후기에는 대규모 기근과 질병으로 인해 죽은 사람이 많았다.

광해군 4년(1617)에는 한센병, 즉 나병이 집단적으로 발생했고, 인조 2년(1624)에는 홍역이 크게 유행했다. 현종 9년(1668)에는 천연두가 돌았다. 이런 일이 발생하면 정부에서는 식량과 금전을 준다든지, 조세나 부역을 연기해준다든지 하는 식의 방안을 마련했지만, 의료구제는 제한적으로만 시행됐다. 지방관의 명령에 따라 해당 지역 내 의료 인력을 동원하는 게 유일한 대책이었다. 의료 인력이 부족한 데다 치료에 쓸 약제를 중앙에서 보내주지 않았기 때문이다.

그러다 보니 스스로 의술을 배워서 의사가 되는 이가 생겼다. 중인이나 천민의 경우 출세 길이 열려 있지 않았기에 이는 나름대로 합리적인 선택이었고, 의료 낙후지역에 사는 지방 사람들에게도 도움이 되는 일이었다. 이들 중 피재길(皮載吉)은 지방 의원으로 출발해 왕실에까지 진출했는데, 정조의 종기를 치료했다고 전해진다.

"조선 후기는 《동의보감》의 시대였습니다. 이건 너무도 당연한 일입니다. 아까 이 책을 넘어설 새로운 사상이 없다고 했지요? 하지만 꼭 그런 건 아니었습니다."

외치도 안다. 17~18세기경 서양에서는 의학이 얼마나 발달했는지를. 소현세자는 병자호란 때 인질로 청나라에 잡혀갔다가 돌아올 때 《주제군징(主制群徵)》이란 책을 가지고 왔다. 중국에서 활동하던 예수회 선교사 아담 샬(Adam Schall von Bell, 1591~1666)이 쓴 이 책은 하느

님이 만물을 주관한다는 내용이지만, 다음과 같은 참신한 내용도 나온다.

"간에서는 혈액을 만들어 인체를 구성하는 요수가 되며, 심장은 혈액을 운송하여 인체에 근본의 열을 보존하는 역할을 하고, 뇌는 인체의 감각과 운동기능의 중추가 된다."

지금의 의학 지식으로 보면 간은 틀렸지만 심장 부분부터는 다 맞다. 하지만 뛰어난 학자였던 성호 이익은 뇌가 인체의 중추라는 것을 인정하는 대신, 성리학적 세계관에 따라 뇌는 감각의 중심이며 심장이야말로 인식의 토대가 된다고 주장했다. 또 다른 실학자 정약용은 심지어 갈레노스의 4체액설에 심취했다. 19세기 초반에 살았던 정약용(1762~1836)이 이 이론에 심취한 게 안타까운 이유는 유럽에서 갈레노스의 체액설을 공개적으로 부정한 프랑스 의사 몽드빌(1260~1320)이 정약용보다 500년 전에 태어난 사람이기 때문이다.

이는 무엇을 의미할까? 당시 조선은 중국하고만 교류하느라 서양의 선진 의학이 들어올 여지가 없었고, 애써 들어온 서양의학도 새로운 의학사상을 발전시키는 동력이 되지 못한 채 변방의 주장에 머물렀다는 얘기다. 심지어 명나라가 망한 뒤에는 이른바 '소중화(小中華)'를 자처하면서 청나라의 학문을 인정하지 않았으니, 발달한 학문이 들어올 통로마저 차단해버린 셈이었다.

"정통 성리학 이외의 것들을 사문난적(斯文亂賊)이라고 배척했으니, 오죽하겠습니까?"

남기남이 비통한 표정으로 말했다.

"오늘날에도 주목을 받는 사람이 한 명 있습니다. 이제마라는 사람입니다."

서자 출신으로 늦은 나이에 관직에 나아갔던 이제마(李濟馬, 1837~1899)는 60세가 넘어 보원국이라는 약국을 세워 환자들을 돌봤고, 제자들도 양성했다. 그중《동의수세보원(東醫壽世保元)》(1894)이란 책에서 주장한 사단론은 사람을 네 가지, 즉 태양인·소양인·소음인·태음인으로 구분했다. "태양인은 폐가 크고 간이 작다." 이런 기술이 쭉 나오는데, 이는 질병을 치료함에 있어서 질병의 증상보다는 환자의 체질을 중시하는 이론이다.

"그러니까 같은 질병이라 해도 환자에 따라 다른 치료를 한다는 얘깁니까?"

외치가 묻자 남기남은 격하게 고개를 끄덕였다.

"그게 말이 됩니까? 같은 병인데 약을 달리 쓴다는 게."

"그땐 잘못된 것처럼 보였을지도 모릅니다. 지금은 달라졌어요."

페니실린이란 약을 생각해보자. 탁월한 항생제이긴 하지만, 그렇다고 페니실린에 알레르기가 있는 사람에게도 페니실린을 써야 할까? 그렇지 않다. 또한 간이 안 좋은 사람에게 간에서 대사되는 약을 주면 부담이 될 수 있다.

이런 식으로 체질에 따라 약을 주는 건 미래의 의학이 나아가야 할 방향이다. 요즘 많이 논의되는 '개인맞춤형 의료'도 따지고 보면 이제마의 이론을 변형한 것 아니겠는가? 그런 면에서 미래를 내다본 이제마의 이론은 매우 탁월하다고 칭찬받아야 마땅하다.

현대 한국
가장 저렴하고 접근하기
쉬운 의료의 탄생

"안타깝게도 우리나라는 근대화를 이루지 못했습니다. 그래서 결국 일본의 식민지가 됐죠. 무려 35년간이나!"

남기남은 주먹으로 책상을 내리쳤다.

"그 뒤 겨우 독립했지만 곧 분단이 됐고, 또 분단된 조국끼리 3년간 전쟁을 벌였습니다. 1953년에야 겨우 휴전을 할 수 있었죠."

외치가 잠깐 스쳐가며 본 서울은 전쟁으로 폐허가 된 지 겨우 9년이 지났을 무렵이었다. 그제야 외치는 당시의 상황을 이해할 수 있었다.

"그 뒤 우리는 노력했습니다. 열심히 일했지요. 그래서 지금은 어디 내놔도 뒤지지 않는 멋진 나라가 됐습니다."

외치도 그의 말에 동의했다. 자신이 봤던 풍경이 이제야 선명하게 그려졌기 때문이기도 했다.

"간단히 말씀드리지요. 해방 이후 한국 의료는 출발이 좀 꼬였습니다. 국가에서 병원을 세워야 하는데, 나라엔 돈이 없었습니다. 환자는 많은데 의사는 없다 보니 국가는 약국에 사실상 병원의 역할을 기대했고, 전통의학인 한의학과 현대의학을 모두 인정해줬지요. 이는 훗날 의사 수가 많아지면서 이들 집단 간에 갈등이 벌어지는 원인이 됩니다."

외치가 조심스럽게 말을 꺼냈다.

"저… 검사받으러 갈 시간이 다 돼서요."

남기남의 말이 빨라졌다.

"거의 다 됐습니다. 이제 곧 끝나요. 그 대신 우리나라는 세계 최고의 의료보험제도를 갖게 됩니다. 미국에서 심장이식 수술은 보험 없으면 10억이 넘는다지요. 하지만 한국에서 하면 훨씬 저렴합니다."

외치가 놀라서 자리에서 일어났다.

"네, 맞아요. 한국에서는 700만 원에 수술받기로 했어요."

남기남이 껄껄 웃었다.

"그것 보세요. 이 나라에서 수술받는 건 행운입니다. 유럽은 국가가 다 돈을 내주는 무상의료를 실시하고 있죠. 하지만 그 나라들은 의사를 보기가 쉽지 않습니다. 입원해서 수술까지 하려면, 간단한 수술도 한 달가량 기다려야 해요. 반면 우리나라는 어떻습니까? 병원에 오자마자 일주일도 안 돼서 수술을 해준다고 하지요? 미흡한 점이 없진 않지만, 우리나라 의료는 세계 최고입니다. 수술 잘 받으십시오. 미스터 외치."

일주일 후

외치는 회복실에서 겨우 눈을 떴다. 간호사가 걱정스러운 표정으로 외치를 보고 있었다. 의식은 몽롱했지만, 피가 잘 돌아서인지 힘이 더 나는 것 같았다. 외치는 좋다는 표시로 한쪽 눈을 찡긋해 보였다.

"선생님, 막 깨어난 환자가 눈이 아픈 것 같아요. 왼쪽이요."

수술부위는 아팠지만, 그래도 나아지고 있어서 기뻤다. 그 말은 곧 돌아갈 날이 얼마 남지 않았다는 뜻이었다.

"좀 어떠십니까?" 자신을 수술한 의사가 외치 앞에 섰다. 외치가 일어나 앉으려 하자 그가 손을 내밀어 제지했다.

"수술은 잘된 것 같습니다. 매달 병원에 와서 체크받으세요."

그 말에 외치가 자리에서 벌떡 일어났다.

"네? 한 달마다요? 얼마나 그렇게 해야 하죠?"

"처음엔 한 달에 한 번 오시고, 그다음부턴 석 달, 나중엔 1년에 한 번 오면 됩니다. 인공심장은 배터리로 움직이기 때문에, 배터리도 보고 또 잘 작동하는지도 수시로 점검해야 하니까요. 사람은 심장이 멈추면 끝이거든요."

의사가 나가고 난 뒤 한참 동안 외치는 넋이 나간 사람 같았다. 심장수술을 받고 나면 신석기시대로 돌아갈 수 있을 줄 알았는데! 의사 말을 거부하고 돌아가면 오래지 않아 죽을 수도 있다. '그럼 그동안 고생한 건 다 헛일인데.' 그렇다고 여기서 뭘 하고 지낼지, 외치는 심란했다. 그래서 퇴원하자마자 우주선을 호출한 건 당연한 수순이었다.

"외계인. 큰일 났어. 내 시대로 돌아가지 못하게 됐다고."

외치의 말을 들은 외계인은 난감한 표정을 지었다.

"그러게. 이걸 어쩌나."

이게 다 외계인의 음모라고 생각한 외치는 문어가 시치미를 떼자 더 화가 났다. 결국 외치는 외계인에게 달려들어 한바탕 싸움을 벌였다. 피가 잘 돌아서인지 싸움도 더 잘하게 된 것 같았다. 결국 외계인은 외치 밑에 깔려 살려달라고 했다. 생각해보니 외계인의 도움이 없으면 신석기시대로 돌아가지도 못할 터라, 외치는 외계인에게 화해하자고 손을 내밀었다. 그러고는 그에게 부탁했다.

"어려운 말이지만, 혹시 신석기시대에 있다가 검진 때마다 오고, 이럴 수는 없는 건가?"

외계인은 단호히 고개를 저었다.

"5000년을 어떻게 왔다 갔다 해? 한두 번도 아니고."

결국 외치는 외계인과 타협했다. 딱 한 번만 신석기시대에 갔다 오기로 말이다. 거기서 머무는 기간은 2주로 합의했다. 가는 데 일주일, 오는 데 일주일이 걸리니, 더 이상은 무리였다.

시간여행 우주선의 비밀

한 달 뒤로 잡힌 첫 번째 검진이 끝나자마자 외치는 우주선에 올랐다. 하지만 우주선엔 아무도 없었다.

"나 혼자 가는 건가?"

자세히 보니 탁자 위에 편지가 한 통 있었다. 외치는 편지를 뜯어 읽기 시작했다.

외치 씨, 저는 서민이라고 합니다.

저는 의학자 겸 발명가로, 우연한 기회에 시간여행이 가능한 타임머신을 만들었습니다.

그걸로 뭘 할까 하다가 의학의 역사에 대해 조명해보기로 했습니다.

제 계획은 이랬습니다.

의학의 역사 출발을 신석기시대, 그러니까 당신이 살던 시대로 정하고 역사의 중요한 순간마다 당신을 보내 그 당시 의학을 알아오게 하는 거였습니다.

그러기 위해 저는 신석기시대로 가서 당신을 섭외했고,

몸에 카메라를 부착했습니다.

워낙 초소형이라 전혀 느끼지 못했을 겁니다.

당신을 계속 돌봐준 문어 외계인은 사실 저였습니다.

원래 오징어처럼 생겨서 변장이 어렵지 않았지요. 하하하.

물론 당신을 데려다가 부려먹은 셈이 돼서 미안하긴 합니다만,

원래 알프스산에서 맞아죽을 운명이었고,

거기서 죽지 않아도 심장 때문에 1년 이상 살지도 못했을 터이니,

그 점은 양해해주시기 바랍니다.

나중에 인공심장을 달아주면

당신이 해준 일에 대해 보상이 될 거라 생각했습니다.

사실 이번에 가서 돌아오지 않아도 됩니다.

검진은 혹시나 있을 부작용을 대비하기 위함인데,

이식한 그 기계 때문에 부작용이 있을 확률은 0.01퍼센트도 안 됩니다.

배터리도 최소 10년은 가는 것이니, 그 기간 동안 당신은 안전합니다.

혹시 당신이 다시 돌아와 저와 함께 일하면 더 좋겠지만,

그 시대가 더 좋다면 거기 머무르셔도 저는 당신의 선택을 존중하겠습니다.

신석기시대에서 10년을 사는 것과 여기서 더 오래 사는 것 모두 당신이 결정할 일입니다.

당신이 신석기시대에 정착하시려면, 우주선만 보내십시오.

사용법은 모두 적어뒀습니다.

좋은 여행이 되길 바랍니다. 미스터 외치.

한참을 멍하니 있던 외치는 우주선의 스위치를 눌렀다. 우주선은 굉음을 내면서 앞으로 나갔다.

AI시대의 의학의 미래는?

외치, 의학사를 가르치다

"자, 지금까지 의학의 역사를 배웠어요. 이제 뭘 해야 할까요?"

외치가 좌중을 둘러보자 한 학생이 손을 들고 말했다.

"의학의 미래?"

외치가 빙긋이 웃었다.

"맞아요. 이번 시간은 마지막 시간이니까 의학의 미래에 대해 자유롭게 토론해보도록 해요."

2019년, 외치는 D대학에서 '의사학'을 가르치는 중이다. 의사학이란 의사가 되는 학문이 아니라, '醫史學', 즉 의학의 역사를 연구하는 학문이다. 전국의 의과대학 중엔 서울대학교를 비롯해서 몇 군데에 의사학교실이 있어서 과거의 의학을 연구한다. 시간에 따라 질병이 어떻게 바뀌었는지, 각 시대의 정치경제 시스템은 사람들의 건강에 어떤 영향을 미쳤는지 등을 알아야 미래를 어떻게 설계할지 감이 오니까 말이다. 물론 외치가 의사학교실의 교수가 된 것은 아니었다. 그가 몸담은 D대학도 다른 대학들처럼 의사학교실이 없지만, 전 시대를 누비며 의학사를 배운 외치의 지식에 감동한 학교 측에서 이런 요청을 했던 것이다.

"연구교수 자리를 드리겠습니다. 의대생들뿐만 아니라 다른 학생들에게 의학의 역사를 가르쳐주세요."

책으로 배운 지식과 몸으로 체험한 지식은 차원이 달났다. 게다가 의학의 선조들을 직접 만난 것처럼(사실 직접 만났다) 설명해주는 외치의 강의는 '한국말을 한국인보다 더 잘하는 외국인'이란 이미지와 결부돼 인기가 폭발했다. 그의 강의는 300명을 채우는 인기 강의로 자리매김했고, 오래지 않아 D대학뿐 아니라 인근에서도 강의 요청이 쇄도하기 시작했다.

'여기에 남길 잘했어.'

외치는 그때 그 장면을 회상하며 흐뭇한 미소를 지었다. 우주선을 타고 신석기시대로 갈 때만 해도 외치는 그 시대에 머무를 생각이었다. 하지만 훨씬 앞선 문명을 겪고 난 뒤에 간 신석기시대는 아무 재미도 없는 황무지에 불과했다. 아내와 아들을 멧돼지의 공격으로 잃어버린 외치였기에, 굳이 미련을 가질 이유도 없었다. 외치는 가지고 간 약을 친구들에게 나눠준 뒤 약속한 2주가 지났을 무렵, 아무 망설임 없이 우주선을 탔다. 외치가 지금 학생들 앞에서 강의를 하고 있는 건 그런 연유였다.

AI와 의사

"제가 궁금한 것은…."

한 학생이 손을 들었다. 외치는 그 학생을 향해 몸을 돌렸다.

"요즘 AI가 굉장히 핫하잖습니까? AI가 인간 의사를 대체할 수 있을지, 그게 궁금합니다."

질문을 받은 외치는 좌중을 둘러봤다.

"정말 좋은 질문입니다. 여러분은 어떻게 생각하세요? AI 의사, 그게 가능할까요?"

외치가 잠시 학생들의 반응을 살펴보다 다시 입을 열었다.

"2016년, 한 강의실에선 내과의사와 인공지능 컴퓨터가 나란히 앉아 스크린을 응시하고 있었습니다."

알파고와 이세돌이 바둑대결을 벌인 것처럼, 2016년 미국에선 AI와 인간 의사들이 한판승부를 벌였다. 스크린에는 환자들이 호소하는 증상과 검사소견이 떠 있었는데. 의사와 인공지능 컴퓨터는 그 화면을 보고 가장 가능성 있는 진단명 1개와 추가로 생각할 수 있는 진단명 2개를 더 써야 했다.

"누가 이겼을 것 같나요?"

"의사요."

"AI요."

"그래도 AI가 낫지 않을까요? 바둑도 이겼는데."

"의학이랑 바둑이 같냐?"

학생들의 의견은 둘로 갈렸지만, 결과는 그렇지 않았다. 1순위 진단 명의 정확도에선 의사가 72퍼센트, 인공지능 컴퓨터가 34퍼센트였고, 3개까지 봤을 때는 의사가 85퍼센트, 인공지능 컴퓨터가 51퍼센트였다. 의사의 완승이었다.

결과를 말해주자 학생들 사이에서 탄식과 환성이 터졌다.

"왜 이런 결과가 나왔을까요? 환자 진단이 바둑보다 더 어려워서 그랬을까요?"

콧물과 기침이 나는 환자가 있다면 꼭 의사가 아니어도 감기라는 걸 다 알 수 있다. 이건 경험의 문제이기 때문이다. 그 의사는 수많은 감기 환자를 봤으니 보자마자 "감기야!"라고 외칠 수 있었다. 하지만 AI는 경험이 없고, 대신 방대한 지식만 있을 뿐이다. 그 지식을 가지고 진단하려면 영 헷갈린다. 콧물과 기침은 꼭 감기뿐만이 아니라 축농증일 수도 있고, 알레르기이거나 자가면역질환, 심지어 암일 수도 있다. 가능한 진단명 수십 수백 개가 인공지능 컴퓨터를 어지럽히니, 결국 틀린 진단명을 제출하게 된 것이다.

"그렇다고 의사가 AI로 대체되지 않는다는 얘기는 아니에요. 바둑만 해도 경우의 수가 너무 많아 AI가 이기지 못할 것이라고 예측했지만, 알파고가 이세돌을 완벽하게 제압하지 않았던가요?"

　방대한 지식에 경험이 더해진다면 의사는 AI의 적수가 되기 힘들다. 그리고 그 경험은 AI가 직접 환자를 봐야 하는 게 아니라, 의사들이 써놓은 환자 차트들을 컴퓨터에 입력하기만 해도 너끈히 충족될 수 있다. 인공지능이 지금 같은 속도로 발전한다면 적어도 몇 년 안에 의사들이 무릎을 꿇는 날이 올 것이다.

　"하지만 컴퓨터가 모르는 게 있어요. 그건 바로 의사가 인간이고, 환자도 인간이라는 점이지요."

　인간이란 참 오묘한 존재인지라, 환자의 말을 의사가 진지하게 들어주고 환자의 아픔에 공감해주기만 해도 증상의 상당 부분이 사라지기도 한다. 플라세보 효과라는 것도 사실은 의사에 대한 환자의 신뢰에서 생기는 게 아니겠는가? 이 둘의 차이는 다음 상황에서 극명하게 드러난다.

　암의 크기가 크고 다른 기관에 전이됐을 가능성이 있는 환자를 생각해보자. 열심히 치료한다고 해도 오래 살 확률은 떨어지지만, 인간 의사는 이렇게 이야기할 것이다. "제가 보기엔 치료만 잘 받으면 건강해질 수 있어요. 저를 믿고 한 번 해봅시다." 그러나 AI라면 이렇게 얘기할 것이다. "암이 아주 큽니다. 치료해도 1년 이상 살 확률 10퍼센트 미만. 그래도 암이 식도를 완전히 막지 못하게 항암제는 써야 함."

　자, 둘 중 어느 경우에 환자가 더 오래 살 수 있을까? 치료가 성공하려면 환자의 의지가 중요하다는 점에서, AI가 감히 의사를 따라오지 못할 것 같다.

"문제는 지금 의사들이 환자에게 진지하게 공감해주느냐는 것이겠지요. 극히 일부이지만 기계인가 싶은 의사들이 간혹 있거든요. 의학 교육에서 인성을 강조하는 이유도 여기에 있답니다. 인성으로 승부하지 않으면 의사가 이길 방법이 없으니까요."

개인맞춤형 의료의 시대

"미래의 의학에 대해 두 번째 쟁점을 보죠."

외치는 미국 여배우 앤젤리나 졸리의 사진을 띄웠다.

"이걸 보고 느껴지는 게 있나요?"

일부 남학생들이 '예쁘다' 하는 와중에 한 명이 손을 들고 말했다.

"유방암이 아닌데 유방절제술을 했습니다."

앤젤리나 졸리의 어머니는 56세에 난소암으로 죽었다. 45세에 죽은 외할머니도 난소암이 원인이었다. 암이 다 그렇듯, 투병 과정이 쉽지 않다. 졸리는 그 모습을 지켜보면서 암에 대한 공포심을 키웠을 것이다. 게다가 어머니가 걸렸던 암은 BRCA1과 BRCA2 유전자의 변이로 인해 생겼다.

무슨 말일까? 원래 이 유전자는 유방이나 난소세포의 DNA 복제에 이상이 생기면 수리하는 역할을 한다. DNA의 이상이 암으로 연결된다면, 이 유전자는 오히려 암을 억제한다는 얘기다. 그런데 이 유전자에 변이가 생긴다면 유방암의 발병 빈도가 60~80퍼센트가량 올라

간다. 그리고 이 변이는 유전될 수 있다. 앤젤리나 졸리가 수술하기로 결정한 것은 바로 그 때문이었다.

"우리가 알아야 할 것은 단순히 그녀가 수술을 했다는 사실만이 아닙니다. 미래의 의료는 개인맞춤형이 된다는 걸 의미합니다. 이와 관련해서《개념의료》의 한 대목을 읽어볼게요."

"지금까지는 가족력 유무 정도를 제외하면 누가 어떤 질병에 걸릴 위험이 높은지에 대한 정보가 지극히 제한적이었다. 따라서 모든 사람이 똑같이 예방접종을 받고 똑같이 콜레스테롤 저하제를 복용하며, 똑같이 1년에 한 번씩 건강검진을 받는 식이었다. 하지만 앞으로는 개개인의 게놈 정보 분석을 통해 발병 가능성이 높은 질병과 그렇지 않은 질병을 가릴 수 있게 되고, 그러한 정보를 바탕으로 질병 예방이나 건강증진을 위한 프로그램도 개인별로 맞춤 제공하는 시대가 도래할 전망이다."

결코 먼 미래가 아니다. 맨 처음 특정인의 게놈정보를 해독하는 데는 13년의 세월과 30억 달러의 비용이 들었지만, 2011년에는 5000달러의 비용과 수 주가량의 기간이면 충분했다. 그리고 '일루미나'라는 회사가 '하이시퀀서(HiSeq)'라는 제품을 출시하면서 1000달러의 비용과 한 시간 정도면 게놈정보의 해독이 가능해졌다. 건강검진을 받는 데 드는 돈을 생각해보면, 앞으로 어떤 병에 걸릴지를 미리 알기 위해 내는 100만 원은 크게 아깝지 않을 수 있다.

개인맞춤형 의료는 다음 경우에도 빛을 발한다. 몸에 좋은 우유가 누군가에게는 설사를 유발하는 것처럼, 사람이란 다 조금씩 다르기 마련이다. A라는 병의 치료약인 B에 대해 생각해보자. B는 임상시험에서 A에 걸린 환자들의 80퍼센트에서 효과가 있었기에 식약처의 승인을 따낼 수 있었다. 그러면 의사는 A에 걸린 모든 환자들에게 B라는 약을 투여한다. 약에 듣지 않는 20퍼센트가 나오겠지만, 그건 어쩔 수 없는 일이었다.

"하지만 말입니다, 이걸 생각해봅시다. B가 듣는 80퍼센트와 안 듣는 20퍼센트는 어떤 점이 다를까요?" 누군가가 '체질'이라고 한 뒤 수줍게 웃었다. 외치가 그 학생을 향해 말했다.

"맞습니다. 바로 체질이 다르죠. 그런데 그 체질을 미리 알 수 있다면, 그러니까 B가 잘 듣는 80퍼센트에게만 B를 투약한다면 어떻게 될까요?"

게놈 프로젝트를 통해 개인의 신체정보를 모두 알 수 있다면, 그 사람한테 듣지 않는 약을 투여하지 않게 된다. 그 대신 20퍼센트에 해당하는 환자에게 듣는 약을 새로 개발할 수도 있다. 이 약을 C라고 하자. 과거 같으면 C는 식약처의 허가를 받지 못했다. 겨우 20퍼센트에서만 효과가 있는 약을 뭐 하러 출시하겠는가? A라는 병에 대해 C를 썼다가는 80퍼센트의 환자들이 고통을 받을 수 있으니 말이다. 하지만 C가 잘 듣는 환자를 미리 알 수 있다면, C는 효과 없는 약이 아니라 효과 100퍼센트의 좋은 약이 된다. 체질에 따라 다른 약을 쓸 수 있는 것, 이것이야말로 개인맞춤형 의료의 장점이다.

"이런 일은 사실 지금도 일어나고 있어요. 2011년 니컬러스 볼커라는 여섯 살짜리 아이가 있었습니다."

그 소년은 장에 심각한 문제가 있었다. 상시적인 염증이 있었던 탓에 거의 100번에 달하는 수술을 받았고, 장의 일부를 잘라내는 신세가 됐다. 아무도 그 이유를 알지 못했다. 어쨌든 그가 죽어가고 있다는 건 누가 봐도 확실했다.

의사는 혹시나 싶어 그의 게놈정보를 해독해봤다. 볼커의 유전자에는 치명적인 돌연변이가 있었다. 그 돌연변이가 면역계에 이상을 일으켜 장에 상시적인 염증을 일으킨 것이었다. 그 소년은 제대혈에서 얻은 세포를 골수에 이식하는 수술을 받았다. 아직도 치료가 더 필요하긴 하지만, 볼커는 건강해졌다. 이는 게놈 프로젝트의 성공이 인류를 훨씬 더 건강하게 해준다는 첫 번째 증거였다.

병원에 가지 않는 환자들

"또 뭐가 있을까요?"

외치는 학생들의 답을 기다렸다. 한 여학생이 손을 들었다.

"스마트폰이 모든 것을 다 해주지 않을까요. 혈압도 재주고, 혈당도 측정해주고요."

"빙고. 하지만 그걸 미래라고 하긴 좀 그러네요. 이미 시행되고 있으니까요."

2011년 겨울, 미국의 한 의사는 청진기를 안 쓴 지 2년이 됐다고 말해서 충격을 주었다. 사람들이 놀란 이유는 그가 심장내과 의사였기 때문이다. 심장내과라면 심장 소리를 들어보는 게 기본인데, 어떻게 그럴 수가 있을까? 2개의 작은 센서를 붙인 스마트폰에 손가락을 대면 심전도 그래프가 실시간으로 표시되니, 굳이 청진기를 쓸 필요가 없었던 것이다. 혈당도 마찬가지다. 지금까지 사용됐던 혈당측정법은 손가락을 바늘로 찔러서 그 피를 혈당시험지에 떨어뜨린 뒤 혈당측정기에 꽂는 방식이었다. 매우 번거로운 일인 데다 아프기까지 하다. 하지만 이제는 그럴 필요가 없다. 배 안에 초소형 센서를 삽입하면 그 센서가 5분마다 혈당을 측정해 수신기로 전송해준다. 지금은 수신기지만, 가까운 미래에는 그게 스마트폰이 될 것이다.

"그뿐이 아닙니다. 출산이 임박한 산모들의 자궁수축 상태, 또는 태아의 심장박동수 등이 담당 산부인과 의사의 스마트폰으로 실시간 전송될 것입니다. 그러면 산모가 굳이 병원에 가지 않아도 의사는 산모나 태아가 건강한지 여부를 알 수 있지요. 이런 건 또 어떨까요? 매일 혈압약을 먹어야 하는 사람이 있다고 칩시다. 그런데 매일 먹기가 쉽지 않잖아요. 까먹을 수도 있고, 약이 집에 있는데 집에 못 들어간 경우도 있을 테고요."

이때 인체에 내장된 컴퓨터 칩이 정해진 양의 약물을 배출해준다면, 매일같이 약을 먹어야 한다는 스트레스에 시달릴 필요가 없다. 미국 MIT 연구진은 인체에 이식해두면 정해진 일정에 따라 약물을 정기적으로 배출하는 약물 전달기를 만들었다. 이게 상용화된다면 약을 제때 안 먹어서 병이 악화되는 일이 없어질 것이다.

"의사들이 직면하게 될 가장 큰 문제는 환자들이 의사를 직접 만날 필요가 점점 없어지고 있다는 점입니다."

스마트폰이 청진기나 심전도를 대신할 수 있다면, 환자들이 군이 시간과 비용을 들여 의사를 만나야 할 필요가 없다. 의사의 설명은 전화로 들을 수 있고, 꼭 얼굴을 봐야 한다면 화상전화도 있다. 급한 경우에야 의료기관을 찾아야 하지만, 혈압약을 처방받으러 병원에 가는 일은 줄어들 것이다.

그래도 의사는 필요하다

"질문이 있습니다."

머리를 길게 땋은 여학생이 물었다.

"의사가 환자와 직접 대면하는 일이 없어진다면, 환자와의 대면을 위해 열심히 인성을 기른 의사는 어떻게 되는 걸까요?"

사방에서 웃음소리가 났다.

"아주 좋은 지적입니다."

외치의 말에 학생들이 다시금 웃었다.

"하지만 전 의사는 영원히 없어지지 않을 거라고 믿습니다."

AI가 아무리 의사 역할을 대신한다 해도, 인간 의사가 꼭 해야 할 역할이 있다. 그건 바로 최종 결정을 내리는 일이다. 특정 질병에 대해 치료법이 여러 개가 있을 때, 그 결정은 환자와 의사의 협의를 통해서만 가능하다.

방사선치료의 효율이 조금 더 높더라도 환자가 방사선에 대해 극도의 공포심을 갖고 있다면, 그걸 고집하는 게 치료에 도움이 안 될테니까. 환자를 지켜보면서 어떻게 하면 환자의 고통을 덜어줄까, 고뇌하는 것도 인간 의사만이 할 수 있는 몫이다.

환자가 힘들면 마약성 진통제를 주는 것, 이건 고통이 뭔지 모르는 AI로선 버거운 일이다. 인간 의사의 존재가 가장 필요한 이유는 치료를 포기할 때다. AI는 심장만 뛰고 있는 뇌사 상태의 환자에 대해 '더 이상 살 필요가 없다'고 생각해 '호흡기를 떼라'고 조언할 것이다.

인간 의사는 그렇게 하지 않는다. 가족이 그 환자를 보낼 마음의 준비가 될 때까지, 인간 의사는 그 환자를 위해 최선을 다한다. AI가 본다면 부질없는 짓일지도 모르겠다. 하지만 사람은 기계가 모르는 뭔가를 가지고 있으며, 이것의 가치는 같은 인간인 '인간 의사'만이 알수 있다. AI시대에 의사의 효용은 많이 줄어들겠지만, 그럼에도 불구하고 의사가 필요한 이유는 여기에 있다.

"이번 학기를 마무리하면서 마지막으로 한 가지만 말씀드리겠습니다." 외치가 교탁 앞에 서자 학생들이 갑자기 침묵을 지켰다.

"많은 의사를 만났습니다. 여러분은 상상할 수도 없는 의사들을 직접 만났죠. 제가 만난 의사들은 말입니다. 한 가지 공통점이 있었어요. 어떻게 하면 환자의 고통을 덜어줄 수 있을지 고뇌했고, 자신의 능력으론 치료할 수 없는 상황을 미안해했어요. 시대와 지역은 달랐지만, 그 마음만은 똑같았습니다. 이 강좌를 열면서 제가 전하고 싶었던 것도 의사들의 그런 마음이었습니다. 이상으로 마치겠습니다."

참고문헌

프롤로그: 의학, 세계사의 지형을 바꾸다
https://ourworldindata.org/child-mortality

1부 / 고대 기원전 3400년 ~ 207년 신의 시대: 형벌과 마법사

문신, 신석기시대의 마지막 치료법

1 William A. Murphy, Jr, Dieter zur Nedden, Paul Gostner, Rudolf Knapp, Wolfgang Recheis, Horst Seidler. "The Iceman: Discovery and Imaging,", *Radiology*, 2003, Vol 226 issue 23, pp.614~629.
2 N. V. 폴로스막,《알타이 초원의 기마인》, 강인욱 옮김, 주류성, 2016, 340쪽.
3 Patrizia Pernter, Paul Gostner, Eduard Egarter Vigl, Frank Jakobus Rühli, "Radiologic proof for the Iceman's cause of death(ca. 5'300BP)," *Journal of Archaeological Science*, 2007, Vol 34 issue 11. pp.1784~1786.

파피루스, 당뇨병까지 기록된 고대 최고의 의학 문서

1 http://www.reshafim.org.il/ad/egypt/timelines/topics/medicine.htm.
2 Aly Saber, "Ancient Egyptian Surgical Heritage," *Journal of Investigative Surgery*, 2010, Vol 23 issue 6, pp.327~334.
3 Lesley Smith, "The Kahun Gynaecological Papyrus: Ancient Egyptian medicine," The journal of family planning and reproductive health care / Faculty of Family Planning & Reproductive Health Care, Royal College of Obstetricians & Gynaecologists, 2011, Vol 37 issue 1, pp.54~55.
4 Stephen Carpenter, Michel Rigaud, Mary Barile, Tracy J. Priest, Luis Perez, John B. Ferguson, "An Interlinear Transliteration and English Translation of Portions of The Ebers Papyrus Possibly Having to Do With Diabetes Mellitus," Barnard College 1998, pp.1~22.
5 Joost J. van Middendorp, Gonzalo M. Sanchez, Alwyn L. Burridge, "The Edwin Smith papyrus: a clinical reappraisal of the oldest known document on spinal injuries," *European Spine Journal*, 2010, Volume 19, Issue 11, pp.1815~1823.
6 Lynn Loriaux, "Diabetes and the Ebers Papyrus: 1552 BC," *Endocrinologist*, 2006, Vol 16 issue 2, pp.55~56.

히포크라테스와 갈레노스, 아무도 두 천재를 넘어설 수 없다

1 재컬린 더핀,《의학의 역사》, 신좌섭 옮김, 사이언스북스, 2006, 108쪽.
2 황상익,《인물로 보는 의학의 역사》, 여문각, 2004, 31~36쪽.
3 이문필·강선주 외,《한 권으로 읽는 의학콘서트》. 빅북, 2018.
4 아르놀트 판 더 라르,《메스를 잡다》, 제효영 옮김, 을유문화사, 2018.

화타, 마취약을 사용해 수술하던 의사

1 Brian May, Michael Wang and Takako Tomoda, "The life and medical practice of Hua Tuo," *Pacific Journal of Oriental Medicine*, 2000, Vol 14, pp.40~54.
2 이문필·강선주 외,《한 권으로 읽는 의학 콘서트》, 빅북, 2018.

2부 / 중세와 르네상스 1025년 ~ 1638년 인간의 시대: 낯설지만 아름다운 도전

이븐 시나, 약학의 토대를 만든 아랍의 학자

1 이문필 · 강선주 외,《한 권으로 읽는 의학 콘서트》, 빅북, 2018.
2 Husain F. Nagamia, "Islamic medicine: history and current practice," *Journal of the International Society of Islamic Medicine*, 2003, Vol 2, pp.19~30.

흑사병, 중세 교회의 권위를 추락시키다

1 Daniel Antoine, Simon Hillson, "Famine, the Black Death, and health in fourteenth-century London," *Archaeology International*, 2005, issue 8 pp.26~28.
2 Carl S. Sterner, "A Brief History of the Miasmic Theory," University of Cincinnati, 2007(http://www.carlsterner.com/research/files/History_of_Miasmic_Theory_2007.pdf).
3 Gian France Gensini, Magdi H. Yacouba, Andrea A. Conti, "The concept of quarantine in history: from plague to SARS," *J Infection*, 2004, Vol 49 issue 4, pp.257~261.
4 재컬린 더핀,《의학의 역사》, 신좌섭 옮김, 사이언스북스, 2006.
5 James T. Eastman, "The Making of a Pandemic: Bubonic Plague in the 14th Century," *The Journal of Lancaster General Hospital*, 2009, Vol 4 issue 1, pp.10~17.

파라셀수스, 의학계의 마르틴 루터

1 이문필·강선주 외,《한 권으로 읽는 의학 콘서트》, 빅북, 2018.
2 Swee Yaw Tan, M. E. Yeow. "Medicine in Stamps. Paracelsus(1493-1541): The Man Who Dared," *Singapore Med Journal*, 2003 Vol 44 issue 1, pp.5~7.

퀴닌, 신항로 개척시대가 발견한 말라리아 치료제

1 사토 겐타로,《세계사를 바꾼 10가지 약》, 서수지 옮김, 사람과나무사이, 2018.
2 Jane Achan et al., "Quinine, an old anti-malarial drug in a modern world: role in the treatment of malaria," *Malaria Journal*, 2011, Vol 10: 144, pp.1~12.
3 김웅빈,《나는 미생물과 산다》, 을유문화사, 2018.

3부 / 근대 1854년 ~ 1941년 발견의 시대: 문명의 충돌, 질병과의 전쟁

상하수도의 발견, 해답은 물이다

1 존 퀘이조,《콜레라는 어떻게 문명을 구했나》, 황상익 옮김, 메디치미디어, 2012.
2 John Snow, "On the mode of communication of cholera", 1849.
3 MYSTERIOUS ILLNESS OUTBREAK SCENARIO -John Snow and the Cholera Epidemic 8, HYDROVILLE CURRICULUM PROJECT ©2004, Oregon State University.
4 http://www.historyhome.co.uk/peel/p-health/cholera3.htm.

천연두 백신, 인도의 풍토병이 전 세계로 퍼진 까닭은?

1 http://www.docdocdoc.co.kr/news/articleView.html?newscd=2013103100028
2 율라 비스,《면역에 관하여》, 김명남 옮김, 열린책들, 2016.
3 Robert Jesty, Gareth Williams, "Who invented vaccination?," *Malta Medical Journal*, 2011, Volume 23 Issue 2, pp.29~32.
4 Stefan Riedel, "Edward Jenner and the history of smallpox and vaccination," *Proc*(Bayl Univ Med Cent), 2005 Vol. 18, no. 1, pp.21~25.

영상의학, 해부 없이 인간의 몸 들여다보기

1 Marie-Odile Bernier et al, "Potential cancer risk associated with CT scans: Review of epidemiological studies and ongoing studies", *Progress in Nuclear Energy*, 2015, Vol. 84, pp.116~119.
2 황상익,《인물로 보는 의학의 역사》, 여문각, 2004.
3 Euclid Seeram, "Nobel Prize for CT and MRI pioneers: historical article," *Radiographer: The Official Journal of the Australian Institute of Radiography*, 2006, Vol. 53, no.1, pp.4~7.
4 〈전립선암, 초음파치료가 수술보다 낫다〉,《연합뉴스》, 2018년 7월 6일 (https://news.naver.com/main/read.nhn?mode=LSD&mid=sec&sid1=102&oid=001&aid=0010194207)
5 〈"CT 찍다 사망까지"…조영제 부작용 7년 새 11배 급증〉,《티비조선》, 2017년 12월 27

일(https://news.naver.com/main/read.nhn?mode=LSD&mid=sec&sid1=101&oid
=448&aid=0000231167)

6 〈오타니, 팔꿈치 인대 손상 진단...수술 권고받았다〉, 《MK스포츠》, 2018년 9월 6일
(https://sports.news.naver.com/wbaseball/news/read.nhn?oid=410&aid=
0000508647)

페니실린, 2차 세계대전의 진정한 승리자

1 제임스 르 파누, 《현대의학의 모든 역사》, 강병철 옮김, 알마, 2016.
2 사토 겐타로, 《세계사를 바꾼 10가지 약》, 서수지 옮김, 사람과나무사이, 2018.
3 Tomoo Saga, Keizo Yamaguchi. "History of Antimicrobial Agents and Resistant
Bacteria," *Japan Medical Association Journal*, Vol 52 issue 2, 2009, pp.103~108.

4부 / 현대 1961년 ~ 현재 예방의 시대: 나는 너의 병을 알고 있다

탈리도마이드, 입덧방지제가 탄생시킨 의학의 윤리

1 비키 오랜스키 위튼스타인, 《나쁜 과학자들》, 안희정 옮김, 서민 감수, 다른, 2014.
2 지나 콜라타, 《독감》, 안정희 옮김, 사이언스북스, 2003
3 벤 골드에이커, 《불량제약회사》, 안형식·권민 옮김, 공존, 2014.
4 Emma M. Nellhaus, Todd H. Davies, "Evolution of Clinical Trials throughout
History," *Marshall Journal of Medicine*, Vol 3 issue1, 2017, pp.41~48.
5 F. Clarke Fraser, "Thalidomide Retrospective: What Did We Learn?," *Teratology*
1988, Vol 38, pp.201~202.

정신건강의학, 사람의 마음이 감기에 걸릴 때

1 하지현, 《정신의학의 탄생》, 해냄, 2016.
2 네이버캐스트: 정신질환 진단을 위한 DSM의 개발(2015. 08. 03.)https://terms.naver.
com/entry.nhn?docId=3579774&cid=59041&categoryId=59041
3 제임스 르 파누, 《현대의학의 거의 모든 역사》, 강병철 옮김, 알마, 2016.
4 "A Brief History of Psychiatry and the Mental Health System," By Emil Colangelo
http://www.dearshrink.com/A%20Brief%20History%20of%20Psychiatry_v3.pdf

암과의 전쟁, 과연 승자는 누구일까?

1 〈왜 우리는 암과의 전쟁에서 이기지 못하고 있는가〉, http://newspeppermint.
com/2015/03/25/m-cancer/
2 Guy B. Faguet, "A brief history of cancer: Age-old milestones underlying our
current knowledge database," *International Journal of Cancer*, Vol 136 issue 9,